21世纪高等学校计算机应用技术规划教材

Visual C#.NET程序设计实践与题解

姜桂洪　刘树淑　刘秋香　王云　编著

清华大学出版社
北京

内容简介

本书是《Visual C#.NET 程序设计教程》(清华大学出版社出版)的配套教材。全书包括4部分：第1部分是《Visual C#.NET 程序设计教程》的习题参考答案；第2部分是 Visual C#.NET 程序设计的实验指导,并提供了12个有着详细操作步骤的实验；第3部分是 Visual C#.NET 程序设计的课程设计指导编程设计案例；第4部分是4套涵盖所有 Visual C#.NET 章节内容的模拟试题及参考答案。

全书体系完整、结构安排合理、内容翔实,注重实践与理论相结合,实验步骤规范且内容有代表性,案例设计具有较强的实践性和详尽的设计步骤,并注重在实践过程中引导学生进行自我创新。

本书适合作为高等院校本科、专科计算机及相关专业的学生学习面向对象编程技术的教材辅导书,也可单独作为从事面向对象进行技术开发的IT领域的科技工作者参考之用。

图书在版编目(CIP)数据

Visual C#.NET 程序设计实践与题解/姜桂洪等编著.—北京：清华大学出版社,2011.8(2019.8重印)
(21世纪高等学校计算机应用技术规划教材)
ISBN 978-7-302-25987-9

Ⅰ.①V… Ⅱ.①姜… Ⅲ.①C语言—程序设计—高等学校—教学参考资料 Ⅳ.①TP312

中国版本图书馆CIP数据核字(2011)第126208号

责任编辑：魏江江 赵晓宁
责任校对：梁 毅
责任印制：杨 艳

出版发行：清华大学出版社
网 址：http://www.tup.com.cn，http://www.wqbook.com
地 址：北京清华大学学研大厦A座 **邮 编**：100084
社 总 机：010-62770175 **邮 购**：010-62786544
投稿与读者服务：010-62776969，c-service@tup.tsinghua.edu.cn
质量反馈：010-62772015，zhiliang@tup.tsinghua.edu.cn
课件下载：http://www.tup.com.cn,010-62795954
印 装 者：北京九州迅驰传媒文化有限公司
经 销：全国新华书店
开 本：185mm×260mm **印 张**：17 **字 数**：426千字
版 次：2011年8月第1版 **印 次**：2019年8月第5次印刷
印 数：4201~4600
定 价：29.00元

产品编号：037310-01

编审委员会成员

（按地区排序）

浙江大学	吴朝晖	教授
	李善平	教授
扬州大学	李　云	教授
南京大学	骆　斌	教授
	黄　强	副教授
南京航空航天大学	黄志球	教授
	秦小麟	教授
南京理工大学	张功萱	教授
南京邮电学院	朱秀昌	教授
苏州大学	王宜怀	教授
	陈建明	副教授
江苏大学	鲍可进	教授
武汉大学	何炎祥	教授
华中科技大学	刘乐善	教授
中南财经政法大学	刘腾红	教授
华中师范大学	叶俊民	教授
	郑世珏	教授
	陈　利	教授
江汉大学	颜　彬	教授
国防科技大学	赵克佳	教授
中南大学	刘卫国	教授
湖南大学	林亚平	教授
	邹北骥	教授
西安交通大学	沈钧毅	教授
	齐　勇	教授
长安大学	巨永峰	教授
哈尔滨工业大学	郭茂祖	教授
吉林大学	徐一平	教授
	毕　强	教授
山东大学	孟祥旭	教授
	郝兴伟	教授
中山大学	潘小轰	教授
厦门大学	冯少荣	教授
仰恩大学	张思民	教授
云南大学	刘惟一	教授
电子科技大学	刘乃琦	教授
	罗　蕾	教授
成都理工大学	蔡　淮	教授
	于　春	副教授
西南交通大学	曾华燊	教授

出版说明

随着我国改革开放的进一步深化，高等教育也得到了快速发展，各地高校紧密结合地方经济建设发展需要，科学运用市场调节机制，加大了使用信息科学等现代科学技术提升、改造传统学科专业的投入力度，通过教育改革合理调整和配置了教育资源，优化了传统学科专业，积极为地方经济建设输送人才，为我国经济社会的快速、健康和可持续发展以及高等教育自身的改革发展做出了巨大贡献。但是，高等教育质量还需要进一步提高以适应经济社会发展的需要，不少高校的专业设置和结构不尽合理，教师队伍整体素质亟待提高，人才培养模式、教学内容和方法需要进一步转变，学生的实践能力和创新精神亟待加强。

教育部一直十分重视高等教育质量工作。2007 年 1 月，教育部下发了《关于实施高等学校本科教学质量与教学改革工程的意见》，计划实施"高等学校本科教学质量与教学改革工程(简称'质量工程')"，通过专业结构调整、课程教材建设、实践教学改革、教学团队建设等多项内容，进一步深化高等学校教学改革，提高人才培养的能力和水平，更好地满足经济社会发展对高素质人才的需要。在贯彻和落实教育部"质量工程"的过程中，各地高校发挥师资力量强、办学经验丰富、教学资源充裕等优势，对其特色专业及特色课程(群)加以规划、整理和总结，更新教学内容、改革课程体系，建设了一大批内容新、体系新、方法新、手段新的特色课程。在此基础上，经教育部相关教学指导委员会专家的指导和建议，清华大学出版社在多个领域精选各高校的特色课程，分别规划出版系列教材，以配合"质量工程"的实施，满足各高校教学质量和教学改革的需要。

本系列教材立足于计算机公共课程领域，以公共基础课为主、专业基础课为辅，横向满足高校多层次教学的需要。在规划过程中体现了如下一些基本原则和特点。

(1) 面向多层次、多学科专业，强调计算机在各专业中的应用。教材内容坚持基本理论适度，反映各层次对基本理论和原理的需求，同时加强实践和应用环节。

(2) 反映教学需要，促进教学发展。教材要适应多样化的教学需要，正确把握教学内容和课程体系的改革方向，在选择教材内容和编写体系时注意体现素质教育、创新能力与实践能力的培养，为学生的知识、能力、素质协调发展创造条件。

(3) 实施精品战略，突出重点，保证质量。规划教材把重点放在公共基础课和专业基础课的教材建设上；特别注意选择并安排一部分原来基础比较好的优秀教材或讲义修订再版，逐步形成精品教材；提倡并鼓励编写体现教学质量和教学改革成果的教材。

(4) 主张一纲多本，合理配套。基础课和专业基础课教材配套，同一门课程可以有针对不同层次、面向不同专业的多本具有各自内容特点的教材。处理好教材统一性与多样化，基本教材与辅助教材、教学参考书，文字教材与软件教材的关系，实现教材系列资源配套。

(5) 依靠专家,择优选用。在制定教材规划时依靠各课程专家在调查研究本课程教材建设现状的基础上提出规划选题。在落实主编人选时,要引入竞争机制,通过申报、评审确定主题。书稿完成后要认真实行审稿程序,确保出书质量。

繁荣教材出版事业,提高教材质量的关键是教师。建立一支高水平教材编写梯队才能保证教材的编写质量和建设力度,希望有志于教材建设的教师能够加入到我们的编写队伍中来。

21世纪高等学校计算机应用技术规划教材

联系人:魏江江 weijj@tup.tsinghua.edu.cn

前言

本书是《Visual C#. NET 程序设计教程》(刘秋香等编著,2011 年由清华大学出版社出版)的配套辅导教材。书中采用目前 IT 领域和教学领域内应用广泛的 Visual C#. NET 2008 的可视化编程语言,利用内容丰富的习题答案、涵盖 Visual C#. NET 2008 所有重要组件的实验基本操作、典型的模拟试题等形式,从多视角为初学者提供了在 Windows 系列平台上学习面向对象编程的、高效快捷的服务空间。同时介绍了 Visual C#. NET 2008 与 SQL Server 2008 平台相结合开发应用程序的常用操作。

本书从基本操作着手,从教学实际需求出发,结合初学者的认知规律,由浅入深、精心选择利用 C#. NET 2008 开发面向对象编程的主要知识点,以形式多样、内容丰富的习题答案对基本操作进行示范,与主教材一起打造出比较完整的立体化教材建设的课程体系。

在方法上能够体现循序渐进、重点突出的优势。习题解答部分主要帮助学生掌握主教材的基本语法和基本操作。实验部分主要帮助学生进一步强化基本操作,培养学生独立学习和面向对象编程的操作能力。课程设计部分可进一步让学生学习利用 C#进行 Windows 程序设计的编程技巧,并利用案例方式进行了 Web 应用程序设计的拓展。模拟题可以让学生在掌握好所学知识的基础上,进一步了解自己学习本课程的知识水平。通过本书提供的指导材料,学生可以在自由上机的环境下完成相关的操作与管理。

全书总共包括如下 4 部分内容:

第 1 部分包括第 1~15 章,内容为《Visual C#. NET 程序设计教程》的习题参考答案,所有的答案均在 Visual C#. NET 2008 和 SQL Server 2008 平台上通过调试。

第 2 部分包括第 16 章,介绍学生利用 Visual C#. NET 2008 系统上机实验时需要注意的问题,并根据教材内容提供了 12 个配套实验。实验操作步骤翔实、清楚且有代表性。

第 3 部分包括第 17 章,是课程设计指导,并提供了 Visual C#. NET 2008 与 SQL Server 2008 平台相结合开发 Windows 程序设计和 Web 应用程序案例的详细设计步骤介绍。

第 4 部分提供了 4 套模拟试题及参考答案,为读者学习 C#程序设计语言提供了自我检查知识掌握水平的契机,旨在帮助读者了解和检验自己的学习情况。

本书第 1~第 6 章、第 10~第 15 章由刘秋香编写,第 7~第 9 章由王云编写,第 16 章和第 4 部分的 4 套模拟试题及参考答案由姜桂洪编写,第 17 章由刘树淑编写。全书由姜桂洪统稿。在此对编写本书给予帮助的老师和同学表示感谢。

由于作者水平有限,书中存在错误与纰漏之处,恳请读者批评指正。

编　者

2011 年 3 月

目 录

第1部分　Visual C♯.NET 程序设计教程习题参考答案

第2部分　Visual C♯.NET 程序设计实验指导

第 3 部分　Visual C♯.NET 程序设计课程设计

第 4 部分　Visual C♯.NET 程序设计模拟试题及参考答案

第1部分

Visual C#.NET程序设计教程习题参考答案

本部分包括《Visual C#.NET 程序设计教程》第 1～第 15 章所有习题的参考答案，所有代码均在 Visual C#.NET 2008 环境下测试通过。

每章习题均包括选择题、思考题和上机练习题三种类型。

选择题注重基本概念和基本操作的知识点掌握，思考题侧重基本概念的理解，上机练习题侧重的是基本操作的练习。

第1章 概述

1. 选择题

(1) 公共语言运行库即________。

A. CRL　　B. CLR　　C. CRR　　D. CLS

(2) .NET 平台是一个新的开发框架，________是.NET 的核心部分。

A. C#　　B. .NET Framework

C. VB.NET　　D. 操作系统

(3) 项目文件的扩展名是________。

A. csproj　　B. cs　　C. sln　　D. suo

(4) 利用 C#开发应用程序通常有三种类型，不包括________。

A. 控制台程序　　B. Web 应用程序　　C. SQL 程序　　D. Windows 程序

(5) 运行 C#程序可以通过按________键实现。

A. F5　　B. Alt+F5　　C. Ctrl+F5　　D. Alt+Ctrl+F5

答案：(1) B　(2) B　(3) A　(4) C　(5) A

2. 思考题

(1) 简述面向对象程序设计的特点。

【答】 面向对象程序设计方法把对象作为数据和操作的组合结构，用对象分解取代了传统方法的功能分解，把所有对象都划分为类，把若干个相关的类组织成具有层次结构的系统，即下层的子类继承上层的父类所具有的数据和操作，而对象之间通过发送消息相互联系。

面向对象的程序设计大多采用可视化的方式，通过类、对象、封装、继承和多态等机制形成一个完善的编程体系。

(2) 简述类和对象的关系。

【答】 类是对象的抽象，不能进行直接的操作。对象是类的实例，对象可以通过事件驱动实现程序的运行。对象的属性、事件和方法来自类的继承，可以自己进行修改和调用。

(3) 简述面向对象的基本特征。

【答】 面向对象有三个基本特征，即封装、继承和多态。

① 封装性。即把具有一致的数据结构(属性)和行为(操作)的对象封装成抽象的类。

② 继承性。是子类自动共享父类数据结构和方法的机制，它可以使用现有类的所有功

能,并在无须重新编写原来类的情况下对这些功能进行扩展。

③ 多态性。是指相同的操作或函数可作用于多种类型的对象上并获得不同的结果。

(4) 说明 Visual C#.NET 和 Visual Studio.NET 的关系。

【答】 Visual Studio.NET 是微软提供的一套完整的应用程序开发工具集,在这个工具集中可以用 Visual C#、Visual C++ 和 Visual Basic.NET 等语言进行开发,而 Visual C#.NET 是.NET 平台上最主要的开发语言之一。

(5) 简述创建 Windows 应用程序的步骤。

【答】 创建 Windows 应用程序的步骤如下:

① 选择"开始"→"程序"→Microsoft Visual Studio 2008→Microsoft Visual Studio 2008 命令,启动 Visual Studio 2008 开发环境。

② 通过"起始页"→"最近的项目"→"创建"命令,或者"文件"→"新建"命令打开"新建项目"对话框。

③ 在"新建项目"对话框中选择"Visual C#"项目类型和"Windows 窗体应用程序"模板,然后可以对所要创建的项目进行命名、选择保存文件的位置、是否创建解决方案目录的设置,也可以对项目所在的解决方案命名。

④ 单击"确定"按钮,完成项目的创建,进入 Windows 窗体设计器。

3. 上机练习题

(1) 创建一个控制台程序,输出字符串"C#.NET 程序设计"。

【答】 具体步骤如下:

① 选择"开始"→"程序"→Microsoft Visual Studio 2008→Microsoft Visual Studio 2008 命令,启动 Visual Studio 2008。

② 选择"文件"→"新建"→"项目"命令,启动后选择 Visual C# 开发项目类型,出现"新建项目"对话框。

③ 选择"控制台应用程序",输入项目名称 exerciseConsole,选择项目文件存放位置,单击"确定"按钮,进入编程界面。

④ 在代码窗口中找到 Main 方法输入相应代码,Program.cs 文件的所有代码如下所示:

```
using System;
namespace exerciseConsole
{
    class Program
    {
        static void Main(string[] args)
        {
            Console.WriteLine("C#.NET 程序设计");
            Console.ReadLine();
        }
    }
}
```

⑤ 单击工具栏上的"启动调试"按钮或按 F5 键运行程序。

(2) 创建一个 Windows 应用程序,在窗体中输出字符串"After all, it still flows east."。

【答】 具体步骤如下:

① 启动 Visual Studio 2008。选择"文件"→"新建"→"项目"命令,启动后选择 Visual C# 开发项目类型,出现"新建项目"对话框。

② 选择"Windows 窗体应用程序",输入项目名称 exerciseWindows,选择项目文件存放位置,单击"确定"按钮,进入到项目设计界面。

③ 在工具箱中双击 Label 控件,Form1 中会生成一个标签对象 label1,单击 label1,在"属性"窗口中将其 Text 属性修改为"After all, it still flows east.",如图 1.1 所示。

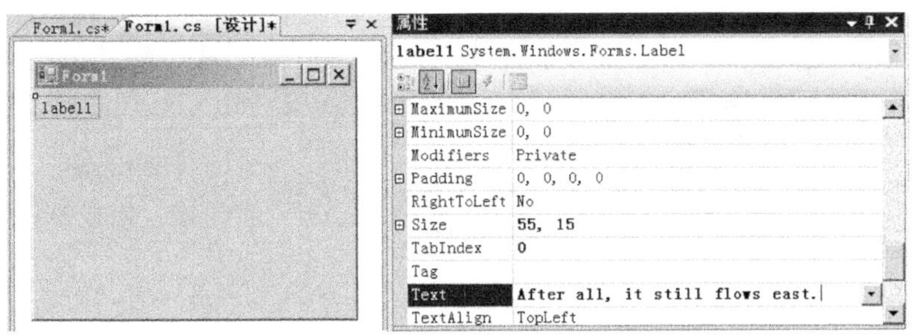

图 1.1 Windows 窗体应用程序设计界面

④ 双击 Form1 窗体的空白位置,切换到代码窗口,同时为 Form1 添加 Load 事件处理程序。在 Form1_Load 中添加代码如下:

```
private void Form1_Load(object sender, EventArgs e)
{
    //设置窗体标题栏显示的文本
    this.Text = "Windows 窗体应用程序";
}
```

⑤ 单击"启动调试"按钮或按 F5 键运行程序。

(3) 创建一个 Web 应用程序,在窗体中输出字符串"ASP.NET Web 窗体"。

【答】 具体步骤如下:

① 启动 Visual Studio 2008。

② 选择"文件"→"新建"→"网站"命令,打开"新建网站"对话框。

③ 选择"ASP.NET 网站"模板,输入网站文件系统的文件夹名称(如 D:\1\exerciseWebSite),选择 Visual C# 语言,单击"确定"按钮,进入到 Web 窗体的编辑视图。

④ 在解决方案管理器中右击 Default.aspx,在弹出的快捷菜单中选择"重命名"命令,将 Default.aspx 修改为 exerciseWeb.aspx,同时系统将 Default.aspx.cs 修改为 exerciseWeb.aspx.cs。

⑤ 单击 VS 2008 设计区左下角的"设计"选项卡,切换到设计界面,在工具箱中双击 Label 控件,会生成一个标签对象 Label1,在"属性"窗口中将其 Text 属性修改为"ASP.NET Web 窗体",如图 1.2 所示。

⑥ 右击 Visual Studio 2008 的设计区,从弹出的快捷菜单中选择"查看代码"命令,将 Web 窗体的编辑视图切换为源程序代码文件 exerciseWeb.aspx.cs 的编辑视图,在 Page_

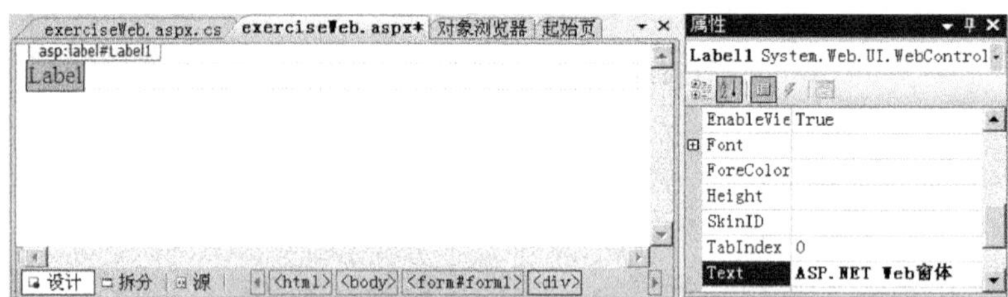

图 1.2 Web 窗体应用程序设计界面

Load 中添加代码如下：

```
protected void Page_Load(object sender, EventArgs e)
{
    //设置网页标题栏显示的文本
    this.Title = "Web 窗体应用程序";
}
```

⑦ 单击“启动调试”按钮或按 F5 键运行程序。

第2章 Visual C#.NET语法基础

1. 选择题

(1) 下列标识符不合法的是________。

A. abc　B. abc123　C. abc-1　D. a3b

(2) 转义字符不可以表示________。

A. 任何字符　B. 字符串　C. 字母　D. 小数点

(3) 表达式 5/2+5%2－1 的值是________。

A. 4　B. 2　C. 3.5　D. 2.5

(4) 下列数值类型的数据精度最高的是________。

A. int　B. float　C. decimal　D. ulong

(5) 常用集合类不包括________。

A. 数组　B. 结构　C. 列表　D. 字典

答案：(1) C　(2) B　(3) B　(4) C　(5) B

2. 思考题

(1) 说明 C#值类型与引用类型数据的区别。

【答】 从数据存储的角度，C#的类型可分为值类型和引用类型。值类型用于存储数据的值，而引用类型用于存储对实际数据的引用。C#的值类型可以进一步划分为简单类型(包括整型、实数型、字符型和布尔型)、枚举类型和结构类型，而引用类型包括类、接口、委托、数组和字符串等。值类型数据存储于栈内存中，而引用类型数据存储于堆内存中，在栈内存中存放定位到存储具体值的索引位置编号。

(2) 简述枚举型、结构型、数组和委托四种数据类型的区别。

【答】 枚举和结构数据类型是值类型，而数组和委托数据类型是引用类型。

① 枚举实际上是为一组在逻辑上密不可分的整数值提供便于记忆的符号，是一些取了名字的常量集合。C#使用 enum 来定义一个枚举类型。

② 结构类型是一种可以包含不同类型数据成员的数据结构，在结构类型中可以声明多个不同数据类型的组成部分。C#使用 struct 来定义一个枚举类型。

③ 数组类型是同一类型数据组成的集合，数组元素没有名称，只能通过索引(或称为下标)来访问。C#支持一维和多维数组。

④ 委托类型是一种定义方法签名的类型，它把一个对象实例和方法都进行封装。可以把委托理解为一种类型安全的函数指针，但它不仅存储对方法入口点的引用，还存储对用于调用方法的对象实例的引用。C# 使用 delegate 来标记一个委托。

(3) 简述常用集合类的特点。

【答】 常用的集合类有 ArrayList、Queue、Stack、Hashtable 和 SortedList。

① 动态数组(ArrayList)的大小可根据需要自动扩充，允许在其中添加、插入或移除某一范围的元素。其下限始终为 0，且始终只是一维的。

② 队列(Queue)是一种先进先出的数据结构，当插入或删除对象时，对象从队列的一端插入，从另外一端移除。

③ 栈(Stack)是一种先进后出的数据结构，当插入或删除对象时，只能在栈顶插入或删除。

④ 散列表(Hashtable)表示键/值对的集合。在保存集合元素时，首先要根据键自动计算哈希代码，以确定该元素的保存位置，再把元素的值放入相应位置所指向的存储桶中。查找时，再次通过键所对应的哈希代码到特定存储桶中搜索，这样可以极大地提高查找一个元素的效率。

⑤ 有序列表(SortedList)表示有序键/值对列表；这些键和值是按键排序，并可按照键和索引访问。SortedList 最适合对一列健/值对进行排序，相当于 Hashtable 和 Array 的混合。

(4) 什么是装箱和拆箱?

【答】 装箱是指将一个值类型变量转换为一个引用类型的变量。装箱时，首先创建一个引用类型的实例，然后将值类型变量的内容复制给该引用类型实例。

拆箱是指将一个引用类型显式地转换成一个值类型。拆箱时，首先检查这个对象实例是否为给定的值类型的装箱值，然后将这个实例的值复制给相应值类型的变量。

3. 上机练习题

(1) 编程求指定半径 r 的圆的面积和周长，并输出计算结果。

【答】 具体步骤如下：

① 创建一个控制台应用程序 exerciseCircle。在 Main 方法中输入相应代码，具体代码如下所示：

```
static void Main(string[] args)
{
    double r,s,l;        //半径 r、面积 s 和周长 l 均为双精度浮点型
    Console.Write("请输入半径 r: ");
    r = double.Parse(Console.ReadLine());
    s = Math.PI * r * r;
    l = 2 * Math.PI * r;
    Console.WriteLine("半径为{0}的圆,面积 = {1},周长 = {2}", r, s, l);
    Console.ReadLine();
}
```

② 按 F5 键运行该程序，根据提示输入半径（如 5），运行结果如图 2.1 所示。

图 2.1 程序运行结果

（2）已知有枚举类型定义：enum MyEn{a=101,b,c=207,d,e,f,g}，编程输出第 5 个枚举元素的序号值。

【答】 具体步骤如下：

① 创建一个控制台应用程序 exerciseEnum。在代码窗口中定义枚举 MyEn，并在 Main 方法中输入相应代码，Program.cs 文件的所有代码如下所示：

```
using System;
namespace exerciseEnum
{
    enum MyEn
    {
        a = 101, b, c = 207, d, e, f, g
    }
    class Program
    {
        static void Main(string[ ] args)
        {
            Console.WriteLine("MyEn 的第 5 个枚举元素的序号 = {0}",
                (int)MyEn.e);
            Console.ReadLine();
        }
    }
}
```

② 按 F5 键运行该程序。

（3）如果 m=3，n=5，编程输出下列表达式的值以及 m 和 n 的值：

```
(m == m++ )&&(n == n-- )
(m == ++m)|| (n == n-- )
```

【答】 具体步骤如下：

① 创建一个控制台应用程序 exerciseExpMN。在 Main 方法中输入如下代码：

```
static void Main(string[ ] args)
{
    int m = 3,n = 5; bool b1,b2;
    Console.WriteLine("m = {0}     n = {1}", m, n);
    b1 = (m == m++ ) && (n == n-- );
    Console.WriteLine("(m == m++ ) &&(n == n-- )的值为{0}", b1);
    Console.WriteLine("m = {0}     n = {1}", m, n);
    b2 = (m == ++m) || (n == --n);
```

```
        Console.WriteLine("(m == ++m) ||(n == --n)的值为{0}", b2);
        Console.WriteLine("m = {0}     n = {1}", m, n);
        Console.ReadLine();
    }
```

② 单击“启动调试”按钮运行程序。

(4) 给定如下这些初始变量的声明和赋值语句：int a = 1，b = 2，c = 3;，编程计算下面表达式的值：((((c++ + --a) * b) != 2) && true)。

【答】 具体步骤如下：

① 创建一个控制台应用程序 exerciseExpABC。在 Main 方法中输入如下代码：

```
static void Main(string[] args)
{
    int a = 1, b = 2, c = 3;
    Console.WriteLine("a = {0} b = {1} c = {2}", a, b, c);
    bool expABC = ((((c++ + --a) * b) != 2) && true);
    Console.WriteLine("((((c++  +  --a) * b) != 2) && true)的值
      为{0}", expABC);
    Console.WriteLine("a = {0} b = {1} c = {2}", a, b, c);
    Console.ReadLine();
}
```

② 单击“启动调试”按钮运行程序。

第3章 Windows窗体与控件

1. 选择题

(1) 以模式化的方式显示窗体,需要使用________方法。

A. Show　　B. ShowDialog　　C. ShowForm　　D. ShowFixed

(2) 决定 Label 控件是否可见的属性是________。

A. Hide　　B. Show　　C. Visible　　D. Enabled

(3) 把 TextBox 的________属性设为 True,可使其在运行时接受或显示多行文本。

A. WordWrap　　B. MultiLine　　C. ScrollBars　　D. ShowMultiLine

(4) 利用文本框的________属性,可以实现密码框的功能。

A. Password　　B. Passwords　　C. PasswordChar　　D. PasswordChars

(5) 如果要为"取消"按钮的文本"Cancel"创建访问键"C",应将按钮的 Text 属性设置为"________"。

A. &Cancel　　B. %Cancel　　C. @Cancel　　D. ^Cancel

答案:(1) B　(2) C　(3) B　(4) C　(5) A

2. 思考题

(1) 关闭窗体与隐藏窗体有什么区别?

【答】 关闭窗体与隐藏窗体的区别在于:关闭窗体是将窗体彻底销毁,之后无法对窗体进行任何操作;隐藏窗体只是使窗体不显示,可以使用 Show 或 ShowDialog 方法使窗体重新显示。

(2) 模式窗体与非模式窗体有什么区别?

【答】 模式窗体与非模式窗体的区别在于:模式窗体,在其关闭或隐藏前无法切换到该应用程序的其他窗体;非模式窗体,则可以在窗体之间随意切换。

(3) 简述 Label、Button 和 TextBox 控件的作用。

【答】 Label(标签)控件的功能是显示不能编辑的文本信息,一般用于在窗体上进行文字说明。Button(按钮)控件是应用程序中使用最多的控件对象之一,常用来接收用户的操作信息,激发相应的事件。TextBox(文本框)控件的主要功能是接收用户输入的信息,或显示系统提供的文本信息。

3. 上机练习题

(1) 编写一个简单的计算器,要求其能够实现正整数的加减乘除 4 种运算,设计界面如图 3.1 所示。

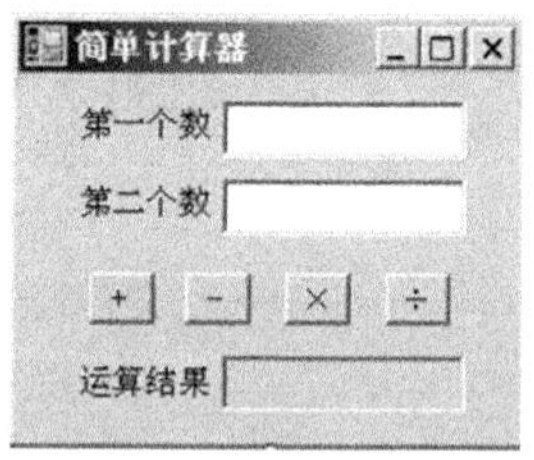

图 3.1 简单计算器

【答】 具体步骤如下:

① 设计界面。新建一个 C# 的 Windows 应用程序,项目名称设置为"exercise 简单计算器",向窗体中添加 3 个标签、3 个文本框和 4 个按钮,并按照图 3.1 所示调整控件位置和窗体尺寸。

② 设置属性。窗体和各个控件的属性设置如表 3.1 所示。

表 3.1 对象的属性设置

对　象	属性名	属　性　值
Form1	Text	简单计算器
label1～label3	Text	第一个数　第二个数　运算结果
textBox1,textBox2	Name	txtNum1　txtNum2
textBox3	Name	txtResult
	ReadOnly	True
button1～button4	Name	btnAdd　btnSub　btnMul　btnDiv
	Text	＋　－　×　÷

③ 编写代码。依次双击 4 个按钮,打开代码视图,分别在各个按钮的 Click 事件处理程序中添加相应代码,如下所示:

```
private void btnAdd_Click(object sender, EventArgs e)
{ //加
    long result = int.Parse(txtNum1.Text) +
        int.Parse(txtNum2.Text);
    txtResult.Text = result.ToString();
}
private void btnSub_Click(object sender, EventArgs e)
{ //减
    long result = int.Parse(txtNum1.Text) -
        int.Parse(txtNum2.Text);
    txtResult.Text = result.ToString();
}
private void btnMul_Click(object sender, EventArgs e)
{ //乘
    long result = int.Parse(txtNum1.Text) *
        int.Parse(txtNum2.Text);
    txtResult.Text = result.ToString();
}
private void btnDiv_Click(object sender, EventArgs e)
{ //除
    float result = float.Parse(txtNum1.Text) /
        float.Parse(txtNum2.Text);
    txtResult.Text = result.ToString();
}
```

④ 运行程序。按 F5 键运行程序,在文本框中输入数据,单击各个运算按钮,查看只读

文本框中的输出结果。

(2) 编写一个提供常用网址的程序,可以快速访问"百度"、"新浪"、"搜狐"、"腾讯"、"网易"等网站。

图 3.2 提供常用网址的程序

【答】 具体步骤如下:

① 设计界面。新建一个 C#的 Windows 应用程序,项目名称设置为 exerciseLinktoWeb,向窗体中添加 5 个链接标签,并按照图 3.2 所示调整控件位置和窗体尺寸。

② 设置属性。窗体和各个控件的属性设置如表 3.2 所示。

表 3.2 对象的属性设置

对　　象	属性名	属　性　值
Form1	Text	常用网址
linkLabel1～linkLabel5	Name	lnkBaidu　lnkSina　lnkSohu　lnkQq　lnk163
	LinkArea	3,13　3,15　3,12　3,10　3,11
	Text	百度(www.baidu.com)　新浪(www.sina.com.cn)　搜狐(www.sohu.com)　腾讯(www.qq.com)　网易(www.163.com)

③ 编写代码。依次双击 5 个链接标签,打开代码视图,分别在各个链接标签的 LinkClicked 事件处理程序中添加相应代码,如下所示:

```
private void lnkBaidu_LinkClicked(object sender,
LinkLabelLinkClickedEventArgs e)
{   lnkBaidu.LinkVisited = true;
    //使用 Start 方法和一个 URL,启动默认浏览器打开网页
    System.Diagnostics.Process.Start("http://www.baidu.com");
}
private void lnkSina_LinkClicked(object sender,
LinkLabelLinkClickedEventArgs e)
{   lnkSina.LinkVisited = true;
    System.Diagnostics.Process.Start("http://www.sina.com.cn");
}
private void lnkSohu_LinkClicked(object sender,
LinkLabelLinkClickedEventArgs e)
{   lnkSohu.LinkVisited = true;
    System.Diagnostics.Process.Start("http://www.sohu.com");
}
private void lnkQq_LinkClicked(object sender,
LinkLabelLinkClickedEventArgs e)
{   lnkQq.LinkVisited = true;
    System.Diagnostics.Process.Start("http://www.qq.com");
}
private void lnk163_LinkClicked(object sender,
LinkLabelLinkClickedEventArgs e)
{   lnk163.LinkVisited = true;
    System.Diagnostics.Process.Start("http://www.163.com");
}
```

④ 运行程序。按 F5 键运行程序,在窗体中依次单击链接文本查看结果。

(3) 设计一个转换英文大小写的程序，输入字符时，自动将英文字母分别转换为大写和小写两种格式。

提示：使用 Label 和 TextBox 控件设计，利用 TextBox 控件的 TextChanged 事件实现即时转换功能，转换后的两个字符串可以利用两个只读的文本框输出。

【答】 具体步骤如下：

① 设计界面。新建一个 C# 的 Windows 应用程序，项目名称为 exerciseCapital_Lowercase，向窗体中添加 3 个标签和 3 个文本框，并按照图 3.3 所示调整控件位置和窗体尺寸。

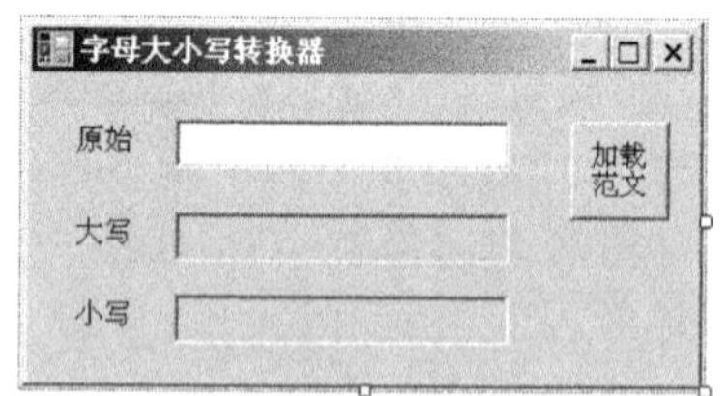

图 3.3　转换英文大小写的程序

② 设置属性。窗体和各个控件的属性设置如表 3.3 所示。

表 3.3　对象的属性设置

对　象	属性名	属　性　值		
Form1	Text	字母大小写转换器		
label1～label3	Text	原始	大写	小写
textBox1～textBox3	Name	txtOrigin	txtUCase	txtLCase
	ReadOnly	False	True	True
button1	Name	btnExample		
	Text	加载范文		

③ 编写代码。双击文本框 txtOrigin，打开代码视图，在其 TextChanged 事件处理程序中添加如下代码：

```
private void txtOrigin_TextChanged(object sender, EventArgs e)
{   txtUCase.Text = txtOrigin.Text.ToUpper();
    txtLCase.Text = txtOrigin.Text.ToLower();
}
```

双击按钮 btnExample，在其 Click 事件处理程序中添加如下代码：

```
private void btnExample_Click(object sender, EventArgs e)
{ txtOrigin.Text = "Visual Stuio.NET";
}
```

④ 运行程序。单击“启动调试”按钮运行程序后，单击“加载范文”按钮，或在文本框中输入英文字母查看结果，如图 3.4 所示。

图 3.4　字母大小写转换器

第4章 顺序结构程序设计

1. 选择题

(1) Windows应用程序中,最常用的输入控件是________。

A. Label　　B. TextBox　　C. Button　　D. PictureBox

(2) 若要显示消息框,必须调用MessageBox类的静态方法________。

A. Show　　B. ShowDialog　　C. ShowBox　　D. ShowMessage

(3) PictureBox控件的________属性可以影响图像的大小及位置关系。

A. Size　　B. Mode　　C. SizeMode　　D. PictureMode

(4) 下列控件中,不能与ImageList组件关联的是________。

A. Label　　B. Button　　C. RadioButton　　D. PictureBox

(5) 若要使一个控件与图像列表组件关联,需要将该控件的________属性设置为图像列表组件的名称。

A. Image　　B. Images　　C. ImageList　　D. ImagesList

答案:(1) B　(2) A　(3) C　(4) D　(5) C

2. 思考题

(1) 控制台应用程序有哪些输入输出方法?

【答】 控制台应用程序的数据输入可以通过Console类的静态方法Read与ReadLine实现;数据输出可以通过Console类的静态方法Write与WriteLine实现。

(2) TextBox和Label控件的主要区别是什么?

【答】 从操作程序的用户角度看,TextBox和Label控件的主要区别在于,Label是一个只能显示数据的控件,而TextBox控件既可以让用户在其中输入数据,也可以显示输出数据。

(3) 简述消息框的作用。

【答】 消息框是一个预定义对话框,用于向用户显示与应用程序相关的信息。当应用程序需要显示一段简短信息(如显示出错、警告等信息)时,使用消息框既简单又方便。只有在用户响应该消息框后,程序才能继续运行下去。

(4) 简述PictureBox和ImageList的作用。

【答】 PictureBox(图片框)控件用于显示位图、GIF、JPEG、图元文件或图标格式的图像,经常用来在窗体上显示一幅图片。ImageList(图像列表)组件相当于一个图片容器,用于存储图像，这些图像随后可由控件（如 Label、Button）显示。

3. 上机练习题

（1）设计一个程序，将用户输入的金钱数额换算成不同票面（100 元、50 元、20 元、10 元、5 元、1 元）的数量。

要求：利用 TextBox 输入数额，利用只读的 TextBox 输出票面的数量。换算时，可利用整除和求余运算。运行界面如图 4.1 所示。

【答】 具体步骤如下：

① 设计界面。新建一个 C# 的 Windows 应用程序，项目名称设置为“exercise 票面换算”，向窗体中添加 14 个标签、7 个文本框和 1 个按钮，并按图 4.1 所示调整控件位置和窗体尺寸。

② 设置属性。窗体和各个控件的属性设置如表 4.1 所示。

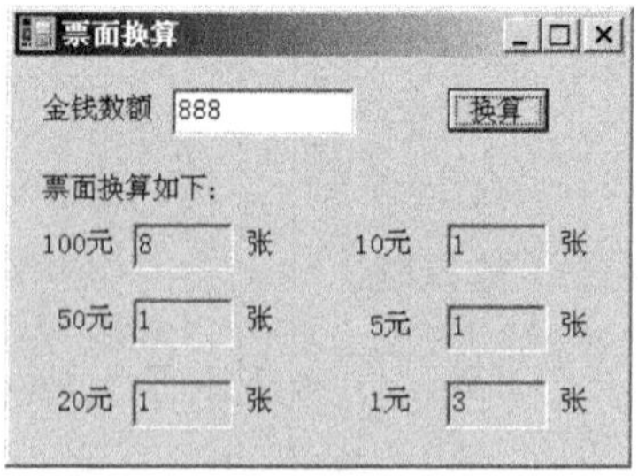

图 4.1　票面换算程序运行界面

表 4.1　对象的属性设置

对　　象	属性名	属　性　值
Form1	Text	票面换算
label1～label14	Text	金钱数额　票面换算如下： 100 元　张　50 元　张　20 元　张 10 元　张　5 元　张　1 元　张
textBox1	Name	txtNum
textBox2～textBox7	Name	txt100　txt50　txt20　txt10　txt5　txt1
	ReadOnly	True
button1	Name	btnOK
	Text	换算

③ 编写代码。双击 btnOK 按钮，在代码视图的 Click 事件处理程序中添加如下代码：

```
private void btnOK_Click(object sender, EventArgs e)
{
    int iNum,iRemain,i100, i50, i20, i10, i5, i1;
    iNum = int.Parse(txtNum.Text); //要换算的金额
    i100 = iNum / 100;iRemain = iNum % 100;
    i50 = iRemain / 50; iRemain = iRemain % 50;
    i20 = iRemain / 20; iRemain = iRemain % 20;
    i10 = iRemain / 10; iRemain = iRemain % 10;
    i5 = iRemain / 5; iRemain = iRemain % 5;
    i1 = iRemain;
    //文本框显示各种票面钱币的张数
    txt100.Text = i100.ToString();txt50.Text = i50.ToString();
    txt20.Text = i20.ToString(); txt10.Text = i10.ToString();
    txt5.Text = i5.ToString();    txt1.Text = i1.ToString();
}
```

④ 运行程序。按 F5 键运行程序，输入金钱数额，单击“换算”按钮查看结果。

(2) 设计一个简单的显示图片及图片文件名的程序。

要求：利用 PictureBox 显示图片，利用 Label 显示图片名称，图片文件存放在 ImageList 组件中。设计界面和运行界面分别如图 4.2 和图 4.3 所示。

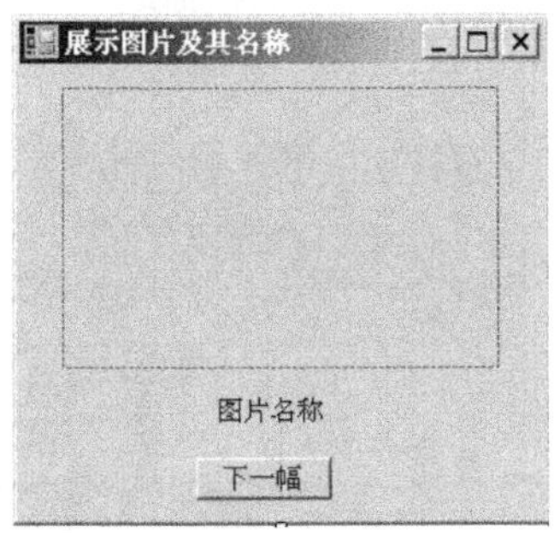

图 4.2　设计界面

图 4.3　运行界面

【答】 具体步骤如下：

① 设计界面。新建一个 C# 的 Windows 应用程序，项目名称设置为“exercise 图片及其名称”，分别向窗体中添加 1 个 Label、1 个 PictureBox、1 个 ImageList 和 1 个 Button，并按照图 4.2 和图 4.3 所示调整控件位置和窗体尺寸。

② 设置属性。窗体和各个控件的属性设置如表 4.2 所示。

表 4.2　对象的属性设置

对　　象	属性名	属　性　值
Form1	Text	展示图片及其名称
imageList1	Images	添加 6 幅图片文件
pictureBox1	Name	picChange
	SizeMode	StretchImage
label1	Name	lblName
	Text	图片名称
button1	Name	btnNext
	Text	下一幅

③ 编写代码。在 Form1 中声明变量，存储 imageList1 中图像的索引。为 Form1 添加 Load 事件处理程序，为按钮 btnNext 添加 Click 事件处理程序，并在其中添加如下代码：

```
int i = 0; //imageList1 中图像的索引
private void Form1_Load(object sender, EventArgs e)
{
    picChange.Image = imageList1.Images[i];
    lblName.Text = imageList1.Images.Keys[i];
}
private void btnNext_Click(object sender, EventArgs e)
{
    i += 1;
    i = i > imageList1.Images.Count - 1 ? 0 : i;
```

```
    picChange.Image = imageList1.Images[i];
    lblName.Text = imageList1.Images.Keys[i];
}
```

④ 运行程序。按 F5 键运行程序，单击“下一幅”按钮查看图片效果及名称。

(3) 设计一个 Windows 窗体应用程序，可以显示具有指定文本和标题的消息框。

要求：利用 Label 控件提示要输入的内容，利用 TextBox 控件输入文本和标题，利用 MessageBox 输出内容。

【答】 具体步骤如下：

① 设计界面。新建一个 C# 的 Windows 应用程序，项目名称设置为“exerciseMsgBox”，向窗体中添加 2 个标签、2 个文本框和 1 个按钮，并按图 4.4 所示调整控件位置和窗体尺寸。

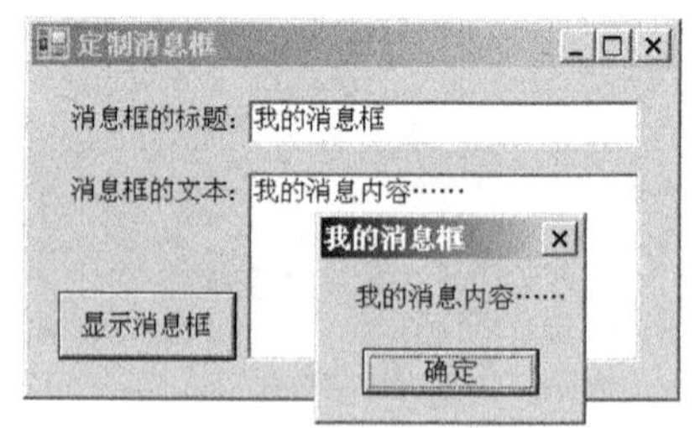

图 4.4　调用消息框的程序运行界面

② 设置属性。窗体和各个控件的属性设置如表 4.3 所示。

表 4.3　对象的属性设置

对　　象	属性名	属　性　值
Form1	Text	定制消息框
label1,label2	Text	消息框的标题：　　　　消息框的文本：
textBox1	Name	txtCaption
textBox2	Name	txtText
	Multiline	True
button1	Name	btnShow
	Text	显示消息框

③ 编写代码。双击按钮 btnShow，打开代码视图，在 Click 事件处理程序中添加如下代码：

```
private void btnShow_Click(object sender, EventArgs e)
{
    MessageBox.Show(txtText.Text, txtCaption.Text);
}
```

④ 运行程序。单击“启动调试”按钮运行程序，按照标签提示在文本框中输入消息框的标题和文本，然后单击“显示消息框”按钮查看消息框的输出结果。

第5章 选择结构程序设计

1. 选择题

(1) if 语句中的条件表达式,不能是________。

A. 关系表达式　B. 算术表达式　C. 逻辑表达式　D. 布尔常量值

(2) switch 语句中,用________来处理不匹配 case 语句的值。

A. default　B. anyelse　C. break　D. goto

(3) 下列属性中,RadioButton 和 CheckBox 控件都具有的是________属性。

A. ThreeState　B. BorderStyle　C. Checked　D. CheckState

(4) 下列控件中,不属于容器控件的是________。

A. GroupBox　B. Panel　C. ImageList　D. TabControl

答案:(1) B　(2) A　(3) C　(4) C

2. 思考题

(1) switch 语句中,break 语句和 default 标签有什么作用?

【答】 break 语句用于中断选择分支的语句运行,在 switch 语句中用于跳出 switch 语句。default 标签用来处理不匹配 case 语句的值,定义 default 标签可以增强处理相应的异常。

(2) 简述 RadioButton 和 CheckBox 控件的作用。

【答】 RadioButton(单选按钮)控件列出了可供用户选择的选项,通常作为一组来工作,同一选项组中的多个选项是相互排斥的,主要用于从多个选项中选择一个选项的功能,是一种"多选一"的控件。

CheckBox(复选框)控件也列出了可供用户选择的选项,用户根据需要可以从选项组中选择一项或多项。

(3) 简述 GroupBox 控件的作用。

【答】 GroupBox 控件用于为其他控件提供可识别的分组,把其他控件用框架框起来,可以提供视觉上的区分和总体的激活或屏蔽特性。

(4) GroupBox 和 Panel 控件的主要区别是什么?

【答】 二者的主要区别是:只有 GroupBox 控件可以显示标题,只有 Panel 控件可以有滚动条;GroupBox 控件必须有边框,但 Panel 控件可以没有边框。

(5) 简述 TabControl 控件的作用。

【答】 TabControl(选项卡)控件用于显示多个选项卡页,每个选项卡页中可以放置其他控件(包括 GroupBox、Panel 等容器控件);可以利用 TabControl 控件生成多页对话框。

3. 上机练习题

(1) 编写一个简单的计算器,能够实现整数的加减乘除 4 种运算,设计界面如图 5.1 所示。

要求:利用 TextBox 输入运算数,利用 RadioButton 设置运算符;使用 if 语句判断运算符并进行相应运算;除数为 0 要提示错误;利用只读的 TextBox 输出运算结果。

【答】 具体步骤如下:

① 设计界面。新建一个 C# 的 Windows 应用程序,项目名称设置为"exercise 简单计算器 2",向窗体中添加 3 个标签、3 个文本框、4 个单选按钮和 1 个按钮,并按照图 5.1 所示调整控件位置和窗体尺寸。

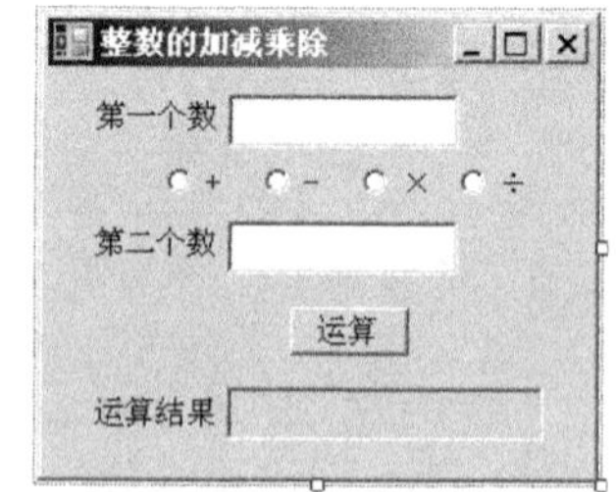

图 5.1 简单计算器

② 设置属性。窗体和各个控件的属性设置如表 5.1 所示。

表 5.1 对象的属性设置

对　　象	属性名	属　性　值			
Form1	Text	整数的加减乘除			
label1～label3	Text	第一个数	第二个数	运算结果	
textBox1,textBox2	Name	txtNum1	txtNum2		
textBox3	Name	txtResult			
	ReadOnly	True			
radioButton1～radioButton4	Name	radAdd	radSub	radMul	radDiv
	Text	+	-	×	÷
button1	Name	btnCalculate			
	Text	运算			

③ 编写代码。双击按钮 btnCalculate,打开代码视图,在其 Click 事件处理程序中添加如下代码:

```
private void btnCalculate_Click(object sender, EventArgs e)
{
    int n1, n2;                    //运算数
    long r1; double r2;            //加减乘的运算结果,除的运算结果
    n1 = int.Parse(txtNum1.Text.Trim());
    n2 = int.Parse(txtNum2.Text.Trim());
    if (radAdd.Checked)            //加
    {
        r1 = n1 + n2; txtResult.Text = r1.ToString();
    }
    else if(radSub.Checked)        //减
    {
        r1 = n1 - n2; txtResult.Text = r1.ToString();
    }
    else if(radMul.Checked)        //乘
```

```
    {
        r1 = n1 * n2; txtResult.Text = r1.ToString();
    }
    else if(radDiv.Checked)          //除
    {
        if (n2 == 0)
            MessageBox.Show("除数不可以为 0", "输入错误");
        else
        {
            r2 = (float)n1 / (float)n2;
            txtResult.Text = r2.ToString();
        }
    }
    else
        MessageBox.Show("请选择运算符","操作错误");
}
```

④ 运行程序。单击“启动调试”按钮运行程序，根据提示进行操作并查看结果。

(2) 编写一个简单的成绩转换程序，将百分制成绩 x 转换为五分制成绩，设计界面如图 5.2 所示。

要求：利用 TextBox 输入百分制成绩 x；x≥90 为“优秀”，80≤ x<90 为“良好”，70≤ x<80 为“中等”，60≤ x<70 为“及格”，x<60 为“不及格”；使用 switch 语句进行转换；利用只读的 TextBox 输出五分制成绩。

提示：switch 语句的控制表达式为 x/10。

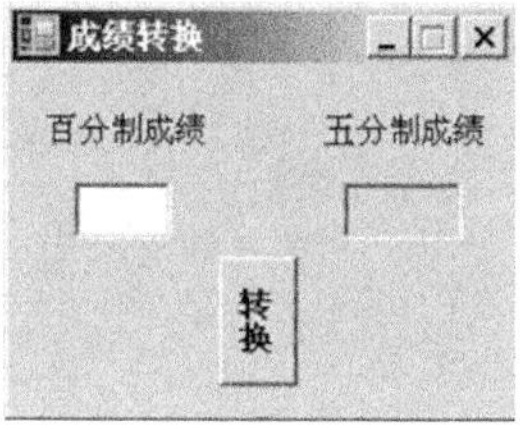

图 5.2　成绩转换器

【答】 具体步骤如下：

① 设计界面。新建一个 C# 的 Windows 应用程序，项目名称设置为“exercise100to5”，向窗体中添加两个标签、两个文本框和 1 个按钮，并按图 5.2 所示调整控件位置和窗体尺寸。

② 设置属性。窗体和各个控件的属性设置如表 5.2 所示。

表 5.2　对象的属性设置

对　　象	属性名	属　性　值
Form1	Text	成绩转换
label1,label2	Text	百分制成绩　　　　五分制成绩
textBox1	Name	txt100
textBox3	Name	txt5
	ReadOnly	True
button1	Name	btnChange
	Text	转换

③ 编写代码。双击按钮 btnChange，打开代码视图，在其 Click 事件处理程序中添加如下代码：

```
private void btnChange_Click(object sender, EventArgs e)
{
    int x; x = int.Parse(txt100.Text.Trim());
```

```
        switch (x / 10)
        {
            case 0:
            case 1:
            case 2:
            case 3:
            case 4:
            case 5:
                txt5.Text = "不及格"; break;
            case 6:
                txt5.Text = "及格"; break;
            case 7:
                txt5.Text = "中等"; break;
            case 8:
                txt5.Text = "良好"; break;
            case 9:
                txt5.Text = "优秀"; break;
            case 10:
                if (x == 100)
                    txt5.Text = "优秀";
                else
                    MessageBox.Show("最高分数为 100");
                break;
            default:
                MessageBox.Show("有效分数为 0～100");    break;
        }
    }
```

④ 运行程序。单击"启动调试"按钮运行程序,根据提示进行操作并查看结果。

(3) 编写一个简单的大学选课程序,输入学号和姓名后,选择学历,再选择选修课程,然后输出学生的基本信息和选课信息。

要求:利用 TextBox 控件输入姓名和学号,利用 GroupBox 和 RadioButton 控件选择学历(本科生或研究生),利用 GroupBox 和 CheckBox 控件选择课程;不同学历,可选的课程不同;单击"确定"按钮后,利用消息框输出学生的基本信息和选课信息。

【答】 具体步骤如下:

① 设计界面。新建一个 C# 的 Windows 应用程序,项目名称设置为"exercise 选课程序",向窗体中添加两个标签、两个文本框、两个分组框、两个单选按钮、4 个复选框和 1 个按钮,并按照图 5.3 所示调整控件位置和窗体尺寸。

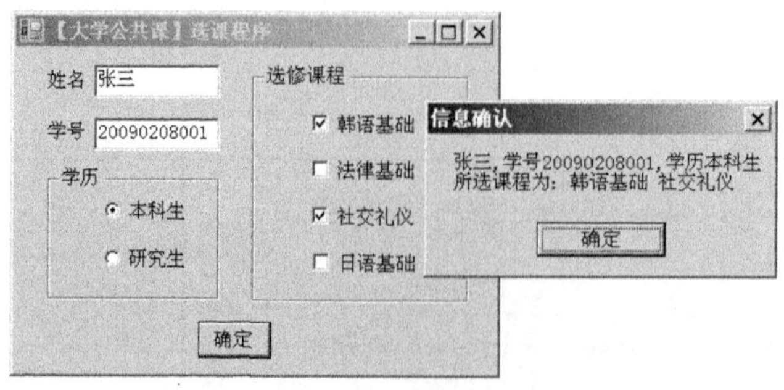

图 5.3 选课程序运行界面

② 设置属性。窗体和各个控件的属性设置如表 5.3 所示。

表 5.3 对象的属性设置

对 象	属性名	属 性 值	
Form1	Text	【大学公共课】选课程序	
label1,label2	Text	姓名	学号
textBox1,textBox2	Name	txtName	txtNo
groupBox1,groupBox2	Text	学历	选修课程
radioButton1,radioButton2	Name	rad1	rad2
	Text	本科生	研究生
button1	Name	btnOk	
	Text	确定	

③ 编写代码。首先在类 Form1 中自定义两个方法,并在窗体的 Load 事件处理程序 Form1_Load 中添加如下代码:

```
private void CourseUndergraduate()
{   //本科生的可选公共课
    checkBox1.Checked = checkBox2.Checked = checkBox3.Checked
        = checkBox4.Checked = false;
    checkBox1.Text = "韩语基础"; checkBox2.Text = "法律基础";
    checkBox3.Text = "社交礼仪"; checkBox4.Text = "日语基础";
    checkBox4.Visible = true;
}
private void CourseGraduate()
{   //研究生的可选公共课
    checkBox1.Checked = checkBox2.Checked = checkBox3.Checked
        = checkBox4.Checked = false;
    checkBox1.Text = "翻译与写作"; checkBox2.Text = "多媒体基础";
    checkBox3.Text = "网页设计"; checkBox4.Visible = false;
}
private void Form1_Load(object sender, EventArgs e)
{
    CourseUndergraduate(); //初始化控件对应本科生
}
```

然后,依次双击单选按钮 rad1 和按钮 btnOk,打开代码视图,分别在 rad1_CheckedChanged 和 btnOk_Click 事件处理程序中添加如下代码:

```
private void rad1_CheckedChanged(object sender, EventArgs e)
{
   if (rad1.Checked)
      CourseUndergraduate();
   else
      CourseGraduate();
}
private void btnOk_Click(object sender, EventArgs e)
{
   string info,sname,sno,sdegree;
```

```
        info = "";
        sname = txtName.Text.Trim();
        sno = txtNo.Text.Trim();
        if(rad1.Checked)
            sdegree = "本科生";
        else
            sdegree = "研究生";
        if (sname != "" && sno != "")
        {
            info = sname + ",学号" + sno + ",学历" + sdegree + "\n";
            info += "所选课程为: ";
            if(checkBox1.Checked)
                info += checkBox1.Text + " ";
            if(checkBox2.Checked)
                info += checkBox2.Text + " ";
            if(checkBox3.Checked)
                info += checkBox3.Text + " ";
            if(checkBox4.Checked)
                info += checkBox4.Text + " ";
            MessageBox.Show(info, "信息确认");
        }
        else
            MessageBox.Show("请输入姓名和学号!", "错误");
    }
```

④ 运行程序。单击“启动调试”按钮运行程序,根据提示进行操作并查看结果。

第6章 循环结构程序设计

1. 选择题

(1) C#提供的4种跳转语句中,不推荐使用的是________。

A. return　　B. goto　　C. break　　D. continue

(2) 下列控件中,不能实现多项选择功能的是________。

A. ListBox　　B. ComboBox　　C. CheckBox　　D. CheckedListBox

(3) 如果让计时器每隔10s触发一次Tick事件,需要将interval属性设置为________。

A. 10　　B. 100　　C. 1000　　D. 10000

(4) 已知进度条的下限是0,上限是1000,如果要让进度条显示30%的分段块,需要将Value属性设置为________。

A. 30　　B. 30%　　C. 300　　D. 0.3

答案:(1) B　(2) A　(3) D　(4) C

2. 思考题

(1) 循环结构中,break语句和continue语句各有什么作用?

【答】 break(终止)语句用于终止最近的循环语句,将程序控制传递给它所终止语句的后续语句。continue(继续)语句用于结束本次循环,跳过continue之后的其他循环语句,将程序控制传递给循环语句的下一次循环(返回到循环的起始处,并根据循环条件决定是否执行下一次循环)。

(2) 简述ListBox和ComboBox控件的作用。

【答】 ListBox(列表框)控件为用户提供了可选的项目列表,用户可以从列表中选择一个或多个项目。ComboBox(组合框)控件由一个文本框和一个列表框组成,为用户提供了可选的项目列表,用户可以从列表中选择一个项目输入,也可以直接在文本框中输入。

(3) 简述Timer组件的作用。

【答】 Timer(计时器,或称定时器)组件是一种无需用户干预,按一定时间间隔,周期性地自动触发事件的控件。Timer组件通过检查系统时间来判断是否该执行某项任务,经常用辅助其他控件来刷新显示的时间,也可以用于后台处理。

(4) 简述ProgressBar控件的作用。

【答】 ProgressBar(进度条)控件是一个水平放置的指示器,其内部包含多个可滚动的分段块,用于直观地显示某个操作的当前进度。

3. 上机练习题

(1) 编写一个 Windows 应用程序，计算 n!，n 从键盘输入。

要求：利用 Textbox 输入 n，利用 for 语句实现阶乘的运算，利用只读的 TextBox 输出 n 的阶乘。

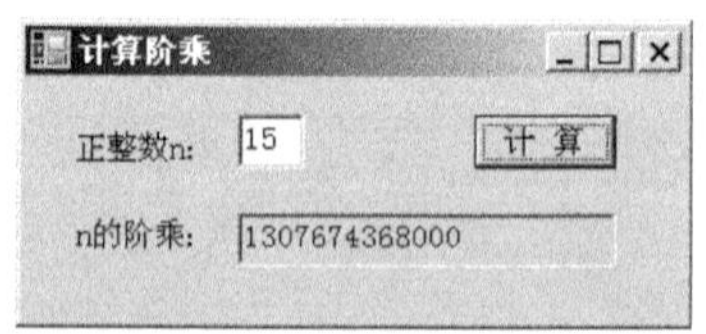

图 6.1 计算阶乘的程序运行界面

【答】 具体步骤如下：

① 设计界面。新建一个 C# 的 Windows 应用程序，项目名称设置为“exerciseFactorial”，向窗体中添加 2 个标签、2 个文本框和 1 个按钮，并按图 6.1 所示调整控件位置和窗体尺寸。

② 设置属性。窗体和各个控件的属性设置如表 6.1 所示。

表 6.1 对象的属性设置

对 象	属性名	属 性 值
Form1	Text	计算阶乘
label1, label2	Text	正整数 n： n 的阶乘：
textBox1	Name	txtN
textBox2	Name	txtFact
	ReadOnly	True
button1	Name	btnOk
	Text	计算

③ 编写代码。双击按钮 btnOk，打开代码视图，在其 Click 事件处理程序中添加如下代码：

```
private void btnOk_Click(object sender, EventArgs e)
{
    int n; long fact; //正整数 n,其阶乘 fact
    n = int.Parse(txtN.Text.Trim());
    fact = 1;
    for (int i = 1; i <= n; i ++ )
    {   fact * = i; }
    txtFact.Text = fact.ToString();
}
```

④ 运行程序。单击“启动调试”按钮运行程序，按照提示进行操作并查看结果。

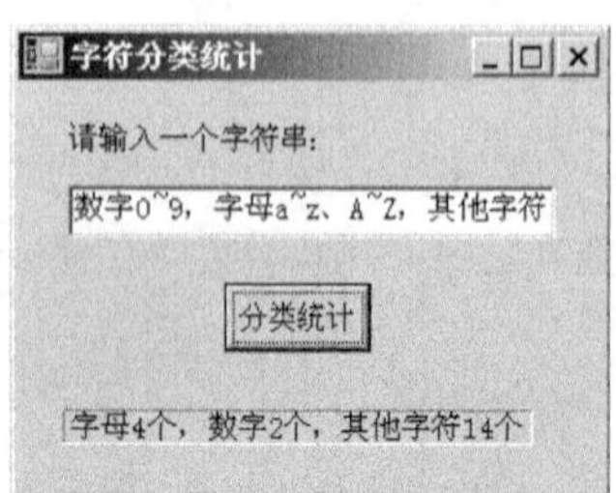

图 6.2 字符分类统计

(2)编写一个分类统计字符个数的程序，统计输入的字符串中数字、字母和其他字符的个数，运行界面如图 6.2 所示。

要求：利用 String. CopyTo 方法将字符串存入字符数组，再使用 foreach 和 if 语句遍历并判断数组中的每个字符以进行相应处理；除数为 0 要提示错误；利用只读的 Textbox 输出运算结果。

【答】 具体步骤如下：

① 设计界面。新建一个C#的Windows应用程序，项目名称设置为“exerciseAmountofChar”，向窗体中添加1个标签、2个文本框和1个按钮，并按图6.2所示调整控件位置和窗体尺寸。

② 设置属性。窗体和各个控件的属性设置如表6.2所示。

表6.2　对象的属性设置

对　　象	属性名	属　性　值
Form1	Text	字符分类统计
label1	Text	请输入一个字符串：
textBox1	Name	txtStr
	Text	数字0～9，字母a～z、A～Z，其他字符
textBox2	Name	txtResult
	ReadOnly	True
	Text	数字、字母和其他字符的个数
button1	Name	btnCount
	Text	分类统计

③ 编写代码。双击按钮btnCount，打开代码视图，在其Click事件处理程序中添加如下代码：

```
private void btnCount_Click(object sender, EventArgs e)
{
    string s,t; int n,i,j,k;      char[] c;
    s = txtStr.Text;               //输入的字符串
    n = s.Length;                  //输入字符串的长度
    i = j = k = 0;
    c = new char[n];
    s.CopyTo(0, c, 0, n);          //将字符串s存入字符数组c
    foreach (char r in c)
    {
        if (r >= 'A' && r <= 'Z' || r >= 'a' && r <= 'z')
            i++;
        else if (r >= '0' && r <= '9')
            j++;
        else
            k++;
    }
    t = String.Format("字母{0}个,数字{1}个,其他字符{2}个",i,j,k);
    txtResult.Text = t;
}
```

④ 运行程序。按F5键运行程序，按照提示进行操作并查看结果。

(3) 编写一个计算两个正整数的最大公约数与最小公倍数的程序，运行界面如图6.3所示。

要求：利用Textbox输入两个正整数，利用while语句进行计算。

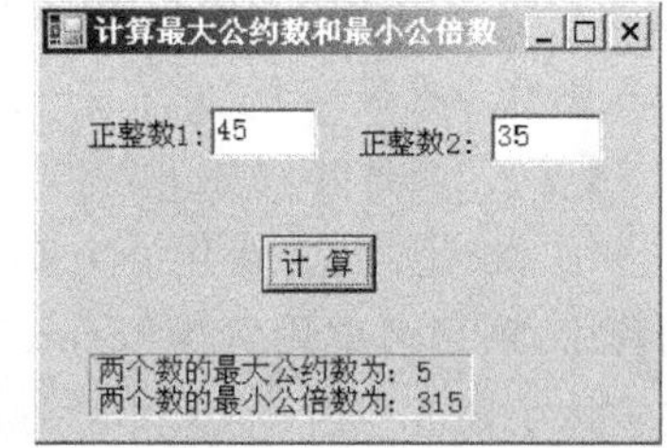

图6.3　最大公约数和最小公倍数

【答】 具体步骤如下：

① 设计界面。新建一个C#的Windows应用程序，项目名称设置为“exerciseCommonNumber”，向窗体中添加3个标签、2个文本框和1个按钮，并按图6.3所示调整控件位置和窗体尺寸。

② 设置属性。窗体和各个控件的属性设置如表6.3所示。

表6.3 对象的属性设置

对　象	属性名	属性值	
Form1	Text	计算最大公约数和最小公倍数	
label1,label2	Text	正整数1：	正整数2：
textBox1,textBox2	Name	txtA	txtB
label3	Name	lblResult	
	BorderStyle	Fixed3D	
	Text	最大公约数和最小公倍数	
button1	Name	btnCal	
	Text	计 算	

③ 编写代码。双击按钮btnCal，打开代码视图，在其Click事件处理程序中添加如下代码：

```
private void btnCal_Click(object sender, EventArgs e)
{
    int a, b, t,i,j;
    a = int.Parse(txtA.Text);
    b = int.Parse(txtB.Text);
    if (a > b) { t = a; a = b; b = t; } //使a<b
    i = a; j = b;                  //最大公约数i,最小公倍数j
    while (a % i != 0 || b % i != 0) i--;
    lblResult.Text = "两个数的最大公约数为: " + i + "\n";
    while (j % a != 0 || j % b != 0) j++;
    lblResult.Text += "两个数的最小公倍数为: " + j;
}
```

④ 运行程序。单击“启动调试”按钮运行程序，按照提示进行操作并查看结果。

(4) 编写一个Windows应用程序，解决我国古代著名的“百钱买百鸡”问题：每只公鸡值5元，每只母鸡值3元，三只小鸡值1元，用100元买100只鸡，公鸡、母鸡和小鸡各买几只？

提示：设能买公鸡x只、母鸡y只、小鸡z只，利用两个方程5x+3y+z/3=100和x+y+z=100，使用二重循环和“穷举法”求各种可能解。

【答】 具体步骤如下：

① 设计界面。新建一个C#的Windows应用程序，项目名称设置为“exercise百钱买百鸡”，向窗体中添加2个标签和1个按钮，并按图6.4所示调整控件位置和窗体尺寸。

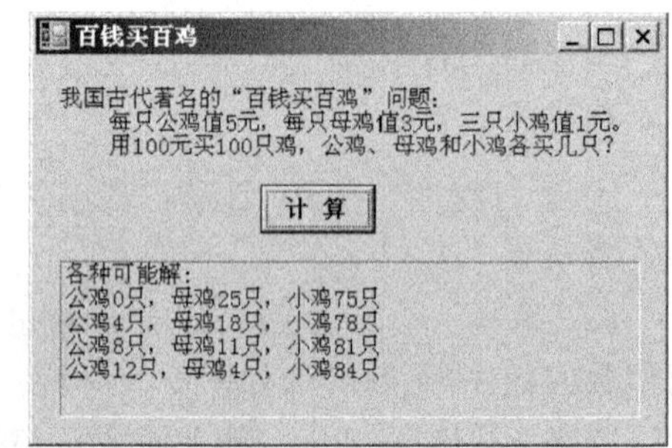

图6.4 百钱买百鸡的程序运行界面

② 设置属性。窗体和各个控件的属性设置如表 6.4 所示。

表 6.4　对象的属性设置

对　　象	属性名	属　性　值
Form1	Text	百钱买百鸡
label1	Text	我国古代著名的“百钱买百鸡”问题： 每只公鸡值 5 元，每只母鸡值 3 元，三只小鸡值 1 元。 用 100 元买 100 只鸡，公鸡、母鸡和小鸡各买几只
label2	Name	lblResult
	BorderStyle	Fixed3D
	Text	各种可能解：
button1	Name	btnCal
	Text	计 算

③ 编写代码。双击按钮 btnCal，打开代码视图，在其 Click 事件处理程序中添加如下代码：

```
private void btnCal_Click(object sender, EventArgs e)
{
    int x, y, z; //公鸡 x 只,母鸡 y 只,小鸡 z 只
    for(x = 0;x <= 20;x ++ )
        for (y = 0; y <= 33; y ++ )
        {
            z = 100 - x - y;
            int t = 5 * x + 3 * y + z/3;
            if((t == 100) && (z % 3 == 0))
            {
                string s = String.Format("公鸡{0}只,母鸡{1}只,
                    小鸡{2}只",x,y,z);
                lblResult.Text += "\n" + s;
            }
        }
}
```

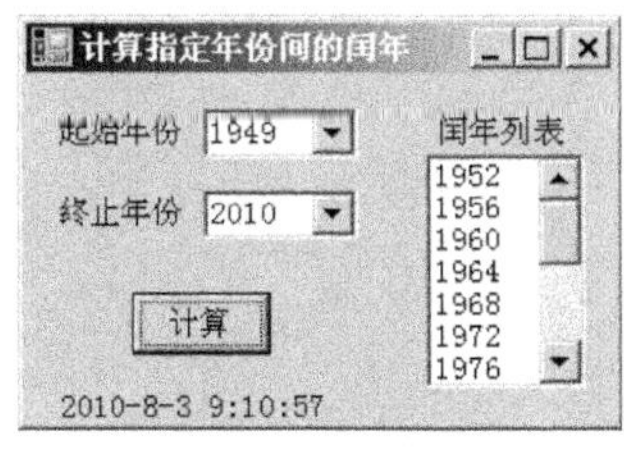

图 6.5　计算闰年

④ 运行程序。按 F5 键运行程序，单击“计算”按钮查看结果。

(5) 编写一个程序，计算两个指定年份之间的闰年并输出，运行界面如图 6.5 所示。

要求：利用组合框选择或输入起止年份，起始年份不能大于终止年份；利用列表框输出闰年；窗体左下角显示当前的日期和时间。

【答】 具体步骤如下：

① 设计界面。新建一个 C# 的 Windows 应用程序，项目名称设置为“exerciseLeapYear”，向窗体中添加 4 个标签、2 个组合框、1 个列表框和 1 个按钮，并按图 6.5 所示调整控件位置和窗体尺寸。

② 设置属性。窗体和各个控件的属性设置如表 6.5 所示。

表 6.5　对象的属性设置

对　　象	属性名	属　性　值
Form1	Text	计算指定年份间的闰年
label1～label3	Text	起始年份　　终止年份　　闰年列表
label4	Name	lblNow
	Text	当前日期和时间
comboBox1, comboBox2	Name	cbo1　　cbo2
	Text	1949　　2010
listBox1	Name	lstYear
button1	Name	btnCal
	Text	计算
timer1	Enabled	True

③ 编写代码。首先双击窗体，打开代码视图，在 Form1_Load 事件处理程序中添加如下代码：

```
private void Form1_Load(object sender, EventArgs e)
{
    int y1 = 1900, y2 = 2000;
    for (int i = 0; i < 100; i += 10)
        cbo1.Items.Add(y1 + i);
    for (int i = 0; i < 100; i += 10)
        cbo2.Items.Add(y2 + i);
}
```

然后，双击按钮 btnCal，在其 Click 事件处理程序中添加如下代码：

```
private void btnCal_Click(object sender, EventArgs e)
{
    lstYear.Items.Clear();
    int y1, y2;
    y1 = int.Parse(cbo1.Text);
    y2 = int.Parse(cbo2.Text);
    if (y1 > y2)
    {
        MessageBox.Show("起始年份不能大于终止年份!", "错误");
        return;
    }
    for (int y = y1; y <= y2; y++)
        if (y % 4 == 0 && y % 100 != 0 || y % 400 == 0)
            lstYear.Items.Add(y);;
}
```

最后，双击定时器 timer1，在其 Tick 事件处理程序中添加如下代码：

```
private void timer1_Tick(object sender, EventArgs e)
{
    lblNow.Text = DateTime.Now.ToString();
}
```

④ 运行程序。单击“启动调试”按钮运行程序，按照提示进行操作并查看结果。

第7章 面向对象的程序设计基础

1. 选择题

(1) 面向对象的特点主要概括为________。

A. 可分解性、可组合性和可分类性

B. 继承性、封装性和多态性

C. 封装性、易维护性、可扩展性和可重用性

D. 抽象性、继承性和封装性

(2) 要使某个类能被同一个命名空间中的其他类访问,但不能被这个命名空间以外的类访问,该类可以________。

A. 不使用任何关键字　　B. 使用 private 关键

C. 使用 const 关键字　　D. 使用 protected 关键字

(3) 类的字段和方法的默认访问修饰符是________。

A. public　　B. private　　C. protected　　D. internal

(4) 下列关于构造函数的描述中,________是正确的。

A. 构造函数名必须与类名相同　　B. 构造函数不可以重载

C. 构造函数不能带参数　　D. 构造函数可以声明返回类型

(5) C# 中的 TestClass 为一自定义类,其中有以下属性定义:

```
public void Property{ … }
```

使用以下语句创建了该类的对象,并让变量 obj 引用该对象:

```
TestClass obj = new TestClass();
```

那么,可通过________方式访问类 TestClass 的 Property 属性。

A. MyClass. Property　　B. obj::Property

C. obj. Property　　D. obj. Property()

答案:(1) B　(2) D　(3) B　(4) A　(5) D

2. 思考题

(1) 如何理解面向对象程序设计中的类和对象?二者是什么关系?

【答】 类是具有相同特征的对象的集合,也就是具有相同属性和行为的对象的抽象。对象是一个封装了状态和行为的实体,具有属性、事件和方法等要素。对象之间能够根

据外界的信息进行相应的操作。

类是一种定义了对象行为和外观的抽象模板，对象是类的一个实例。一个类可以创建多个对象，所有对象都是其相关类的实例。

(2) 面向对象的主要特点有哪些？

【答】 面向对象语言的主要特性是封装性、继承性和多态性。

封装性就是把对象的属性和操作结合成一个独立的相同单位，并尽可能隐蔽对象的内部细节，形成一个不可分割的独立单位。从而隐蔽对象的内部细节，只保留有限的对外接口使之与外部发生联系。

继承就是不需要再次编写相同的代码，使得子类具有父类的各种属性和方法。

多态性是将多种不同的特殊行为进行抽象的一种能力，具体是指方法具有相同的名称，可以实现不同的操作。

(3) 类的声明格式中包含哪些部分？各有什么意义？

【答】 类的声明格式中包含访问修饰符、关键字 class、类名 、派生于哪个基类、类体等多个部分。class 是定义类的关键字。访问修饰符用来限制类的作用范围或访问级别。“类名”是类的标识符号。冒号后面的“基类”表明所定义的类是从该类派生的一个子类。

类的主体包括类的成员，用来定义类的数据和行为。类的成员分为数据成员和方法成员，具体来说，包括常量、字段、属性、索引器、方法、事件、构造函数和析构函数等。

(4) 什么是实例方法？什么是静态方法？

【答】 必须创建类的实例才能调用的方法称为实例方法，其调用格式为“对象名.方法”。当方法声明中包括 static 修饰符时，该方法就称为静态方法，其调用格式为“类名.方法”。

(5) 类可以使用哪些修饰符？各代表什么含义？

【答】 为了控制类的作用范围或访问级别，C# 提供了访问修饰符，包括 public、internal、private、protected 和 protected internal。访问修饰符既可以用来限制类和结构，也可以用来限制类成员。具体作用如下：

- public：定义的成员可以在类的外部进行访问。
- protected：为了方便派生类的访问，但又不希望其他无关类随意访问，就可以使用 protected 修饰符，将成员声明为保护的。
- internal：只能在当前程序集中访问。
- private：只有类内部的成员才可以访问私有成员，在类的外部是禁止直接访问私有成员的，这也是 C# 中成员声明的默认方式。
- protected internal：成员仅限于当前程序集或该类的派生类访问。

(6) 简述 new、this、static、ref、out、params、get、set 和 value 这些关键字的作用。

【答】

- new：用类声明的对象必须使用 new 运算符调用类的构造函数才能创建实例。
- this：表示对当前对象的引用，其类型就是当前类型。
- static：用来声明静态类和静态成员。
- ref：用来声明引用参数，实现数据的传递。
- out：用来声明输出型参数。输出型参数不需要对实参进行初始化。
- params：在形参数组前添加 params，所对应的实参可以是数组名或数组元素值的列表。

- get：get 方法返回属性的类型并且没有参数，get 用于获取属性值。
- set：set 方法返回 void 且有一个单独的参数，该参数的类型与属性相同。
- value：在 set 方法中，value 代表隐式的参数。

(7) 简述构造函数和析构函数的作用。

【答】 构造函数是类的重要成员，是用于初始化一个对象状态的特殊方法。构造函数与类同名，其主要功能是初始化字段和保证对象在它的生存期里是一个可知状态。

析构函数用于销毁对象。当不再需要某个类的某个对象时，通常希望它所占的存储空间能被收回。析构函数专门用于释放对象占用的系统资源，它是类的特殊成员。

3. 上机练习题

(1) 构造一个类，可以分别对任意多个整数、小数或字符串进行排序。

【答】 具体步骤如下：

① 创建一个控制台应用程序 exerciseSort。

② 在 Program. cs 文件中定义一个 Sort 类，并在其中定义三个重载的方法 BubbleSort。在 Program 类的 Main 函数中测试对任意多个整数、小数或字符串的排序。Program. cs 文件的主要代码如下：

```
using System;
namespace exerciseSort
{
   public static class Sort
    {
        public static void BubbleSort(params int[ ] array)
        {
            int length = array.Length;
            for (int i = 0; i <= length - 2; i++ )
            {
                for (int j = length - 1; j >= 1; j-- )
                {   //将两个元素进行交换
                    if (array[j] < array[j - 1])
                    {   int temp = array[j];
                        array[j] = array[j - 1];
                        array[j - 1] = temp;
                    }
                }
            }
            for (int i = 0; i < array.Length; i++ )
                Console.Write(array[i] + "\t");
            Console.WriteLine("\n");
        }
        //此处设置 double[ ]、string[ ]类型数组与 int[ ]相似，代码略
   class Program
   {
        static void Main(string[ ] args)
        {
            int[ ] a = { 2, 3, 5, 8, 9, 1, 0 };
```

```
            double[] b = { 1.2, 3.4, 6.5, 9, 12, 18, 1 };
            string[] s = { "China", "Japan", "Viet", "Abc" };
            Sort.BubbleSort(a);
            Sort.BubbleSort(b );
            Sort.BubbleSort(s );
            Sort.BubbleSort(23,34,66,45,11,6);
            Sort.BubbleSort("student", "teacher", "worker",
               "clerk");
            Console.ReadLine();
        }
    }
}
```

③ 单击“启动调试”按钮运行该程序。

(2) 自定义一个时间类,该类包含时、分、秒字段与属性,具有将时间增加 1 秒、1 分和 1 小时的方法,具有分别显示时、分、秒和同时显示时分秒的方法。

说明:该类定义可用于控制台应用程序,也可用于 Windows 窗体应用程序。

【答】 具体步骤如下:

① 创建一个控制台应用程序 exerciseClock。

② 在 Program.cs 文件中定义一个 MyClock 类,并在其中编写如下代码:

```
public class MyClock
{
    int hours, minutes, seconds;
    public MyClock(int h, int m, int s)
    {
        hours = h; minutes = m; seconds = s;
    }
    public void AddHours()
    {   hours ++ ; }
    public void AddMinutes()
    {   minutes ++ ; }
    public void AddSeconds()
    {   seconds ++ ; }
    public int GetHours()
    {   return hours; }
    public int GetMinutes()
    {   return minutes; }
    public int GetSeconds()
    {   return seconds; }
    public string GetClock()
    {
        return hours + "时" + minutes + "分" + seconds + "秒";
    }
}
```

③ 单击“启动调试”按钮运行程序。

(3) 创建一个 Windows 应用程序,输入两个正整数,单击“计算”按钮,求出这两个正整数的最大公约数。

要求：将求最大公约数的算法声明为一个静态方法，由“计算”按钮调用。

【答】 具体步骤如下：

① 设计界面。新建一个 C# 的 Windows 应用程序，项目名称设置为“exerciseHcf”，向窗体添加 3 个文本框、3 个标签和 1 个按钮，并按照图 7.1 所示调整控件位置和窗体尺寸。

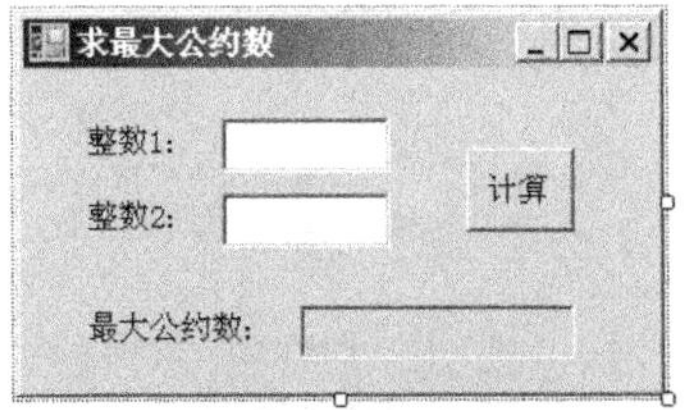

图 7.1 设计界面

② 设置属性。窗体和各个控件的属性设置如表 7.1 所示。

表 7.1 对象的属性设置

对　　象	属性名	属　性　值
Form1	Text	求最大公约数
label1～label13	Text	整数 1：　　整数 2：　　最大公约数：
textBox1,textBox2	Name	txtNum1　　txtNum2
textBox3	Name	txtResult
	ReadOnly	True
button1	Name	btnCal
	Text	计算

③ 编写代码。在 Form1 类中定义一个求最大公约数的静态方法 CountCommonDivisor，并为按钮 btnCal 添加 Click 事件处理程序，具体代码如下：

```
public static int CountCommonDivisor(int x1, int x2)
{
    int r;
    if (x1 < x2) { r = x1; x1 = x2; x2 = r; }
    r = x1 % x2;
    while (r != 0)
    { x1 = x2; x2 = r; r = x1 % x2; }
    return x2;
}
private void btnCal_Click(object sender, EventArgs e)
{
    if (txtNum1.Text == "" || txtNum2.Text == "")
        return;
    int a = Convert.ToInt32(txtNum1.Text);
    int b = Convert.ToInt32(txtNum2.Text);
    txtResult.Text = Convert.ToString(CountCommonDivisor(a, b));
}
```

④ 运行程序。按照标签提示在文本框中输入两个整数，单击“计算”按钮查看结果。

(4)构造一个图书类 book，能记录和访问书店图书信息，包括标题、作者、价格和库存量等，同时能选择不同的构造函数来初始化类的实例。

【答】 具体步骤如下：

① 创建一个控制台应用程序 exerciseBook。

② 在 Program.cs 文件中定义一个 Book 类，并在 Program 类的 Main 方法中输入如下

代码：

```
public class Book
{
    private string title;
    public string Title
    {
        get { return title; }
        set { title = value; }
    }
    private string author;
    public string Author
    {
        get { return author; }
        set { author = value; }
    }
    private double price;
    public double Price
    {
        get {return price ; }
        set
        {
            if (value < 0) price = 0;
            else price = value ;
        }
    }
    private int count;
    public int Count
    {
        get { return count; }
        set
        {
            if (value < 0) count = 0;
            else count = value;
        }
    }
    public Book(string title, string author)
    {
        this.title = title; this.author = author;
    }
    public Book(string title, string author, double price)
    {
        this.title = title; this.author = author;
        this.price = price;
    }
    public Book(string title, string author, int count)
    {
        this.title = title; this.author = author;
        this.count = count ;
    }
}
```

```
class Program
{
    static void Main(string[] args)
    {
        Book book1 = new Book("C#程序设计教程", "刘秋香");
        Console.WriteLine("书名: {0},作者: {1}", book1.Title,
            book1.Author);
        Book book2 = new Book("C#程序设计教程", "刘秋香", 28.8);
        Console.WriteLine("书名: {0},作者: {1},价格: {2}", book2.
            Title, book2.Author,book2 .Price );
        Book book3 = new Book("C#程序设计教程", "刘秋香", 12);
        Console.WriteLine("书名: {0},作者: {1},库存数量: {2}",
            book3.Title, book3.Author,book3 .Count );
        Console.ReadLine();
    }
}
```

③ 单击“启动调试”按钮运行程序。

第8章 面向对象的高级程序设计

1. 选择题

(1) 下面有关虚方法的描述中,正确的是________。

A. 虚方法能在程序运行时动态确定要调用的方法,因而比非虚方法更灵活

B. 在定义虚方法时,基类和派生类的方法定义语句中都要带上 virtual 修饰符

C. 重写基类的虚方法时,为消除隐藏基类成员的警告,需要带上 new 修饰符

D. 在重写虚方法时,需要同时带上 override 和 virtual 修饰符

(2) 下列方法中,________是抽象方法。

A. static void func( ) { }　　B. virtual void func( ) { }

C. abstract void func( ) { }　　D. override void func( ) { }

(3) 下列关于接口的说法中,________是错误的。

A. 一个类可以有多个基类和多个基接口

B. 抽象类和接口都不能被实例化

C. 抽象类自身可以定义成员,而接口不可以

D. 类不可以多重继承,而接口可以

(4) 已知类 Base、Derived 的定义如下:

```
class Base
{
    public void Hello()
    { System.Console.Write("Hello in Base!"); }
}
class Derived : Base
{
    public new void Hello()
    {   System.Console.Write("Hello in Derived!"); }
}
```

则语句段"Derived x = new Derived( ); x. Hello( );"在控制台中的输出结果为________。

A. Hello in Base!　　B. Hello in Base! Hello in Derived!

C. Hello in Derived!　　D. Hello in Derived! Hello in Base!

答案:(1) A　(2) C　(3) A　(4) C

2. 思考题

(1) 什么是类的继承？怎样定义派生类？

【答】 继承涉及一个基类型和一个派生类型，其中基类型表示的是泛例，而派生类型表示的是特例。特例从泛例中派生出来，也就是说特例继承了泛例。被继承的类叫基类，继承后产生的类叫做派生类。

在C#中，派生类隐式地继承基类的所有成员，包括方法、字段、属性和事件(基类的私有成员、构造函数、析构函数除外)，同时可以添加自己的成员来进行功能扩展。

(2) 简述创建派生类时，构造函数的调用。

【答】 C#编译器自动在派生类构造函数中首先自顶向下地调用基类构造函数，以初始化从基类中继承的成员，最后调用自身的构造函数。如果某个派生类中没有明确定义任何构造函数，编译器会自动为之生成一个默认构造函数，并在其中调用其基类构造函数。

(3) 怎样定义基类虚方法，并在派生类中重写基类虚方法？

【答】 在基类中，需要使用关键字 virtual 将某个方法显式声明为虚方法，然后再在派生类中必须使用 override 显式声明一个方法以重写某个虚拟方法。方法重写时，必须注意派生类中的方法应该与基类中被重写的方法有相同的方法名、返回值类型、参数列表和访问权限。

(4) 抽象方法与虚方法有什么异同？

【答】 ① 当方法前使用了 virtual 关键字时，它就成为虚拟方法。虚拟方法是多态的基础，在派生类中能够改变方法的执行，改变基类中虚方法的过程叫重写或覆盖。

② 当方法前使用了 abstract 关键字时，它就成为抽象方法。抽象方法是一个不完全的方法，它只有方法头，没有具体的方法体。抽象方法是一种虚拟方法(但不能用关键字 virtual 显式声明)，是隐含的虚拟，而且必须被派生类实现重写。

③ 抽象方法与虚拟方法的差别在于：虚拟方法有实现，抽象方法没有实现。

(5) 什么是抽象类？它有什么特点？它和接口有何异同？

【答】 抽象类是基类的一种特殊类型，必须用关键字 abstract 修饰。它除了拥有普通的类成员之外，还有抽象类成员。抽象类成员中的方法和属性只有声明(使用关键字 abstract)，而没有实现部分。抽象类永远也不能实例化。

接口像一个抽象类，可以定义方法成员、属性成员、索引器和事件等，但接口不提供对成员的实现，而继承接口的类则必须提供接口成员的实现。可以将接口看做是只包含抽象方法的纯抽象类。接口最终还是需要由类或结构来实现，即要求类要实现接口的抽象方法成员，这与派生类保证要实现它的基类的抽象方法一样。

虽然接口和抽象类在句法和语义上紧密相关，但它们仍有一个重要的区别：接口只能包含抽象方法、抽象属性和抽象索引器，而抽象类还可能包含数据成员，以及完全实现的方法、属性和索引器。

(6) 简述通过委托来调用对象方法的基本过程。

【答】 基本过程如下：

① 使用关键字 delegate 声明委托类型。

② 委托的实例化。委托是一种特殊的数据类型，必须实例化之后才能用来引用方法。

③ 通过委托变量调用方法。在使用委托对象调用所引用的方法时，必须保证参数的类型、个数和顺序与方法声明匹配。

3. 上机练习题

(1) 定义磁盘类 Disk 及其派生类 HardDisk(硬盘)、Flash(闪盘)和 CDROM(光盘)，在其中定义记录磁盘容量的字段，并通过虚拟方法和重写方法来模拟对磁盘内容的写入和删除。

【答】 具体步骤如下：

① 创建一个控制台应用程序 exerciseDisk。

② 在 Program.cs 文件中，首先定义 Disk 类，其中 Write 是虚拟方法；然后定义三个派生类，在派生类中重写了 Write 方法；在 Program 类的 Main 函数中进行测试。具体代码如下：

```
using System;
namespace exerciseDisk
{
    public class Disk
    {
        private string name;
        public string Name
        {
            get { return name; }
            set { name = value; }
        }
        private double capacitySize;
        public double CapacitySize
        {
            get { return capacitySize; }
            set
            {
                if (value <= 0) capacitySize = 0;
                else capacitySize = value;
            }
        }
        public virtual void Write()
        { Console.WriteLine("正在向磁盘中写入……"); }
        public void delete()
        { Console.WriteLine("正在删除磁盘上信息……"); }
    }
    public class HardDisk : Disk
    {
        public override void Write()
        { Console.WriteLine("正在向硬盘上写入信息……"); }
        public new void delete()
        { Console .WriteLine ("正在删除硬盘上信息……"); }
    }
    public class Flash : Disk
```

```
    {
        public override void Write()
        { Console.WriteLine("正在向闪存上写入信息……"); }
        public new void delete()
        { Console.WriteLine("正在删除闪存上信息……"); }
    }
    public class CDROM : Disk
    {
        public override void Write()
        { Console.WriteLine("正在向 CDROM 上写入信息……"); }
    }
    class Program
    {
        static void Main(string[] args)
        {
            HardDisk hd = new HardDisk();
            hd.Write(); hd.delete();
            Flash f = new Flash();
            f.Write(); f.delete();
            CDROM cd = new CDROM();
            cd.Write();
            Console.ReadLine();
        }
    }
}
```

③ 单击“启动调试”按钮运行程序。

(2) 设计并编程实现规则平面几何图形(所谓规则是指各边相等,各个内角也相等的等边图形)的继承层次,要求定义一个抽象基类 Shape,由它派生出 4 个派生类:等边三角形、正方形、等边五边形、等边六边形,并通过抽象方法的实现来计算各种图形的面积。

【答】 具体步骤如下:

① 创建一个控制台应用程序 exerciseShape。

② 在 Program.cs 文件中,首先定义抽象基类 Shape 类,其中 getName 是虚拟方法,area 是抽象方法;然后定义 4 个派生类,在派生类中重写了 getName 方法,实现了 area 方法以计算各种不同图形的面积;在 Program 类的 Main 函数中进行测试。具体代码如下:

```
using System;
namespace exerciseShape
{
    public abstract class Shape
    {
        private double length;
        public double Length
        {
            get { return length; }
            set
            {
                if (value < 0) length = 0;
                else length = value;
```

```
            }
        }
        public abstract double area();
        public virtual string getName()
        { return ("这是一个平面图形"); }
    }
    public class EquilateralTriangle : Shape
    {
        public override double area()
        { return Length * Length * Math.Sqrt(3) / 4; }
        public override string getName()
        { return ("等边三角形"); }
    }
    //此处其他图形的派生类与"等边三角形"相近,代码从略
    class Program
    {
        static void Main(string[] args)
        {
            double l; int i;
            EquilateralTriangle mys1 = new EquilateralTriangle();
            Square mys2 = new Square();
            Pentagon mys3 = new Pentagon();
            Hexagon mys4 = new Hexagon();
            Shape[] myShape = { mys1, mys2, mys3, mys4 };
            Console.Write("请输入边长: ");
            try
            {
                l = Convert.ToDouble(Console.ReadLine());
                Console.WriteLine();
                for (i = 0; i < 4; i++)
                {
                    myShape[i].Length = l;
                    Console.WriteLine("{0}的面积是{1}", myShape[i]
                        .getName(), myShape[i].area());
                }
            }
            catch (Exception e)
            { Console.WriteLine(e.Message); }
            Console.ReadLine();
        }
    }
}
```

③ 单击"启动调试"按钮运行程序,根据提示输入数据,观察运行结果。

(3)以委托对象作为方法的参数,对学生类对象分别按照姓名、年龄和年级来比较两个学生对象,实现程序以不同的排序方法来输出学生信息。

【答】 具体步骤如下:

① 创建一个控制台应用程序 exerciseStuSort。

② 在 Program.cs 文件中,首先定义 Student 类,在其中声明委托 CompareFunction,并

定义方法 SortPrint；在 Program 类中定义三个与委托具有相同签名的方法 CompareName、CompareAge 和 CompareGrade；然后在 Main 函数中通过选择排序方式（A 姓名、B 年龄、C 年级）确定 SortPrint 方法调用的第 2 个参数（CompareFunction 委托类型），以实现不同的排序方式。具体代码如下：

```
public class Student
{
   private string name;
   public string Name
   {
      get { return name; }
   }
   private int age;
   public int Age
   {
      get { return age; }
   }
   private int grade;
   public int Grade
   {
   get { return grade; }
   set { grade = value; }
   }
   public Student(string name, int age, int grade)
   {
      this.name = name;
      this.age = age;
      this.grade = grade;
   }
   public static void SortPrint(Student[] students,
   Compareunction compare)
   {
      for (int i = students.Length - 1; i > 0; i--)
          for (int j = 0; j < i; j++)
             if (compare(students[j], students[j + 1]) > 0)
             {
                Student s = students[j];
                students[j] = students[j + 1];
                students[j + 1] = s;
             }
      foreach (Student s in students)
          Console.WriteLine(s);
   }
   public override string ToString()
   {
      return string.Format("{0} {1}岁 {2}年级", name, age, grade);
   }
   public delegate int CompareFunction(Student s1, Student s2);
}
class Program
```

```
{
    static void Main(string[] args)
    {
        Student[] students = new Student[5];
        students [0] = new Student("张静林",18,2);
        students [1] = new Student("李为三",20,3);
        students [2] = new Student("王小菲",18,1);
        students [3] = new Student("刘之远",19,4);
        students [4] = new Student("梅华安",18,1);
        Student.CompareFunction compare;
        Console.WriteLine("请选择排序方式: A 姓名 B 年龄 C 年级");
        char ch = Console.ReadKey().KeyChar;
        if (ch == 'B' || ch == 'b')
            compare = CompareAge;
        else if (ch == 'C' || ch == 'c')
            compare = CompareGrade;
        else
            compare = CompareName;
        Console.WriteLine("\n");
        Student.SortPrint(students, compare);
        Console.ReadLine();
    }
    static int CompareName(Student s1,Student s2)
    {   return s1.Name.CompareTo(s2.Name);   }
    static int CompareAge(Student s1,Student s2)
    {   return s1.Age - s2.Age;   }
    static int CompareGrade(Student s1,Student s2)
    {   return s1.Grade - s2.Grade;   }
}
```

③ 按 F5 键运行该程序，根据提示输入字母 A、B 或 C，观察运行结果。

(4)构造一个图书类 book，能记录和访问书店图书信息，包括标题、作者、价格和库存量等，同时能选择不同的构造函数来初始化类的实例(答案参看第 7 章习题的设计题(4))。然后，在 book 类中添加每卖出一份图书时就触发一个事件。在订购者中处理该事件，输出销售数据信息。

【答】 具体步骤如下：

① 打开控制台应用程序 exerciseBook。

② 在 Program.cs 文件中修改 Book 类，定义 BookSales 类和 SaleDelegate 委托，并在 Program 类的 Main 方法中修改如下代码：

```
namespace exerciseBook
{
    public delegate void SaleDelegate(bool sold);//委托
    public class Book
    {
        private string title;
        public string Title
        {
            get { return title; }
```

```
    set { title = value; }
}
private string author;
public string Author
{
    get { return author; }
    set { author = value; }
}
private double price;
public double Price
{
    get { return price; }
    set
    {
        if (value < 0) price = 0;
        else price = value;
    }
}
private int count;
public int Count
{
    get { return count; }
    set
    {
        if (value < 0) count = 0;
        else count = value;
    }
}
private bool sold = false ;
public bool Sold    //是否卖出 1 本书
{
    get {return sold ;}
    set { sold = value ;}
}
public Book(string title, string author,bool sold)
{
    this.title = title; this.author = author;
    this.sold = sold;
}
public Book(string title, string author, double price)
{
    this.title = title; this.author = author;
    this.price = price;
}
public Book(string title, string author, int count)
{
    this.title = title; this.author = author;
    this.count = count;
}
public event SaleDelegate OnSale;        //声明事件
public void ChangeSold( )
```

```
        {
         if ((OnSale != null)&&(sold == true))
              OnSale (sold );                         //触发事件
        }
    }
    class BookSales
    {
        public void sale(Book book)
        {   //订阅事件
            book.OnSale += new SaleDelegate(book_OnSale);
        }
        void book_OnSale(bool sold)                   //处理事件
        { Console.WriteLine("{0}售出 1 本", DateTime.Now); }
    }
    class Program
    {
        static void Main(string[] args)
        {
            BookSales sale1 = new BookSales();
            Book book1 = new Book("C# 程序设计教程", "刘秋香", 12);
            Console.WriteLine("书名: {0},作者: {1},库存数量: {2}",
                book1.Title, book1.Author, book1.Count);
            book1.Sold = true; book1.Count - = 1;
            sale1.sale(book1); book1.ChangeSold();
            Console.WriteLine("书名: {0},作者: {1},库存数量: {2}",
                book1.Title, book1.Author, book1.Count);
            Console.ReadLine();
        }
    }
}
```

③ 单击“启动调试”按钮运行程序。

第9章 程序调试与异常处理

1. 选择题

(1) 一般情况下,异常类存放在________中。

A. System. Exception 命名空间　　B. System. Diagnostics 命名空间

C. System 命名空间　　D. 生成异常类所在的命名空间

(2) 分析下列程序代码:

```
int num;
try
{     num = Convert.ToInt32(Console.ReadLine());    }
catch
{     //捕捉异常     }
```

当输入"abc"时,会抛出________异常。

A. FormatException　　B. IndexOutOfRangException

C. OverflowException　　D. TypeLoadException

(3) 用户自定义的异常类应该从________类中继承。

A. System. ArgumentException　　B. System. IO. IOException

C. System. SystemException　　D. System. ApplicationException

(4) .NET Framework 中,处理异常是很有用的功能。一个 try 代码块可以有多个 catch 块与之对应。在多个 catch 块中,下面________异常应该最后捕获。

A. System. Exception 类　　B. System. SystemException 类

C. System. ApplicationException 类　　D. System. StackOverflowException 类

答案:(1) C　(2) A　(3) D　(4) A

2. 思考题

(1) 程序错误有哪几类?

【答】 C#中常见的错误通常可以分成三大类:语法错误、运行时错误和逻辑错误。其中,语法错误比较容易排除,也是一种低级的错误;运行时错误和逻辑错误需要靠经验、调试工具以及不断地深入代码来排除。

(2) 什么是异常?所有异常类型都派生于什么类?

【答】 在程序运行阶段发生的错误通常称为异常,是指程序运行过程中出现的非正常事件，是程序错误的一种。

所有的异常都派生自 System. Exception 类，因此理解 Exception 类是处理异常的关键。

(3) 写出异常类中的两个常用属性，并指出它们分别有什么作用。

【答】 Exception 类常用的属性成员有多个，下面列出常用的两个：

① Message：string 类型，获取描述当前异常的消息。

② Source：string 类型，获取或设置导致错误的应用程序或对象的名称。

3. 上机练习题

(1) 编写一个计算阶乘的程序，当不能存储该数值时引发异常。

【答】 具体步骤如下：

① 创建一个控制台应用程序 exerciseFactorial。

② 在 Program 类的 Main 方法中输入相应代码，当输入数据无效或运算结果超出数据范围时，使用 throw 抛出异常，然后在 catch 代码块中进行处理。具体代码如下：

```
class Program
{
    static void Main(string[] args)
    {
        Console.Write("请输入 x 的值: ");
        int x, i,y = 1;
        try
        {
            x = Convert.ToInt32(Console.ReadLine());
            if (x < 0) throw new
                FormatException();
            for (i = 1; i <= x; i++ )
            {   y = y * i;
                if (y == 0) throw new OverflowException("程序运行结果超出数据范围");
            }
            Console.WriteLine("{0}的阶乘是{1}." ,x,y );
        }
        catch (FormatException)
        {
            Console.WriteLine("输入数据错误,应输入一个正整数");
        }
        catch (OverflowException ex)
        {
            Console.WriteLine(ex.Message);
        }
        catch (Exception ex)
        {
            Console.WriteLine("程序发生意外: " + ex.Message);
        }
        Console.ReadLine();
    }
}
```

③ 按 F5 键运行该程序,根据提示输入数据,观察运行结果。

(2) 编写一个程序,用来求 10 个教师的平均工资。要求程序能够捕获数据格式异常和 IndexOutOfRangeException 异常。

【答】 具体步骤如下:

① 创建一个控制台应用程序 exerciseSalaryAverage。

② 在 Program 类的 Main 方法中输入相应代码,能够捕获数据格式异常和数组下标越界异常,具体代码如下:

```
class Program
{
    static void Main(string[ ] args)
    {
        double sum = 0;
        double[ ] array = new double [10];
        try
        {
            for (int i = 0; i <= 10; i++ )
            {
                array[i] = Convert .ToDouble (Console.ReadLine());
                sum = sum + array[i];
            }
            Console.WriteLine("10 个人的平均工资是{0}", sum / count);
        }
        catch(System.FormatException e)
        {
            Console.WriteLine(e.Message );
        }
        catch(System.IndexOutOfRangeException e)
        {
            Console.WriteLine(e.Message );
        }
        Console.ReadLine();
    }
}
```

③ 按 F5 键运行该程序,当输入数据超过 10 个时出现异常并进行处理,程序运行结果如图 9.1 所示。

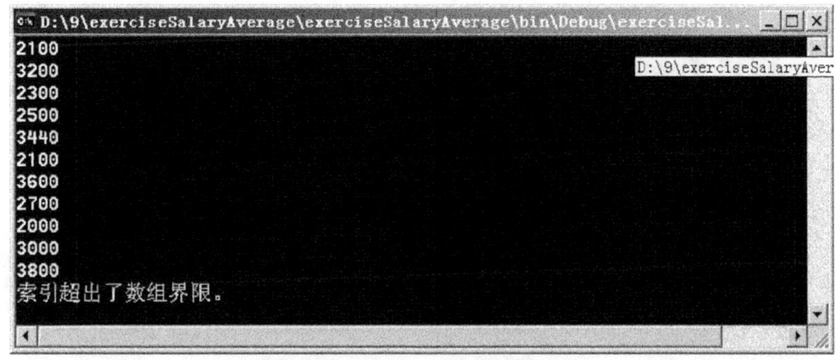

图 9.1　程序运行结果

(3) 编写一个程序，求一元二次方程 $ax^2+bx+c=0$ 的根，如果方程没有实根，则进行异常处理，输出有关警告信息。

【答】 具体步骤如下：

① 创建一个控制台应用程序 exerciseEquationException。

② 在 Program 类中编写相应代码，能够处理格式异常、算术异常及方程没有实根的异常，具体代码如下：

```
class Program
{
   static double q(double a, double b, double c)
   {
      double disc; disc = b * b - 4 * a * c;
      if (disc < 0)
         throw new ArithmeticException ("一元二次方程没有实根");
      return Math.Sqrt(disc) / (2 * a);
   }
   static void Main(string[] args)
   {
      Console.WriteLine("一元二次方程 ax * x + bx + c = 0");
      double a,b,c,p,x1,x2;
      try
      {
         Console.Write("a = ");
         a = Convert.ToDouble(Console.ReadLine());
         Console.Write("b = ");
         b = Convert.ToDouble(Console.ReadLine());
         Console.Write("c = ");
         c = Convert.ToDouble(Console.ReadLine());
         p = -b / (2 * a);
         x1 = p + q(a,b,c); x2 = p - q(a,b,c);
         Console.WriteLine ("x1 = {0},x2 = {1}",x1,x2 );
      }
      catch (System.FormatException e)
      {
         Console.WriteLine(e.Message);
      }
      catch (System.ArithmeticException e)
      {
         Console.WriteLine(e.Message);
      }
      Console.ReadLine();
   }
}
```

③ 按 F5 键运行该程序，根据提示输入 a、b、c 的值，当 $b*b-4ac<0$ 时，观察运行结果。

第10章 界面设计

1. 选择题

(1) 如果要隐藏并禁用菜单项,需要设置________两个属性。

A. Visible 和 Enable　　B. Visible 和 Enabled

C. Visual 和 Enable　　D. Visual 和 Enabled

(2) 设置需要使用的弹出式菜单的窗体或控件的________属性,即可激活弹出式菜单。

A. MenuStrip　　B. ContextedMenu

C. ContextMenuStrip　　D. ContextedMenuStrip

(3) 下列关于 RichTextBox 控件的说法中,不正确的是________。

A. 设计时可以直接将文本赋值给 RichTextBox 控件

B. 设计时可以直接将图像赋值给 RichTextBox 控件

C. 运行时可以直接在 RichTextBox 控件中输入文本

D. 运行时可以直接在 RichTextBox 控件中嵌入图像

(4) MDI 的相关属性中,既可以在"属性"窗口中设置,也可以通过代码设置的是________属性。

A. IsMDIChild　　B. IsMDIContainer

C. MdiChildren　　D. MDIParent

答案:(1) B　(2) C　(3) B　(4) B

2. 思考题

(1) 菜单按使用方式可分为哪两种? 在 C#.NET 中使用什么控件来设计这两种菜单?

【答】 菜单按使用方式有下拉式菜单和弹出式菜单两种。在 C#.NET 中,使用 MenuStrip 和 ContextMenuStrip 控件来设计这两种菜单。

(2) 如何快捷有效地让工具栏中的按钮与下拉式菜单中的菜单项具有相同的功能?

【答】 如果要让工具栏中的按钮与下拉式菜单中的菜单项具有相同的功能,可以在 ToolStripButton 的 Click 事件处理程序中调用菜单项的 Click 事件方法。

(3) 什么是模式对话框? 什么是非模式对话框? 二者的主要区别是什么?

【答】 模式对话框是指用户只能在当前的对话框窗体进行操作,在该窗体关闭之前不能切换到程序的其他窗体。非模式对话框是指当前所操作的对话框窗体可以与程序的其他窗体切换。二者的区别在于:在对话框被关闭之前,用户能否在同一应用程序的其他窗体进行工作。

(4) 举例说明 OpenFileDialog 和 SaveFileDialog 控件的 Filter 属性的作用和格式要求。

【答】 Filter 属性用于获取或设置对话框中的文件名筛选器，即对话框的“文件类型”下拉列表框中出现的选择内容。对于每一个筛选选项，都包含由竖线(|)隔开的筛选器说明和筛选器模式，格式为“筛选器说明|筛选器模式”，筛选器模式中用分号来分隔文件类型。多个筛选选项之间由竖线(|)隔开。例如，openFileDialog1.Filter ="Office 文件(*.doc;*.xls;*.ppt)|*.doc;*.xls;*.ppt|图片文件(*.gif;*.jpg)|*.gif;*.jpg|所有文件(*.*)|*.*"。

(5) 简述 Dock 和 Anchor 属性的作用。

【答】 Dock(停靠)属性用于获取或设置控件停靠的位置和方式，即指示控件的哪些边缘停靠到其父容器，并确定控件如何随其父容器一起调整大小。主要用于容器控件和尺寸较大的控件(如 RichTextBox)。

Anchor(锚定)属性用于获取或设置控件锚定的位置和方式，即指示控件边缘锚定到其父容器的哪些边缘，并确定控件如何随其父容器一起调整大小。主要用在尺寸较小的控件(如 Button、Label)中。

(6) 什么是 SDI 和 MDI?

【答】 单文档界面(Single Document Interface，SDI)和多文档界面(Multiple Document Interface，MDI)是 Windows 应用程序的两种典型结构。SDI 一次只能打开一个窗体，一次只能显示一个文档。MDI 可以在一个容器窗体中包含多个窗体，能够同时显示多个文档，而每个文档都在自己的窗口内显示。

3. 上机练习题

(1) 为例 10-9 设计的文本编辑器添加一个工具栏和状态栏，提供对常用功能的快捷操作，并对所进行的操作在状态栏进行说明。

【答】 具体步骤如下：

① 设计界面。打开例 10-9 的应用程序 MyNotePad，向窗体中添加 1 个工具栏和 1 个状态栏，并按照图 10.1 所示分别在其中添加子项。

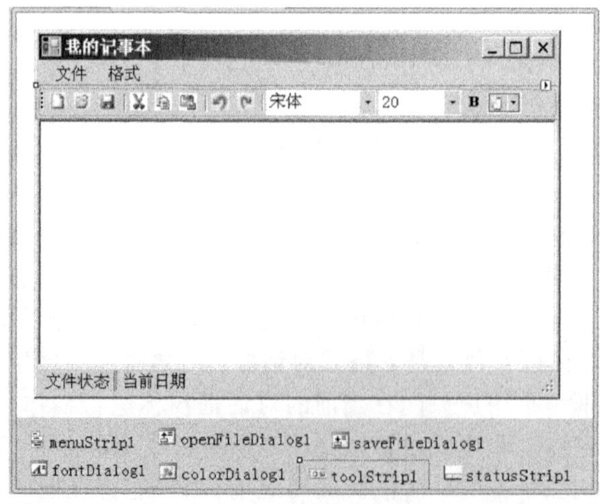

图 10.1 设计界面

② 设置属性。工具栏和状态栏的各个子项的属性设置如表 10.1 所示。

表 10.1 对象的属性设置

对　　象	属性名	属　性　值
toolStripButton1～toolStripButton9	Name	btnNew　btnOpen　btnSave　btnCut　btnCopy　btnPaste　btnUndo　btnRedo　btnBold
	Image	设置为相应的小图片，如 bmp、ico 文件
	ToolTipText	新建　打开　保存　剪切　复制　粘贴　撤销　重复　粗体
toolStripComboBox1 toolStripComboBox2	Name	cboFont　　cboSize
	Items	添加 6 项：Arial、Tahoma、Times New Roman、黑体、楷体、宋体 添加 8 项：5、10、16、20、24、36、48、72
	Text	宋体　　20
	ToolTipText	字体　　字号
toolStripStatusLabel1 toolStripStatusLabel2	Name	tsslFile　　tsslDate
	BorderSides	Right　　Left
	Text	文件状态　　当前日期
	ToolTipText	文件状态　　当前日期

③ 编写代码。首先为窗体声明一个整型变量来记录新建文档的个数，并为窗体添加 Load 事件处理程序，具体代码如下：

```
int newCount;
private void Form1_Load(object sender, EventArgs e)
{
    newCount = 1;//新建文档的个数
    this.Text = "我的记事本——文档" + newCount.ToString();
    tsslFile.Text = "新建的文档";
    tsslDate.Text = "当前日期：" + DateTime.Now.ToShortDateString();
}
```

然后，分别为工具栏上的 9 个按钮添加 Click 事件处理程序，具体代码如下：

```
private void btnNew_Click(object sender, EventArgs e)
{
    newCount += 1;
    this.Text = "我的记事本——文档" + newCount.ToString();
    tsslFile.Text = "新建的文档";
    rtfMyNP.Text = "";
}
private void btnOpen_Click(object sender, EventArgs e)
{   打开ToolStripMenuItem_Click(sender, e);    }
private void btnSave_Click(object sender, EventArgs e)
{   保存ToolStripMenuItem_Click(sender, e);   }
private void btnCut_Click(object sender, EventArgs e)
{   rtfMyNP.Cut();   }
private void btnCopy_Click(object sender, EventArgs e)
{   rtfMyNP.Copy();   }
private void btnPaste_Click(object sender, EventArgs e)
```

```
{   rtfMyNP.Paste();   }
private void btnUndo_Click(object sender, EventArgs e)
{   if (rtfMyNP.CanUndo)
        rtfMyNP.Undo();
    else
        MessageBox.Show("没有可撤销的操作", "提示");
}
private void btnRedo_Click(object sender, EventArgs e)
{   if (rtfMyNP.CanRedo)
        rtfMyNP.Redo();
    else
        MessageBox.Show("没有可重复的操作", "提示");
}
private void btnBold_Click(object sender, EventArgs e)
{   Font curFont;
    if (rtfMyNP.SelectedText != "")
    {
        curFont = rtfMyNP.SelectionFont;
        //FontStyle 提示:Regular = 0,Bold = 1,Italic = 2,Underline = 4
        if (curFont.Bold)
            curFont = new Font(curFont, curFont.Style - 1);
        else
            curFont = new Font(curFont, FontStyle.Bold);
        rtfMyNP.SelectionFont = curFont;
    }
}
```

在例 10-9 中的原有代码“打开 ToolStripMenuItem_Click”事件处理程序中增加如下一行代码：

```
tsslFile.Text = "打开的文档"; //状态栏的文件状态
```

在例 10-9 中的原有代码“保存 ToolStripMenuItem_Click”事件处理程序中增加如下一行代码：

```
tsslFile.Text = "文档已保存"; //状态栏的文件状态
```

最后，为工具栏上的组合框 cboFont 添加 SelectedIndexChanged 事件处理程序。组合框 cboSize 也关联 cboFont_SelectedIndexChanged 处理程序，可通过属性窗口的事件列表进行操作。cboFont_SelectedIndexChanged 处理程序的具体代码如下：

```
private void cboFont_SelectedIndexChanged(object sender, EventArgs e)
{
    Font curFont;
    if (rtfMyNP.SelectedText != "")
    {
        curFont = new Font(cboFont.Text, float.Parse(cboSize.
            Text));
        rtfMyNP.SelectionFont = curFont;
    }
}
```

④ 运行程序。按 F5 键运行程序，打开或新建文档查看结果。

(2) 参照例 10-10，设计一个录入学生基本档案的 MDI 程序，并可以将学生的基本档案导出到 txt 文件，也可以导入 txt 文件查看学生的基本档案。

要求：运用 MenuStrip、ToolStrip、RichTextBox、OpenFileDialog 和 SaveFileDialog 等控件进行界面设计。

【答】 主要步骤如下：

① 设计界面。新建一个 C# 的 Windows 应用程序，项目名称设置为“exercise 学生基本档案”。在“解决方案资源管理器”窗口中将 Form1. cs 文件重命名为 frmMain. cs，再为项目添加 4 个窗体并命名为 frmGR. cs、frmXJ. cs 和 frmJT. cs、frmQR. cs，然后按照图 10.2～图 10.6 所示分别在 5 个窗体上添加相应控件并调整控件位置和窗体尺寸。

图 10.2　主窗体设计界面

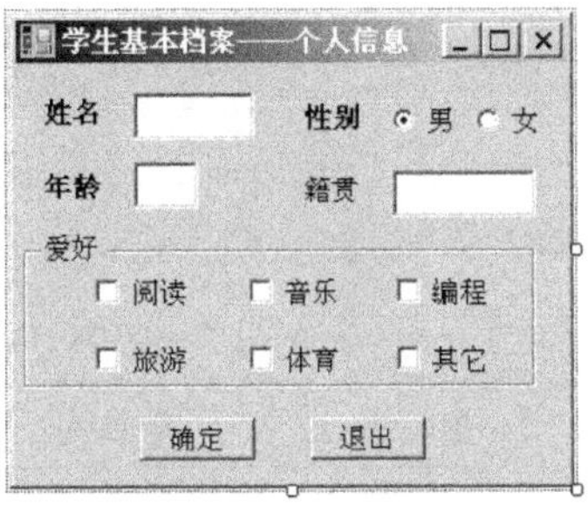

图 10.3　个人信息设计界面

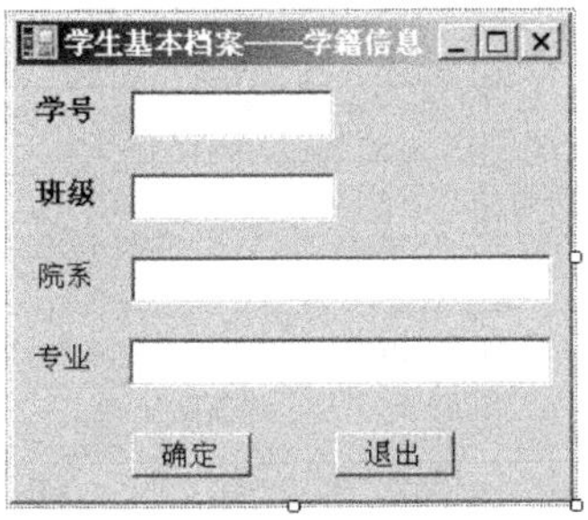

图 10.4　学籍信息设计界面

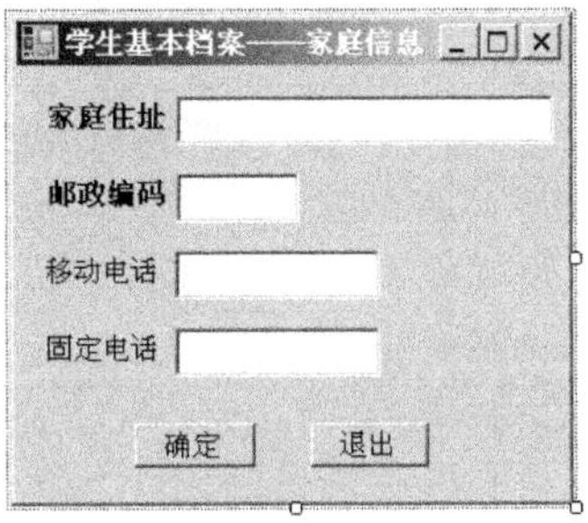

图 10.5　家庭信息设计界面

图 10.6　信息确认设计界面

② 设置属性。5 个窗体及其包含控件的属性设置如表 10.2～表 10.6 所示。

表 10.2　frmMain 中对象的属性设置

对　　象	属性名	属　性　值			
frmMain	IsMdiContainer	True			
	Text	学生基本档案			
信息录入 ToolStripMenuItem	DropDownItems	个人信息 ToolStripMenuItem，学籍信息 ToolStripMenuItem，家庭信息 ToolStripMenuItem			
toolStrip1	Items	添加 4 个 ToolStripButton 对象			
toolStripButton1～toolStripButton4	Name	btnGR	btnXJ	btnJT	btnQR
	DisplayStyle	ImageAndText			
	Image	设置为相应的小图片，如 bmp、ico 文件			
	Text	个人信息	学籍信息	家庭信息	信息确认
	ToolTipText	个人信息	学籍信息	家庭信息	信息确认

表 10.3　frmGR 中对象的属性设置

对　　象	属性名	属　性　值					
frmGR	Text	学生基本档案——个人信息					
label1～label4	Text	姓名	性别	年龄	籍贯		
radioButton1	Name	radMale					
	Text	男					
	Checked	true					
radioButton2	Name	radFemale					
	Text	女					
textBox1～textBox3	Name	txtName	txtAge	txtNativePlace			
groupBox1	Text	爱好					
checkBox1～checkBox6	Name	chk1	chk2	chk3	chk4	chk5	chk6
	Text	阅读	音乐	编程	旅游	体育	其他
button1，button2	Name	btnOk	btnExit				
	Text	确定	退出				

表 10.4　frmXJ 中对象的属性设置

对　　象	属性名	属　性　值			
frmXJ	Text	学生基本档案——学籍信息			
label1～label4	Text	学号	班级	院系	专业
textBox1～textBox4	Name	txtXH	txtBJ	txtYX	txtZY
button1，button2	Name	btnOk	btnExit		
	Text	确定	退出		

表 10.5 frmJT 中对象的属性设置

对　　象	属性名	属　性　值
frmJT	Text	学生基本档案——家庭信息
label1～label4	Text	家庭住址　　邮政编码　　移动电话　　固定电话
textBox1～textBox4	Name	txtZZ　　txtYB　　txtYD　　txtGD
button1,button2	Name	btnOk　　btnExit
	Text	确定　　退出

表 10.6 frmQR 中对象的属性设置

对　　象	属性名	属　性　值
frmQR	Text	学生基本档案——信息确认
richTextBox1	Name	rtfInfo
	Anchor	Top, Left, Right
button1～button3	Name	btnIn　　btnOut　　btnExit
	Text	导入　　导出　　退出

③ 编写代码。

首先，在 frmMain 类中声明相关变量来存储所录入的三类信息，以便于“确认信息”窗体访问，并为菜单栏的“个人信息”、“学籍信息”、“家庭信息”、“信息确认”、“退出程序”5 个菜单项和工具栏的 4 个按钮添加 Click 事件处理程序。

其次，在 frmGR 类中添加检查必填项和收集信息的方法，为两个按钮添加 Click 事件处理程序。

然后，在 frmXJ 类中添加检查必填项和收集信息的方法，为两个按钮添加 Click 事件处理程序。

第四，在 frmJT 类中添加检查必填项和收集信息的方法，为两个按钮添加 Click 事件处理程序。

最后，在 frmQR 类中声明相关变量来存储导入与导出文件的完整路径和扩展名，为窗体添加 Load 事件处理程序，并为三个按钮添加 Click 事件处理程序。

④ 运行程序。依次输入三类信息并进行确认，然后导出到 txt 文件中。

说明：本题代码较多，因篇幅关系只给出主要设计步骤，详细代码可以到清华大学出版社网站关于本书的网址上进行下载。

第11章 键盘和鼠标操作

1. 选择题

(1) C#.NET 的所有标准控件都有一个________方法,通过该方法可以使控件对象获得焦点。

A. OnFocus　　B. Focus　　C. Activate　　D. ActivateMdiChild

(2) 按下并松开键盘上的某个非字符键时,不会触发________事件。

A. KeyDown　　B. KeyPress　　C. KeyUp　　D. KeyDownUp

(3) 若希望窗体能接收键盘事件,必须将窗体的________属性设为 true。

A. KeyAccept　　B. KeyView　　C. KeyPreView　　D. KeyPreAccept

(4) 在 KeyPress 事件中,可以通过________属性来判断按键字符。

A. KeyCode　　B. KeyData　　C. KeyChar　　D. KeyValue

答案:(1) B　(2) B　(3) C　(4) C

2. 思考题

(1) 简述分别按下并松开键盘上的某个字符键和非字符键时,键盘事件发生的顺序。

【答】 按下并松开键盘上的某个字符键时会依次触发 KeyDown、KeyPress、KeyUp 事件,按下并松开键盘上的某个非字符键时会依次触发 KeyDown 和 KeyUp 事件。

(2) 简述对于一次鼠标的单击操作,可能涉及的鼠标事件的发生顺序。

【答】 对于一次鼠标的单击(无论哪个按钮)操作,可能涉及的鼠标事件的发生顺序为 MouseEnter、MouseMove、MouseHover、MouseDown、Click 、MouseClick、MouseUp、MouseHover、MouseMove 和 MouseLeave。

3. 上机练习题

(1) 参照例 11-2 设计一个对数字加密程序,程序启动后提示使用方法。

要求:当用户在文本框中输入一个数字字符时,程序自动将其按一定的规律转换成不同的符号字符(数字 0~9 分别对应不同的符号)并存储到隐藏的标签控件中;单击按钮可以显示标签,如果继续在文本框中输入,则隐藏标签;按 Backspace 键可删除光标前一个字符,隐藏标签中的内容随之变化。

提示:利用文本框的 KeyDown、KeyPress 和 KeyUp 事件。

【答】 具体步骤如下:

① 设计界面。新建一个 C#的 Windows 应用程序，项目名称为“exerciseEncryptNumber”，向窗体中添加 4 个标签、1 个文本框和 1 个按钮，按照图 11.1 所示调整控件位置和窗体尺寸。

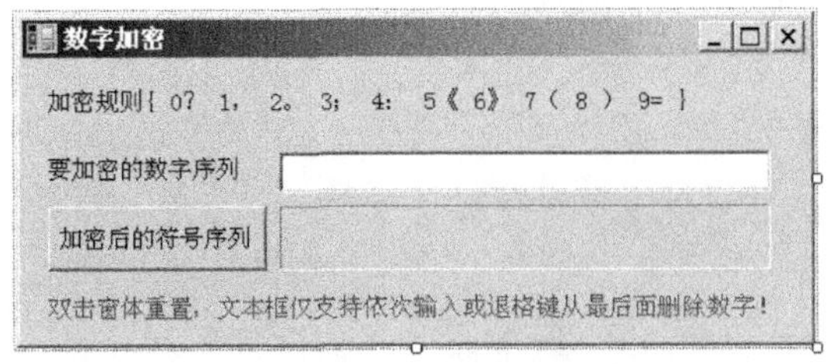

图 11.1　数字加密程序的设计界面

② 设置属性。窗体和各个控件的属性设置如表 11.1 所示。

表 11.1　对象的属性设置

对　　象	属性名	属　性　值
Form1	Text	数字加密
label1	Text	加密规则{ 0? 1，2。3；4：5《 6》7（ 8 ） 9＝ }
label2	Text	要加密的数字序列
label3	Name	lblEncrypted
	AutoSize	False
	BorderStyle	Fixed3D
	Text	
	Visible	False
label4	Text	双击窗体重置，文本框仅支持依次输入或退格键从最后面删除数字
textBox1	Name	txtOriginal
button1	Name	btnShow
	Text	加密后的符号序列

③ 编写代码。首先在 Form1 中声明相关成员变量，如下所示：

```
int len = 0;                //按键之前的加密字符序列的长度
string txt = "";            //按键之前的原始数字序列
```

然后，分别为文本框 txtOriginal 添加 KeyDown、KeyPress 和 KeyUp 事件处理程序，代码如下：

```
private void txtOriginal_KeyDown(object sender, KeyEventArgs e)
{
    lblEncrypted.Visible = false;
    txt = txtOriginal.Text;
    len = lblEncrypted.Text.Length;
    if (e.KeyCode != Keys.Back)
    {
        if (e.Control && e.KeyCode == Keys.V)
        {
            MessageBox.Show("不允许粘贴!", "警告");
```

```
            txtOriginal.Text = txt;
        }
        if (e.Control && e.KeyCode == Keys.X)
        {
            MessageBox.Show("不允许剪切!", "警告");
            txtOriginal.Text = txt;
        }
    }
    else
    {
        if (len == 0)
            MessageBox.Show("已无字母可删除!", "提示");
        else
            lblEncrypted.Text = lblEncrypted.Text.Remove(len - 1);
    }
}
private void txtOriginal_KeyPress(object sender,
KeyPressEventArgs e)
{
    char number = e.KeyChar;
    //加密规则{ 0? 1, 2. 3; 4: 5《6》7( 8 ) 9= }
    switch (number)
    {
        case '0':
            lblEncrypted.Text += "?"; break;
        case '1':
            lblEncrypted.Text += ","; break;
        case '2':
            lblEncrypted.Text += "。"; break;
        case '3':
            lblEncrypted.Text += "; "; break;
        case '4':
            lblEncrypted.Text += ": "; break;
        case '5':
            lblEncrypted.Text += "《"; break;
        case '6':
            lblEncrypted.Text += "》"; break;
        case '7':
            lblEncrypted.Text += "("; break;
        case '8':
            lblEncrypted.Text += ")"; break;
        case '9':
            lblEncrypted.Text += " = "; break;
    }
}
private void txtOriginal_KeyUp(object sender, KeyEventArgs e)
{ //限制文本框只能输入数字0～9,不能输入其他字符
    int i = e.KeyValue; //键盘码说明: 0～9[48 - 57]
    if (e.KeyCode != Keys.Back)
    {
        if (i < 48 || i > 57)
        {
            txtOriginal.Text = txt;
```

```
            txtOriginal.SelectionStart = len;
        }
    }
}
```

最后，为按钮添加 Click 事件处理程序，并为窗体添加 DoubleClick 事件处理程序，代码如下：

```
private void btnShow_Click(object sender, EventArgs e)
{
    lblEncrypted.Visible = true;
}
private void Form1_DoubleClick(object sender, EventArgs e)
{
    lblEncrypted.Text = "";
    txtOriginal.Clear();
}
```

④ 运行程序。在文本框中输入数字，单击“加密后的符号序列”按钮查看加密结果。

(2) 设计一个欣赏图片的程序，可以同时显示三幅图片。

要求：鼠标指针进入图片框，窗体上的标签显示图片的描述信息；鼠标指针离开图片框，窗体上的标签不显示任何内容。

提示：利用图片框的 MouseEnter 和 MouseLeave 事件。

【答】 具体步骤如下：

① 设计界面。新建一个 C#的 Windows 应用程序，项目名称设置为“exerciseEnjoyPictures”，分别向窗体中添加 3 个图片框和 1 个标签，并按照图 11.2 所示调整标签位置和窗体尺寸。

图 11.2 图片欣赏程序的设计界面

② 设置属性。窗体和各个控件的属性设置如表 11.2 所示。

表 11.2 对象的属性设置

对　象	属性名	属　性　值
Form1	Text	图片欣赏
pictureBox1～pictureBox3	Name	pic1　　pic2　　pic3
	Image	选择相应的图片
	SizeMode	StretchImage
label1	Name	lblInfo
	Text	移动鼠标到图片查看图片的描述信息

③ 编写代码。首先,依次为 3 个图片框添加 MouseEnter 事件处理程序,具体代码如下:

```
private void pic1_MouseEnter(object sender, EventArgs e)
{
    lblInfo.Text = "紫色的葡萄";
}
private void pic2_MouseEnter(object sender, EventArgs e)
{
    lblInfo.Text = "卡通动物 Kiya";
}
private void pic3_MouseEnter(object sender, EventArgs e)
{
    lblInfo.Text = "漂亮的鲜花";
}
```

然后,为图片框 pic1 添加 MouseLeave 事件处理程序,并重命名为 pic_MouseLeave,然后通过属性窗口的事件列表将其分别关联到三个图片框,该 MouseLeave 事件处理程序的代码如下:

```
private void pic_MouseLeave(object sender, EventArgs e)
{
    lblInfo.Text = "移动鼠标到图片查看图片的描述信息";
}
```

④ 运行程序,操作鼠标查看效果。

第12章 数据库编程基础

1. 选择题

(1) 利用ADO.NET访问数据库,在联机模式下,不需要使用________对象。

A. Connection　B. Command　C. DataReader　D. DataAdapter

(2) 在脱机模式下,支持离线访问的关键对象是________。

A. Connection　B. Command　C. DataAdapter　D. DataSet

(3) 直接将一个BindingNavigator控件拖放到窗体中,该控件不具备________功能。

A. 定位　B. 保存　C. 添加　D. 删除

答案:(1) D　(2) D　(3) B

2. 思考题

(1) 简述ADO.NET五大核心对象的作用。

【答】 ADO.NET的5个核心对象的功能如下:Connection(连接),用来建立与特定数据源的连接。Command(命令),用来对数据源执行SQL命令语句或存储过程。DataReader(数据阅读器),用来从数据源中获取只读、向前的数据流。DataAdapter(数据适配器),用来在数据源和数据集之间交换数据。DataSet(数据集),用来处理从数据源读出的数据,表示数据在内存中的缓存。

(2) 简述ADO.NET对于数据库的两种存取模式。

【答】 ADO.NET对于数据库的存取模式分为联机模式和脱机模式两种。

① 联机模式是指应用程序在处理数据的过程中没有与数据库断开,一直与数据库保持连接状态。

② 脱机模式是指应用程序在处理数据之前与数据库连接来获取数据,在数据的处理过程中与数据库断开,处理完数据再与数据库连接来更新数据。

(3) 使用SqlConnection对象连接SQL Server数据库时,如果是本地服务器,连接字符串中的服务器名通常有哪几种写法?

【答】 如果是本地服务器,连接字符串中的服务器名可以写成“.”、“(local)”、“127.0.0.1”或“本地机器名称”。

(4) Command对象有三个常用的成员方法,简述其名称及作用。

【答】 Command对象有以下三个常用的成员方法:

① ExecuteNonQuery()方法:执行不返回行的SQL命令(Insert、Delete、Update),并

返回受影响的行数。

② ExecuteReader()方法：执行 SQL 命令(Select)，并返回一个生成的 DataReader 对象。

③ ExecuteScalar()方法：执行 SQL 命令(Select)，并返回查询所得的结果集中第一行的第一列(即单个值)。

(5) 简述数据绑定的概念及其两种绑定类型的含义。

【答】 所谓数据绑定，就是把数据源(如 DataTable)中的数据提取出来显示在窗体的各种控件上。用户可以通过这些控件查看和修改数据，这些修改会自动保存到数据源中。

数据绑定有两种类型：简单数据绑定和复杂数据绑定。

① 简单数据绑定是指将一个控件绑定到单个数据元素的能力。通常是将 TextBox、Label 等显示单个值的控件绑定到数据集中某个 DataTable(或 BindingSource 组件)的某个字段上。

② 复杂数据绑定是指将一个控件绑定到多个数据元素的能力。通常是将 DataGridView、ListBox 和 ComboBox 等显示多个值的控件绑定到数据集(或 BindingSource 组件)的多个字段和多条记录。

(6) 简述"数据源"窗口的作用。

【答】 "数据源"窗口显示项目中的数据源，如数据库、Web 服务和对象。使用"数据源"窗口，可以轻松地创建数据绑定控件。通过将项(数据表或字段节点)从该窗口拖动到项目中的窗体上，即可创建数据绑定控件的用户界面；还可以通过将项从"数据源"窗口拖动到现有控件来将现有控件绑定到数据。

3. 上机练习题

设计一个简单的个人书籍管理系统，可以实现书籍的查询、添加、修改和删除功能，还可以实现书籍的外借和归还功能。

说明：本题因篇幅关系只给出主要步骤和代码，详细内容可以到清华大学出版社网站关于本书的网址上下载。

【答】 可以利用 Label、TextBox、Button 等控件和 ADO.NET 相关组件以及"数据源"窗口，设计一个 MDI 应用程序来访问 SQL Server 数据库以实现个人书籍的基本信息和借阅信息的管理。该个人书籍管理系统主要包括用户管理、个人信息管理、书籍信息管理和借阅信息管理功能。系统由登录界面启动，输入正确的用户名、密码和身份后才能进入主界面。根据用户身份的不同，可使用的功能也不同(管理员可以使用所有功能，普通用户只能管理个人信息和查询书籍信息)。程序运行界面如图 12.1～图 12.10 所示。

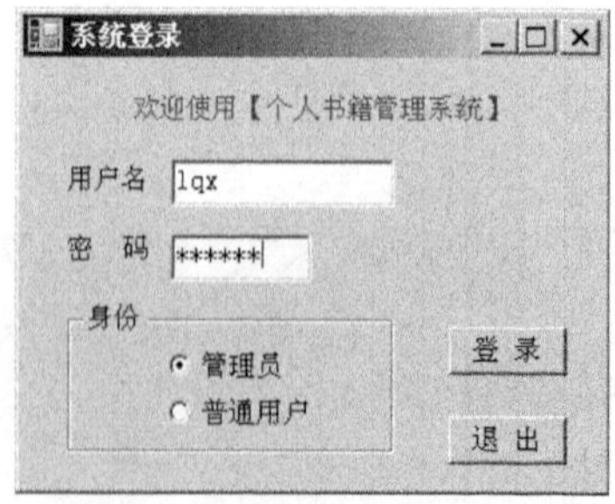

图 12.1 登录界面

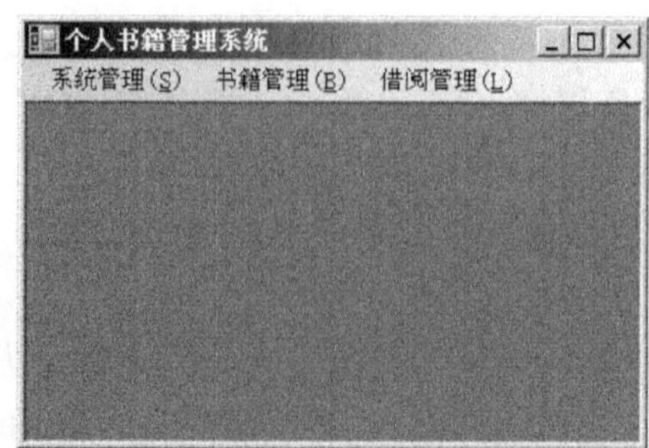

图 12.2 系统主界面

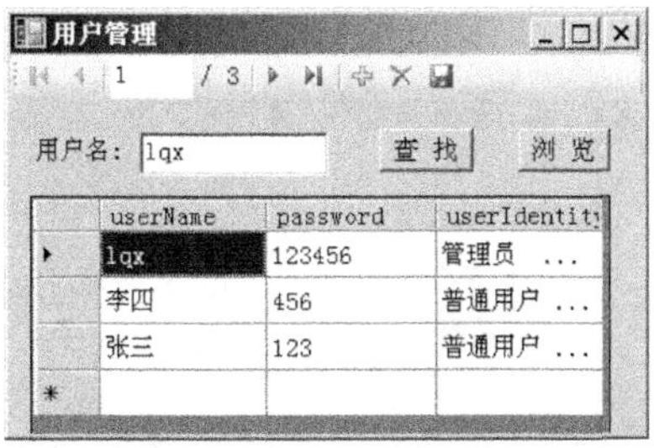

图 12.3 用户管理界面

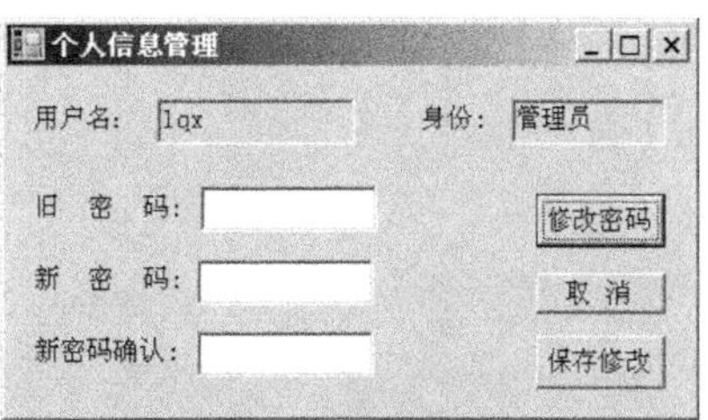

图 12.4 个人信息管理界面

图 12.5 查询书籍信息界面

图 12.6 编辑书籍信息界面

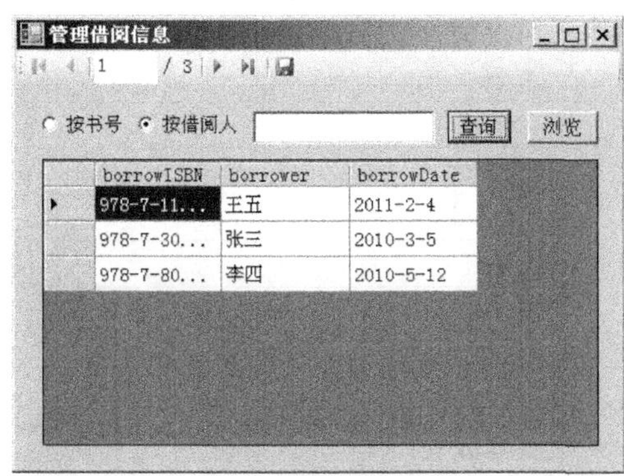

图 12.7 管理借阅信息界面

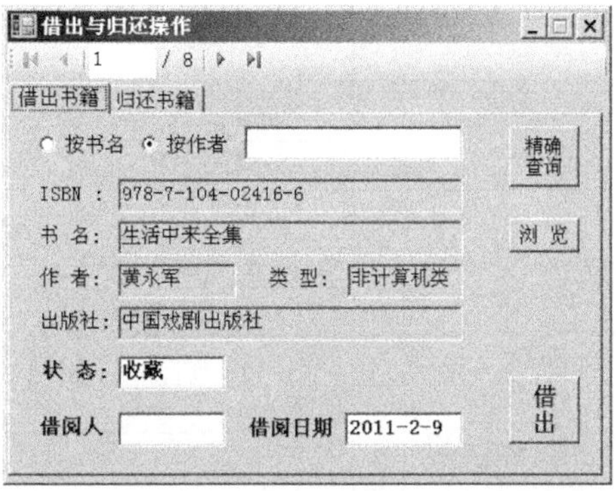

图 12.8 借出书籍操作界面

图 12.9　归还书籍操作界面

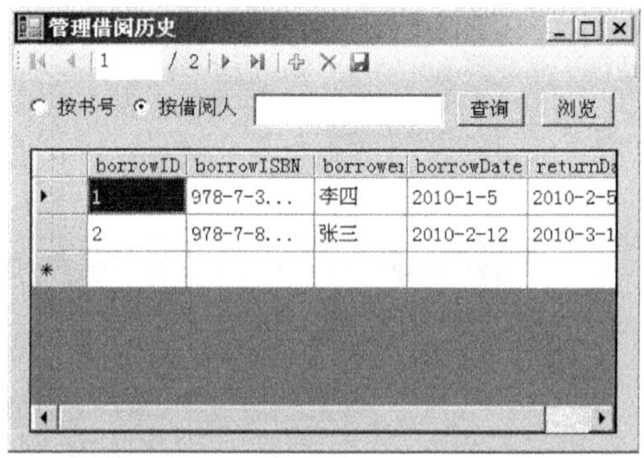

图 12.10　管理借阅历史界面

具体步骤如下：

(1) 数据库设计。系统中的所有数据存储在 SQL Server 数据库 PersonalBooks 中，包括 UserInfo(用户信息)、BookInfo(书籍信息)、BorrowInfo(借阅信息)和 BorrowHistory(借阅历史，即已完成的借出和归还记录)4 个数据表。

(2) 程序设计。新建一个 C#的 Windows 应用程序，项目名称设置为“个人书籍管理系统”。将 Form1 重命名为 frmLogin，在项目中再添加 8 个窗体——frmMain、frmUser、frmPersonal、frmBookQuery、frmBookEdit、frmLendReturn、frmBorrowInfo 和 frmBorrowHistory。打开“数据源”窗口，利用“数据源配置向导”添加 SQL Server 数据库 PersonalBooks 并创建数据集 PersonalBooksDataSet。

分别为 9 个窗体设计界面并编写代码，具体内容如下：

① 登录窗体。分别向窗体中添加 3 个标签、2 个文本框、1 个分组框、2 个单选按钮和 2 个按钮，并按照图 12.1 调整控件位置和窗体尺寸。设置窗体和各个控件的属性，如表 12.1 所示。

表 12.1　对象的属性设置

对　　象	属性名	属　性　值
frmLogin	Text	系统登录
label1，label2，label3	Text	欢迎使用【个人书籍管理系统】 用户名 密 码
textBox1	Name	txtUser
	MaxLength	30
textBox2	Name	txtPwd
	MaxLength	12
	PasswordChar	*
groupBox1	Text	身份
radioButton1	Name	radAdmin
	Text	管理员
	Checked	True

续表

对 象	属性名	属 性 值
radioButton2	Name	radCommon
	Text	普通用户
button1,button2	Name	btnLogin btnExit
	Text	登 录 退 出

下面为登录窗体编写代码。首先,在代码窗口的顶部导入命名空间,代码如下:

```
using System.Data.SqlClient;
```

其次,在类 frmLogin 中声明静态变量,以便于“个人信息管理”窗体访问,代码如下:

```
public static string userName, password, userIdentity;
```

然后,为两个按钮添加 Click 事件处理程序,具体代码如下:

```
private void btnLogin_Click(object sender, EventArgs e)
{
    //1 获取输入的用户名、密码和身份
    userName = txtUser.Text;
    password = txtPwd.Text;
    userIdentity = "";
    foreach (Control ctl in groupBox1.Controls)
    {
        RadioButton rad = (RadioButton)ctl;
        if (rad.Checked) userIdentity = rad.Text;
    }
    //2 访问数据库
    string connString = @"Data Source=.;Initial Catalog=
        PersonalBooks;Integrated Security=True";
    SqlConnection conn = new SqlConnection(connString);
    //获取用户名和密码匹配的行的数量的 SQL 语句
    string sql = String.Format("select count(*) from [UserInfo]
        where userName='{0}' and password='{1}' and
        userIdentity='{2}'", userName, password, userIdentity);
    try
    {
        conn.Open();                                  //打开数据库连接
        SqlCommand comm = new SqlCommand(sql, conn);//创建命令对象
        int num = (int)comm.ExecuteScalar();          //执行查询,返回匹配的行数
        if (num > 0)                                  //如果有匹配的行,则表明用户名和密码正确
        {
            frmMain mainForm = new frmMain();         //创建主窗体对象
            //根据用户身份,设定可用系统功能
            switch (userIdentity)
            {
                case "管理员":
                    break;
                case "普通用户":
                    mainForm.mi11 用户管理.Visible = false;
```

```
                mainForm.mi22编辑书籍信息.Visible = false;
                mainForm.mi31管理借阅信息.Visible = false;
                mainForm.mi32借出与归还操作.Visible = false;
                mainForm.mi33管理借阅历史.Visible = false;
                break;
            }
            mainForm.Show();                        //显示主窗体
            this.Hide();                            //登录窗体隐藏
        }
        else
        {
            MessageBox.Show("用户名、密码或身份错误!", "登录失败",
                MessageBoxButtons.OK,MessageBoxIcon.Exclamation);
        }
    }
    catch (Exception ex)
    {
        MessageBox.Show(ex.Message, "操作数据库出错",
            MessageBoxButtons.OK, MessageBoxIcon.Exclamation);
    }
    finally
    {
        conn.Close();                               //关闭数据库连接
    }
}
private void btnExit_Click(object sender, EventArgs e)
{
    Application.Exit();
}
```

② 系统主窗体。向窗体中添加 1 个菜单,设置窗体和菜单的属性如表 12.2 所示。

表 12.2 对象的属性设置

对　　象	属性名	属　性　值
frmMain	IsMdiContainer	True
	Text	个人书籍管理系统
	WindowState	Maximized
menuStrip1	Items	添加 3 个菜单项——mi1 系统管理、mi2 书籍管理、mi3 借阅管理,其 Text 属性分别为系统管理(&S)、书籍管理(&B)和借阅管理(&L)
mi1 系统管理	DropDownItems	添加 4 个子菜单项——mi11 用户管理、mi12 个人信息管理、toolStripMenuItem1、mi14 退出系统,其 Text 属性分别为用户管理、个人信息管理、- 、退出系统
mi2 书籍管理	DropDownItems	添加 2 个子菜单项——mi21 查询书籍信息、mi22 编辑书籍信息,其 Text 属性分别为查询书籍信息、编辑书籍信息
mi3 借阅管理	DropDownItems	添加 3 个子菜单项——mi31 管理借阅信息、mi32 借出与归还操作、mi33 管理借阅历史,其 Text 属性分别为管理借阅信息、借出与归还操作、管理借阅历史

下面就可以为主窗体编写代码，为窗体添加 FormClosing 事件处理程序，代码从略。

③ 用户管理窗体。首先，从"数据源"窗口中将 UserInfo 数据表拖动到窗体上，会自动添加 userInfoDataGridView、userInfoBindingNavigator 控件及 personalBooksDataSet、userInfoBindingSource、userInfoTableAdapter、tableAdapterManager 组件；再将 UserInfo 数据表的 userName 字段从"数据源"窗口拖动到窗体上，会自动添加 userNameLabel 和 userNameTextBox 控件；然后为窗体添加 2 个按钮，并设置窗体和各个控件的属性。

④ 个人信息管理窗体。首先，从"数据源"窗口中分别将 UserInfo 数据表的三个字段拖动到窗体上，会自动添加 3 个标签、3 个文本框、userInfoBindingNavigator 控件及相关组件，删除 userInfoBindingNavigator 控件；然后，为窗体添加 2 个标签、2 个文本框和 3 个按钮，并设置窗体和各个控件的属性。

⑤ 查询书籍信息窗体。首先，从"数据源"窗口中将 BookInfo 数据表拖动到窗体上，会自动添加 bookInfoDataGridView、bookInfoBindingNavigator 控件及相关组件，删除 bookInfoBindingNavigator 控件中的后面 4 个工具项(分隔符、添加、删除、保存)；然后，为窗体添加 2 个单选按钮、1 个文本框和 2 个按钮，并设置窗体和各个控件的属性。

⑥ 编辑书籍信息窗体。首先，从"数据源"窗口中将 BookInfo 数据表拖动到窗体上，会自动添加 bookInfoDataGridView、bookInfoBindingNavigator 控件及相关组件；然后，为窗体添加 2 个单选按钮、1 个文本框和 2 个按钮，并设置窗体和各个控件的属性。

⑦ 管理借阅信息窗体。首先，从"数据源"窗口中将 BorrowInfo 数据表拖动到窗体上，会自动添加 borrowInfoDataGridView、borrowInfoBindingNavigator 控件及相关组件，删除 borrowInfoBindingNavigator 控件中的"添加"和"删除"2 个工具项；然后，为窗体添加 2 个单选按钮、1 个文本框和 2 个按钮，并设置窗体和各个控件的属性。

⑧ 借出与归还操作窗体。首先，为窗体添加一个 TabControl 控件，从"数据源"窗口中分别将 BookInfo 数据表的 6 个字段依次拖动到 tabPage1 上，会自动添加 6 个标签、6 个文本框、bookInfoBindingNavigator 控件及相关组件，删除 bookInfoBindingNavigator 控件中的"添加"、"删除"和"保存"三个工具项；为 tabPage1 添加 2 个单选按钮、3 个文本框、2 个标签和 3 个按钮，为 tabPage2 添加 2 个标签、2 个文本框、1 个分组框和 3 个按钮；从"数据源"窗口中分别将 BorrowInfo 数据表的 3 个字段依次拖动到 tabPage2 的分组框 groupBox1 中，会自动添加 3 个标签、3 个文本框及 borrowInfoBindingSource、borrowInfoTableAdapter 组件；设置窗体和各个控件的属性。

⑨ 管理借阅历史窗体。首先，从"数据源"窗口中将 BorrowHistory 数据表拖动到窗体上，会自动添加 borrowHistoryDataGridView、borrowHistoryBindingNavigator 控件及相关组件；然后，为窗体添加 2 个单选按钮、1 个文本框和 2 个按钮，并设置窗体和各个控件的属性。

(3) 运行程序。

第13章 文件操作

1. 选择题

(1) 以下与文件操作相关的类中,________类不是静态类。

A. DriveInfo　　B. Path　　C. File　　D. Directory

(2) 以下类中,一般不用于读写二进制文件的是________。

A. FileStream　　B. BinaryReader

C. BinaryWriter　　D. Stream

答案:(1) A　(2) D

2. 思考题

(1) 文件与流有哪些区别?

【答】 文件(file)是一些具有永久存储性及特定顺序的字节组成的一个有序的、具有名称的集合,它保存在磁盘、光盘、磁带等各种存储设备上。

所谓流(stream),就是连续传输的信息序列。它是一种有序流,因此相对于某一对象,通常把对象接收外界的信息输入称为输入流,相应地,从对象向外界输出的信息称为输出流,合称输入输出流。可以把流看作是一种数据的载体,通过它可以实现数据交换和传输。

对包括文件在内的设备的I/O操作是以流的形式实现的,流是进行数据读写操作的基本对象。

(2) 流有哪几种基本操作?

【答】 流支持以下三种基本操作:

① 读取(read)。表示把数据从流传输到某种数据结构中,例如把数据从流输出到byte数组中;

② 写入(write)。表示把数据从某种数据结构传输到流中,例如把byte数组中的数据传输到流中;

③ 定位(seek)。表示在流中查询或重新定位当前位置。

(3) 在.NET框架中,读写文本文件与二进制文件分别使用什么类?

【答】 StreamReader和StreamWriter类用于读写文本文件。

FileStream类主要用于二进制文件的读写。此外,.NET框架还提供了BinaryReader和BinaryWriter类,实现以二进制方式对文件进行I/O操作。

3. 上机练习题

(1) 编写一个程序，判断用户指定的目录是否存在，如果不存在，则创建该目录。

【答】 具体步骤如下：

① 新建一个 C# 的 Windows 应用程序，项目名称设置为“exerciseExistDir”，向窗体中添加 2 个标签、1 个文本框和 1 个按钮，并参照图 13.1 所示调整控件位置和窗体尺寸。

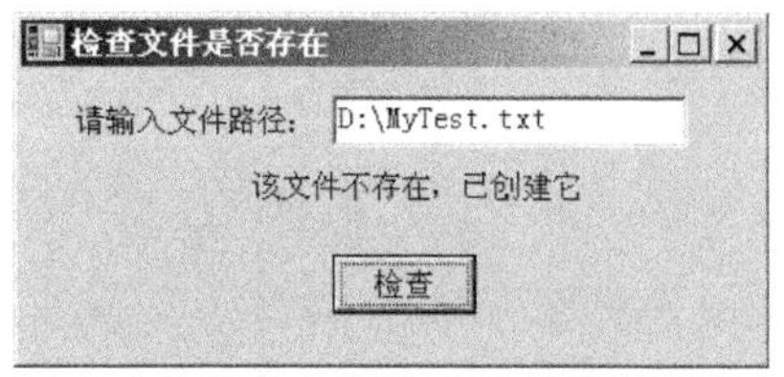

图 13.1　程序运行结果

② 设置属性。窗体和各个控件的属性设置如表 13.1 所示。

表 13.1　对象的属性设置

对　　象	属性名	属　性　值
Form1	Text	检查文件是否存在
label1	Text	请输入文件路径：
label2	Name	lblInfo
	Text	
textBox1	Name	txtDir
button1	Name	btnCheck
	Text	检查

③ 编写代码。为按钮 btnCheck 添加 Click 事件处理程序，具体代码如下：

```
private void btnCheck_Click(object sender, EventArgs e)
{
        if (File.Exists(textBox1.Text))
            lblInfo = "该文件存在";
        else
        {
            lblInfo.Text = "该文件不存在,已创建它";
            File.Create(textBox1 .Text );
        }
}
```

④ 运行程序。在文本框中输入文件路径，单击“检查”按钮，运行结果如图 13.1 所示。

(2) 参考记事本，编写 Windows 应用程序，实现文件的打开、编辑和保存功能。

提示： 文本文件的编辑可使用 RichTextBox 控件实现，打开和保存使用相应的读写器实现。

【答】 具体步骤如下：

① 设计界面。新建一个 C# 的 Windows 应用程序，项目名称设置为“exerciseNotePad”，分别向窗体中添加 1 个下拉式菜单、1 个多格式文本框、1 个打开文件对话框和 1 个保存文件对话框，并按照图 13.2 所示设置菜单内容和窗体尺寸。

② 设置属性。窗体和各个控件的属性设置如表 13.2 所示。

图 13.2 程序设计界面

表 13.2 对象的属性设置

对　　象	属性名	属 性 值
Form1	Text	记事本
文件 ToolStripMenuItem	DropDownItems	添加三个子菜单项——新建、打开、保存
richTextBox1	Dock	Fill

③ 编写代码。依次双击“新建”、“打开”、“保存”菜单项，在菜单项的 Click 事件处理程序中添加如下代码：

```
private void 新建 ToolStripMenuItem_Click(object sender, EventArgs e)
{
    if (saveFileDialog1.ShowDialog() == DialogResult.OK)
        richTextBox1.SaveFile(saveFileDialog1.FileName);
    richTextBox1.Clear();
}
private void 打开 ToolStripMenuItem_Click(object sender, EventArgs e)
{
    if (openFileDialog1.ShowDialog() == DialogResult.OK)
    {
        FileStream fs = new FileStream(openFileDialog1.
            FileName, FileMode.Open, FileAccess.Read);
        StreamReader m_sr = new StreamReader(fs);
        m_sr.BaseStream.Seek(0, SeekOrigin.Begin);
        richTextBox1.Text = "";
        string strLine = m_sr.ReadLine();
        while (strLine != null)
        {
            richTextBox1.Text += strLine + "\n";
            strLine = m_sr.ReadLine();
        }
        m_sr.Close();
    }
}
```

```
private void 保存ToolStripMenuItem_Click(object sender, EventArgs e)
{
   if(saveFileDialog1.ShowDialog() == DialogResult.OK)
   {
      FileStream   fs = new FileStream(saveFileDialog1.FileName,
         FileMode.OpenOrCreate ,FileAccess .Write );
      StreamWriter   m_sw = new StreamWriter (fs );
      m_sw.Flush();
      m_sw.BaseStream.Seek(0, SeekOrigin.Begin);
      m_sw.Write(richTextBox1.Text);
      m_sw.Flush();
      m_sw.Close();
   }
}
```

④ 运行程序。按 F5 键运行程序，输入文本后，选择“保存”命令，保存为 txt 文件，然后找到该文件并打开查看。

第14章 ActiveX控件

1. 选择题

(1) 创建 ActiveX 控件，需要使用________项目模板。

A. WPF 应用程序　　B. Windows 窗体控件库

C. Windows 窗体应用程序　　D. 类库

(2) Microsoft Web 浏览器控件通过调用________方法来显示指定的网页或文件。

A. Browse　　B. Locate　　C. Navigate　　D. Open

答案：(1) B　(2) C

2. 思考题

(1) 什么是 ActiveX 控件？

【答】 ActiveX 控件是由软件提供商开发的可重用的软件组件，是由 ActiveX 技术创建的一个或多个对象所组成的可重用控件。ActiveX 控件以前也叫做 OLE 控件或 OCX 控件，它是一些软件组件或对象，可以将其插入到 Web 网页或其他应用程序中。

(2) 创建 ActiveX 控件一般需要哪几个步骤？

【答】 创建 ActiveX 控件，一般需要经过创建项目、设计界面、编写代码和生成控件 4 个步骤。

(3) 简述三种常见的多媒体 ActiveX 控件的作用。

【答】 常见的多媒体 ActiveX 控件有以下三种：

① Windows Media Player。音频视频播放控件，可以实现多种音频与视频格式文件的播放，也可以播放 Flash 动画和图片文件。

② Shockwave Flash Object。Flash 动画播放控件，可以实现 Flash 动画文件的播放。

③ Microsoft Web 浏览器。具有 IE 浏览器的功能，可以显示网页，也可以播放 Flash 动画和图片文件。

3. 上机练习题

设计一个 MDI 应用程序，可以播放音频视频文件，也可以播放 Flash 动画和图片文件，还可以访问指定的网站。

【答】 具体步骤如下：

① 设计界面。新建一个 C#的 Windows 应用程序,项目名称设置为"exerciseMultimedia"。在"解决方案资源管理器"窗口中将 Form1.cs 文件重命名为 frmMain.cs,再为项目添加 3 个窗体并命名为 frmMedia.cs、frmFlash.cs 和 frmWeb.cs,然后按照图 14.1~图 14.4 所示分别在 4 个窗体上添加相应控件并调整控件位置和窗体尺寸。

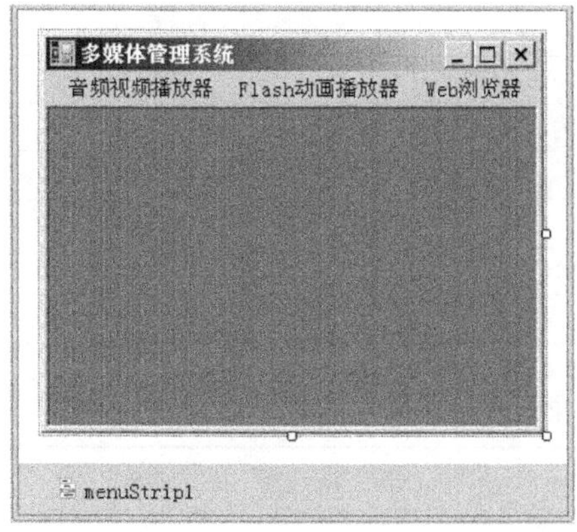

图 14.1 父窗体设计界面

图 14.2 Media 播放器设计界面

图 14.3 Flash 播放器设计界面

图 14.4 Web 浏览器设计界面

② 设置属性。4 个窗体及其包含控件的属性设置如表 14.1~表 14.4 所示。

表 14.1 frmMain 中对象的属性设置

对　象	属性名	属　性　值
frmMain	IsMdiContainer	True
	Text	多媒体管理系统
	WindowState	Maximized
menuStrip1	Items	音频视频播放器 ToolStripMenuItem Flash 动画播放器 ToolStripMenuItem Web 浏览器 ToolStripMenuItem

表 14.2　frmMedia 中对象的属性设置

对　　象	属性名	属　性　值
frmMedia	Text	Windows Media Player 播放器
	MaximizeBox	False
toolStrip1	Items	添加 3 个 ToolStripButton 对象
toolStripButton1～toolStripButton3	Name	btnOpen　　btnClose　　btnExit
	DisplayStyle	ImageAndText
	Image	设置为相应的小图片，如 bmp、ico 文件
	Text	打开　　关闭　　退出
	ToolTipText	打开　　关闭　　退出
axWindowsMediaPlayer1	Name	axWMP
	Dock	Fill

表 14.3　frmFlash 中对象的属性设置

对　　象	属性名	属　性　值
frmFlash	Text	Flash 播放器
toolStrip1	Items	添加 3 个 ToolStripButton 对象
toolStripButton1～toolStripButton3	Name	btnOpen　　btnPlayPause　　btnExit
	DisplayStyle	ImageAndText
	Image	设置为相应的小图片，如 bmp、ico 文件
	Text	打开　　暂停　　退出
	ToolTipText	打开　　暂停　　退出
axShockwaveFlash1	Name	axSF
	Dock	Fill

表 14.4　frmWeb 中对象的属性设置

对　　象	属性名	属　性　值
frmWeb	Text	Web 浏览器
comboBox1	Name	cboURL
	Anchor	Top，Left，Right
	Items	www.163.com www.sina.com.cn www.baidu.com
button1	Name	btnBrowse
	Anchor	Top，Right
	Text	浏览
axWebBrowser1	Name	axWB
	Anchor	Top，Bottom，Left，Right

③ 编写代码。首先，为 frmMain 窗体的 3 个菜单项添加 Click 事件处理程序。具体代码如下：

```
private void 音频视频播放器 ToolStripMenuItem_Click(object sender,EventArgs e)
{
```

```
    frmMedia frmSub = new frmMedia();
    frmSub.MdiParent = this; frmSub.Show();
}
private void flash动画播放器ToolStripMenuItem_Click(object sender, EventArgs e)
{
    frmFlash frmSub = new frmFlash();
    frmSub.MdiParent = this; frmSub.Show();
}
private void web浏览器ToolStripMenuItem_Click(object sender, EventArgs e)
{
    frmWeb frmSub = new frmWeb();
    frmSub.MdiParent = this; frmSub.Show();
}
```

其次，为 frmMedia 窗体添加 Load 事件处理程序，并为工具栏上的 3 个按钮添加 Click 事件处理程序。具体代码如下：

```
private void frmMedia_Load(object sender, EventArgs e)
{
    this.Size = new Size(600, 500);
}
private void btnOpen_Click(object sender, EventArgs e)
{
    openFileDialog1.Filter = "视频文件(*.avi;*.wmv;*.dat;
        *.mpg;*.mov)|*.avi;*.wmv;*.dat;*.mpg;*.mov|音频文件
        (*.wav;*.mp3;*.au;*.midi;*.mid;*.wma)|*.wav;*.mp3;
        *.au;*.midi;*.mid;*.wma|所有文件(*.*)|*.*";
    if (openFileDialog1.ShowDialog() == DialogResult.OK)
    {
        string file = openFileDialog1.FileName;
        axWMP.URL = file;       //播放文件的路径和名称
        this.Text = file.Substring(file.LastIndexOf("\\") + 1);
    }
}
private void btnClose_Click(object sender, EventArgs e)
{
    axWMP.URL = null;
    this.Text = "Windows Media Player 播放器";
}
private void btnExit_Click(object sender, EventArgs e)
{
    this.Close();
}
```

然后，为 frmFlash 窗体工具栏上的 3 个按钮添加 Click 事件处理程序。具体代码如下：

```
private void btnOpen_Click(object sender, EventArgs e)
{
    openFileDialog1.Filter = "Flash动画文件(*.swf)|*.swf|
        所有文件(*.*)|*.*";
    if (openFileDialog1.ShowDialog() == DialogResult.OK)
```

```
    {
        string file = openFileDialog1.FileName;
        this.Text = file.Substring(file.LastIndexOf("\\") + 1);
        axSF.Movie = file;
        btnPlayPause.Text = "暂停";
    }
}
private void btnPlayPause_Click(object sender, EventArgs e)
{
    if (btnPlayPause.Text == "播放")
    {   axSF.Playing = true; btnPlayPause.Text = "暂停"; }
    else
    {   axSF.Playing = false; btnPlayPause.Text = "播放"; }
}
private void btnExit_Click(object sender, EventArgs e)
{
    this.Close();
}
```

最后，为 frmWeb 窗体上的“浏览”按钮添加 Click 事件处理程序，并为组合框 cboURL 添加 SelectedIndexChanged 事件处理程序。具体代码如下：

```
private void btnBrowse_Click(object sender, EventArgs e)
{
    axWB.Navigate(cboURL.Text);
}
private void cboURL_SelectedIndexChanged(object sender, EventArgs e)
{
    axWB.Navigate(cboURL.SelectedItem.ToString());
}
```

④ 运行程序。分别利用父窗体的 3 个菜单项打开相应的子窗体，根据提示进行操作并查看效果。

第15章 部署Windows应用程序

1. 选择题

(1) 下列选项中,不属于ClickOnce发布方式的是________。

A. 从网页发布　　B. 从媒体发布

C. 从本地磁盘发布　　D. 从网络文件共享发布

(2) 使用Windows Installer部署Windows应用程序,一般使用________模板或安装向导。

A. CAB项目　　B. 安装项目　　C. Web安装项目　　D. 合并模块项目

答案:(1) C　(2) B

2. 思考题

(1) 什么是部署?

【答】 部署是指分发要安装到其他计算机上的已完成应用程序或组件的过程。

(2) 分别简述ClickOnce三种发布方式的作用。

【答】 可以采用三种不同的方式发布ClickOnce应用程序:从网页发布、从网络文件共享发布或者从媒体(如CD-ROM)发布。

① 以"从网页发布"的方式发布ClickOnce应用程序,可以将应用程序部署到Web上,用户通过Web浏览器安装应用程序。

② 以"从网络文件共享发布"的方式发布ClickOnce应用程序,可以将应用程序部署到共享文件夹,用户通过共享文件夹来安装应用程序。

③ 以"从媒体发布"的方式发布ClickOnce应用程序,可以将应用程序部署到CD-ROM或DVD-ROM来提供应用程序的安装光盘。

3. 上机练习题

设计一个简单的访问Access数据库的Windows应用程序,然后分别使用ClickOnce(三种方式)和Windows Installer部署该程序。

【答】 具体步骤如下:

(1) 设计一个简单的访问Access 2003数据库StudentRecord的Windows应用程序。

① 设计界面并设置属性。新建一个C#的Windows应用程序,项目名称设置为"StudentMIS",解决方案名称设置为exerciseStudentMIS。打开"数据源"窗口,利用"数据源配

置向导”添加 Access 2003 数据库 StudentRecord 并创建数据集 StudentRecordDataSet。从“数据源”窗口将 studentInfo 数据表拖动到窗体上，会自动添加 studentInfoDataGridView、studentInfoBindingNavigator 控件及相关组件。然后，将窗体的 Text 属性设置为“学生基本信息管理”，并按照图 15.1 所示调整控件位置和窗体尺寸。

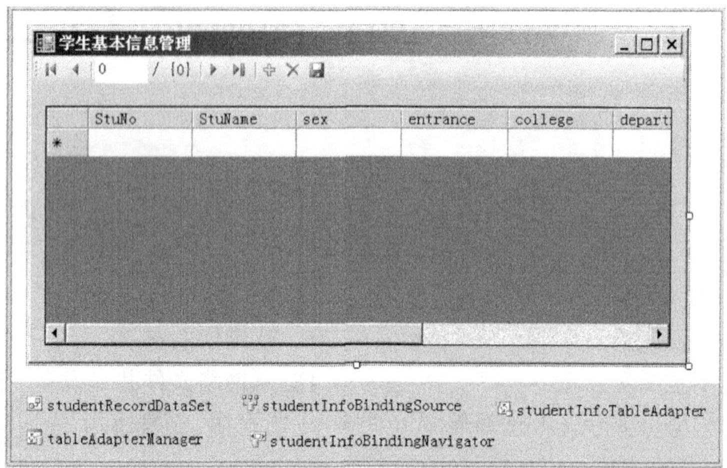

图 15.1 程序设计界面

② 运行程序。单击“启动调试”按钮或按 F5 键运行程序，运行结果如图 15.2 所示。

学生基本信息管理

1 / 7

	StuNo	StuName	sex	entrance	college	depart
▸	20070304...	张三	男	2007-9-4	计算机学院	软件工
	20070304...	李丝	女	2007-9-4	计算机学院	软件工
	20070304...	王舞	女	2007-9-4	计算机学院	软件工
	20070305...	吴起	男	2007-9-4	计算机学院	网络工
	20070306...	李毅刚	男	2007-9-4	计算机学院	数字传
	20070401...	李卫	男	2007-9-5	电气学院	电子信
	20070401...	周楠楠	女	2007-9-5	电气学院	电子信
*						

图 15.2 程序运行界面

(2) 使用 ClickOnce 的“从网页发布”的方式部署 StudentMIS 程序。

① 在“解决方案资源管理器”中右击项目，从弹出的快捷菜单中选择“发布”命令，打开“发布向导”对话框，如图 15.3 所示。默认的部署方案是“从网页发布”，默认服务器是 localhost(本机)，此处将默认位置更改为“http://localhost/StudentMIS_WebPage/”。

② 单击“下一步”按钮，打开如图 15.4 所示的界面，指定应用程序发布后是否可以脱机使用，即脱机状态下是否可以安装应用程序，此处采用默认选项。

③ 单击“下一步”按钮，进入发布准备就绪界面，其中说明了要发布到的 Web 位置。单击“完成”按钮，在应用程序窗体的状态栏会显示发布过程中的一些状态。如果发布正常，则显示图 15.5 所示的 Web 安装界面，其中说明了应用程序的名称、版本和发行者。

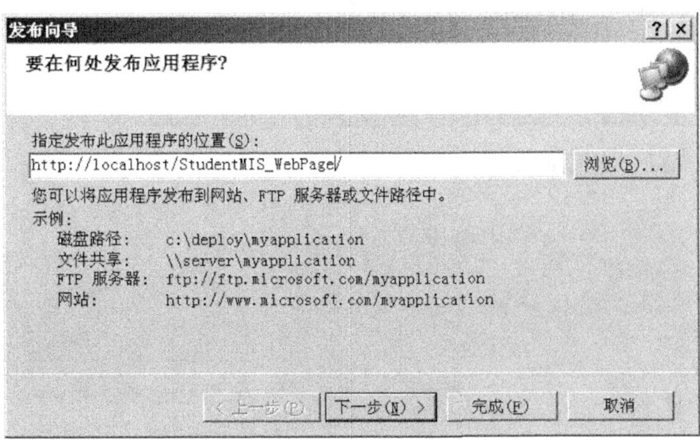

图 15.3 发布向导之“发布位置”

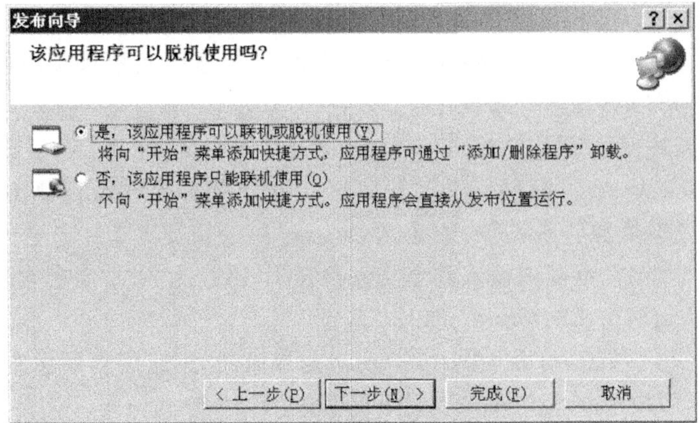

图 15.4 发布向导之“脱机或联机”

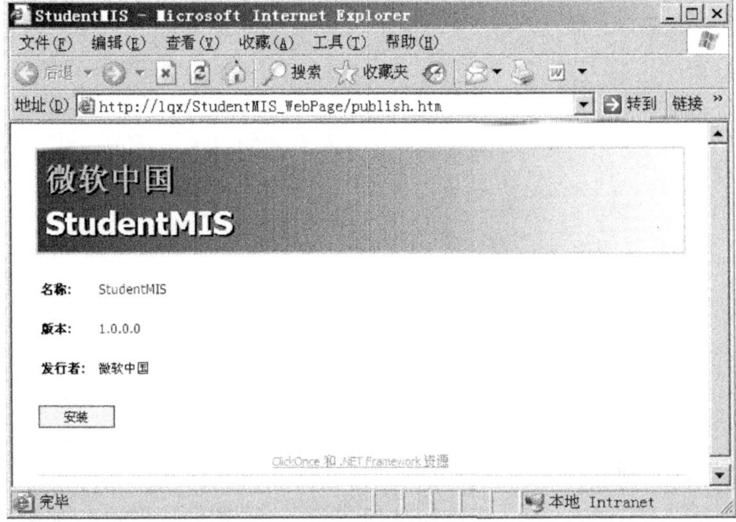

图 15.5 Web 安装界面

④ 单击“安装”按钮，会出现一个连接等待，如果是 Windows XP 操作系统，会出现图 15.6 所示的运行提示。

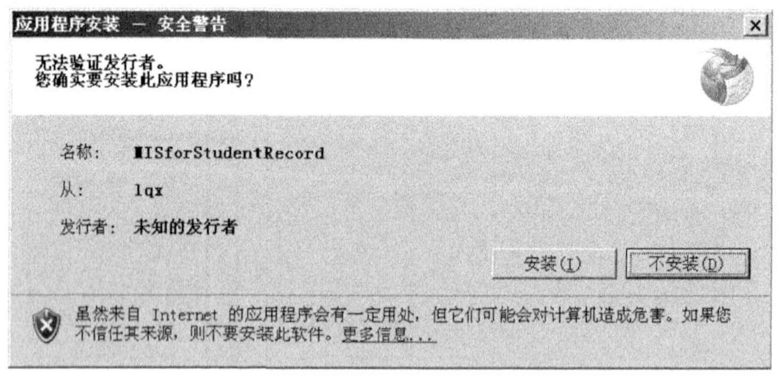

图 15.6　应用程序安装的安全警告

⑤ 单击“安装”按钮，短暂的等待后就会出现应用程序的运行界面。从“开始”菜单中可以找到刚才安装的应用程序；在 Windows 控制面板的“添加或删除应用程序”中也可以找到该应用程序，并可以对其进行卸载操作。

说明：发布文件一般位于 C:\Inetpub\wwwroot\StudentMIS_WebPage 中。

(3) 使用 ClickOnce 的“从网络文件共享发布”的方式部署 StudentMIS 程序。

① 在“解决方案资源管理器”中右击项目，在弹出的快捷菜单中选择“发布”命令，打开“发布向导”对话框，在文本框内输入共享文件路径，其格式为“\\服务器名\文件夹名”，此处输入“\\lqx\StudentMIS_ShareFile”，如图 15.7 所示。

② 单击“下一步”按钮，打开如图 15.8 所示的界面，指定应用程序发布后如何安装。此处采用默认选项，用户从共享文件安装应用程序。

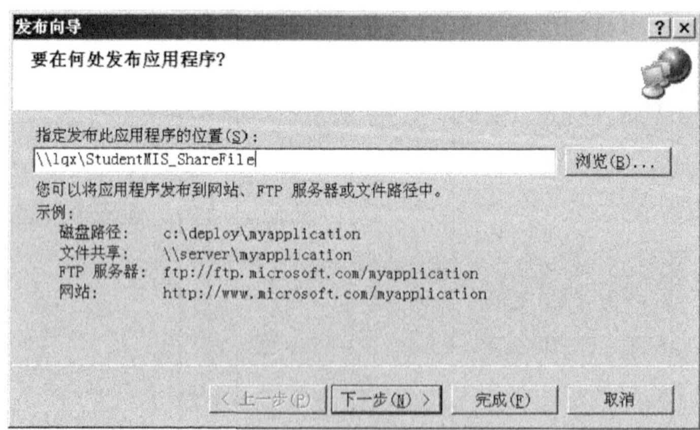

图 15.7　发布向导之“发布位置”

③ 单击“下一步”按钮，打开如图 15.4 所示的界面，指定应用程序发布后是否可以脱机使用，此处采用默认选项。

④ 单击“下一步”按钮，进入发布准备就绪界面。单击“完成”按钮，如果发布正常，则会

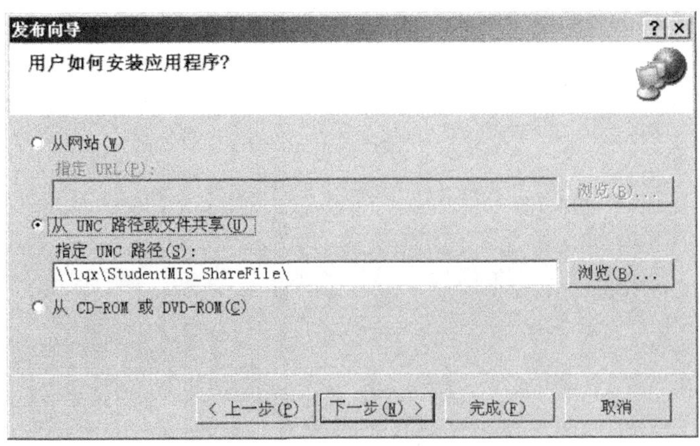

图 15.8 发布向导之“如何安装”

在共享文件夹下生成相关文件和文件夹，并显示图 15.9 所示的安装界面，该界面与图 15.5 所示的 Web 安装界面类似，仅地址栏中的路径不同。

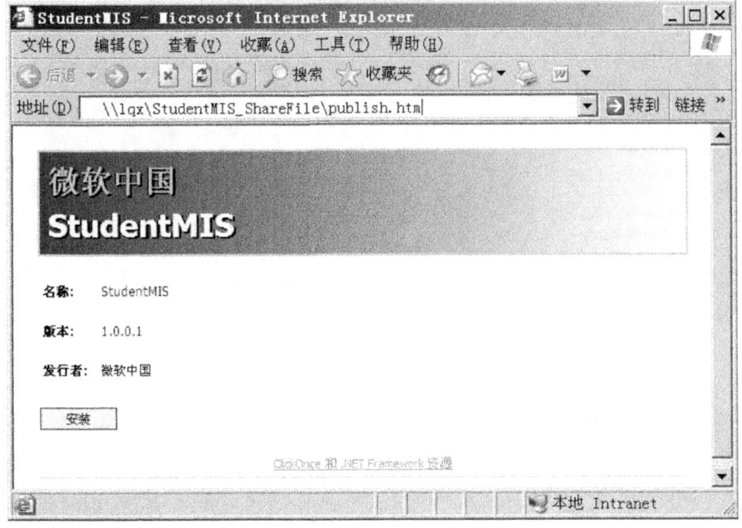

图 15.9 共享文件安装界面

⑤ 单击“安装”按钮，可以进行应用程序的安装。

说明：共享文件夹需要提前配置好。

(4) 使用 ClickOnce 的“从媒体发布”的方式部署 StudentMIS 程序。

① 在“解决方案资源管理器”中右击项目，在弹出的快捷菜单中选择“发布”命令，打开“发布向导”对话框，在文本框内输入(或者单击“浏览”按钮选择)一个本地文件夹路径，如图 15.10 所示。

② 单击“下一步”按钮，打开如图 15.11 所示的界面，指定应用程序发布后如何安装。此处采用默认选项，用户从 CD-ROM 或 DVD-ROM 安装应用程序。

③ 单击“下一步”按钮，打开如图 15.12 所示的界面，指定应用程序是否检查更新。此处采用默认选项，不检查更新。

发布向导
要在何处发布应用程序?
指定发布此应用程序的位置(S):
D:\15\exerciseStudentMIS\StudentMIS_Media
浏览(B)...
您可以将应用程序发布到网站、FTP 服务器或文件路径中。
示例:
磁盘路径: c:\deploy\myapplication
文件共享: \\server\myapplication
FTP 服务器: ftp://ftp.microsoft.com/myapplication
网站: http://www.microsoft.com/myapplication
< 上一步(P)
下一步(N) >
完成(F)
取消

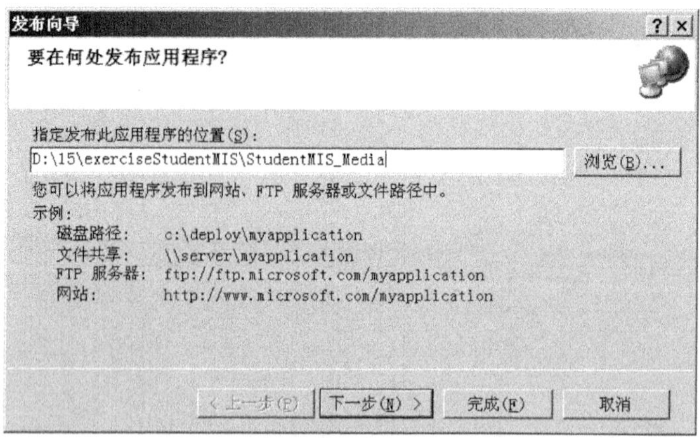

图 15.10　发布向导之“发布位置”

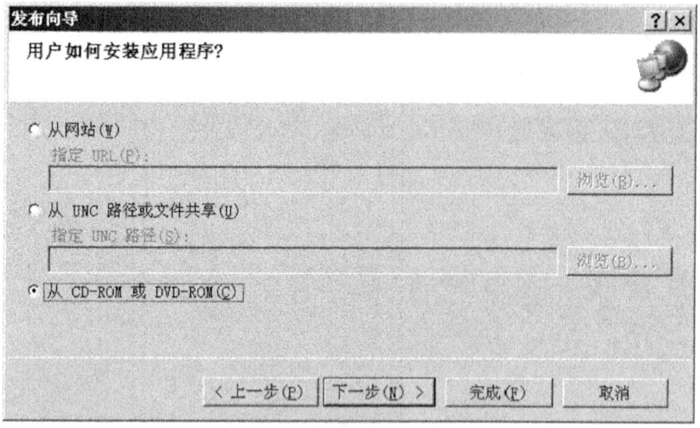

发布向导
用户如何安装应用程序?
从网站(W)
指定 URL(P):
浏览(B)...
从 UNC 路径或文件共享(U)
指定 UNC 路径(S):
浏览(B)...
从 CD-ROM 或 DVD-ROM(C)
< 上一步(P)
下一步(N) >
完成(F)
取消

图 15.11　发布向导之“如何安装”

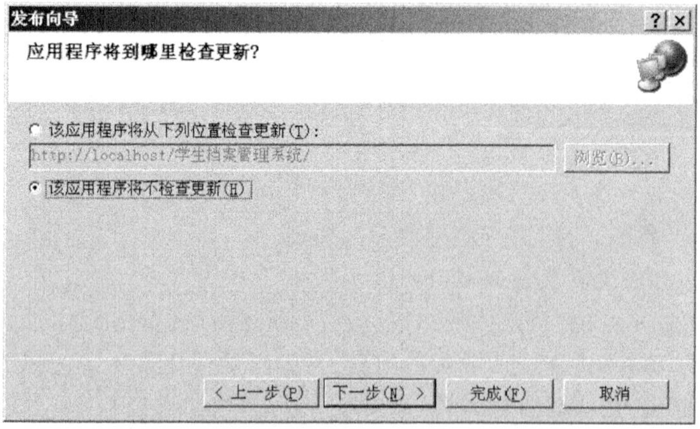

发布向导
应用程序将到哪里检查更新?
该应用程序将从下列位置检查更新(T):
http://localhost/学生档案管理系统/
浏览(B)...
该应用程序将不检查更新(H)
< 上一步(P)
下一步(N) >
完成(F)
取消

图 15.12　发布向导之“检查更新”

④ 单击“下一步”按钮,进入发布准备就绪界面。单击“完成”按钮,如果发布正常,则会在指定的文件夹下生成光盘安装需要的相关文件和文件夹,并弹出图 15.13 所示的文件列表,其中主要文件是 setup.exe。

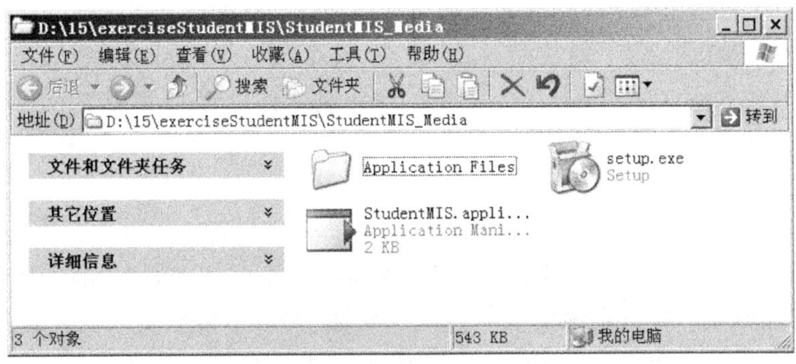

图 15.13　媒体安装文件界面

⑤ 双击 setup.exe 文件，可以进行应用程序的安装。将图 15.13 所示的文件列表刻录到 CD-ROM 或 DVD-ROM，即可完成安装光盘的制作。

(5) 使用 Windows Installer 方式部署 StudentMIS 程序。

① 创建部署项目。选择“文件”→添加“新建项目”命令，打开“添加新项目”对话框，项目类型选择“其他项目类型”中的“安装和部署”，模板选择“安装项目”，修改安装项目的名称为“StudentMIS_Setup”，并确定安装项目的位置。单击“确定”按钮即可完成安装项目的添加，并出现图 15.14 所示的“文件系统(StudentMIS_Setup)”窗口，同时可以在“解决方案资源管理器”中看到该安装项目。

② 设置部署项目。在图 15.14 所示的“文件系统(StudentMIS_Setup)”窗口中右击左侧的“应用程序文件夹”，从弹出的快捷菜单中选择“添加”→项目输出”命令，打开“添加项目输出组”对话框，单击“确定”按钮，会生成一个名为“主输出来自 StudentMIS(活动)”的“输出”类型的文件，在“文件系统(StudentMIS_Setup)”窗口的右侧可以看到该文件。右击“应用程序文件夹”，从弹出的快捷菜单中选择“添加→文件”命令，从项目文件夹下找到 StudentRecord.mdb 数据库文件，至此完成所有输出内容的添加。此时的“文件系统(StudentMIS_Setup)”窗口如图 15.15 所示。

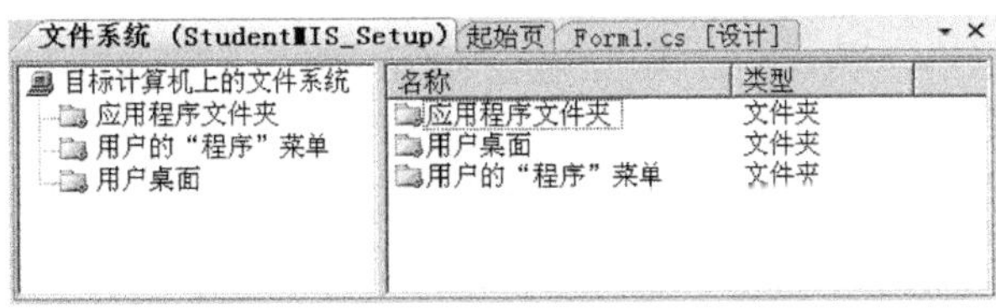

图 15.14　“文件系统 StudentMIS_Setup”窗口 1

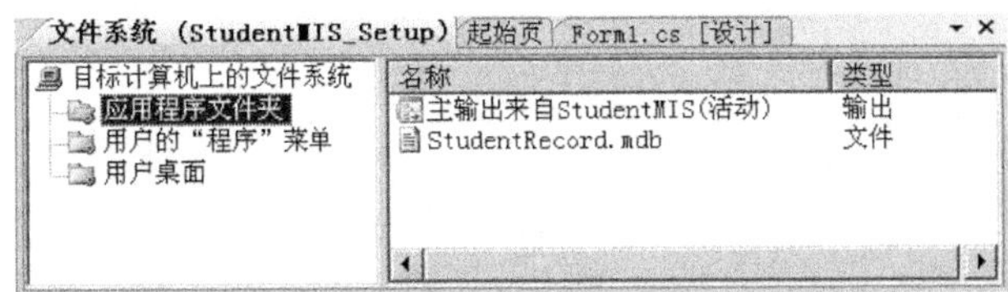

图 15.15　“文件系统 StudentMIS_Setup”窗口 2

右击名为“主输出来自 StudentMIS(活动)”的文件,从弹出的快捷菜单中选择“创建主输出来自 StudentMIS(活动) 的快捷方式”命令,会生成一个“快捷方式”类型的文件,修改其名称为“学生基本信息管理系统”。将名为“学生基本信息管理系统”的文件拖动到左侧用户的“程序”菜单中,使程序安装完成后能够在“程序”菜单中创建一个连接到程序的快捷方式。

在“文件系统(StudentMIS_Setup)”窗口中选定已创建的快捷方式,从“属性”窗口中设置 Icon 属性,选择要出现在目标计算机上的“Windows 资源管理器”中的应用程序图标。在“解决方案资源管理器”中选定该安装项目,在“属性”窗口中根据实际需要修改安装项目的相关属性: Author 为 lqx,ProductName 为“学生基本信息管理系统”,Title 为“‘学生基本信息管理系统’安装程序”。至此,完成了部署项目的相关设置。

③ 生成部署项目。在 VS 2008 的“生成”菜单中选择“生成 StudentMIS_Setup”命令,在应用程序窗体的状态栏会显示生成部署项目过程中的一些状态。如果生成成功,就完成了安装程序的创建,在安装项目文件夹 StudentMIS_Setup 下的 Debug 文件夹(如果源程序采用 Release 模式编译,则是 Release 文件夹)中可以看到 StudentMIS_Setup. msi 和 setup. exe 文件。

④ 安装程序。双击 setup. exe 文件将启动安装程序,打开图 15.16 所示的安装向导。单击“下一步”按钮,按照提示一步步操作,即可完成程序的安装。安装完成后,单击“开始”按钮,选择“程序”→“学生基本信息管理系统”命令,即可打开应用程序窗口,测试应用程序的运行效果。

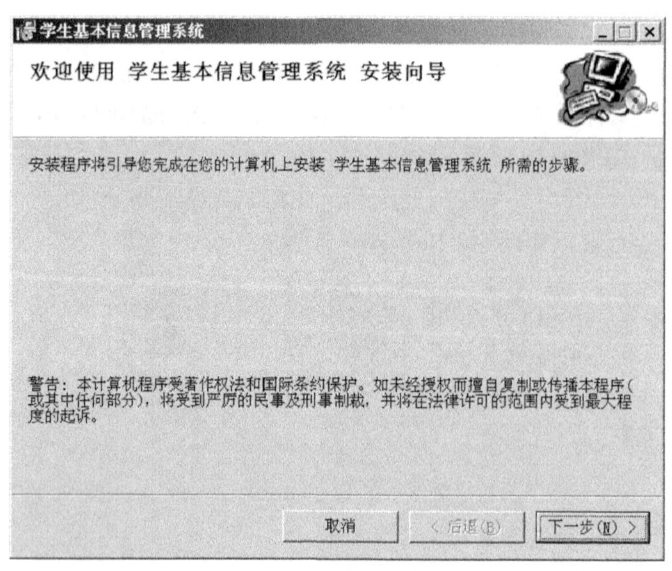

图 15.16 “安装向导”对话框

第2部分

Visual C#.NET程序设计实验指导

本部分包括本课程的实验指导和实验内容两方面内容。

实验指导是进行本课程实验的基本规范和建议。

实验内容共包括12个实验，运行环境是 Visual C#.NET 2008 和 SQL Server 2008 数据库，每一个实验的内容安排都与主教材的相关章节对应。

第16章 实验指导与实验内容

学习 Visual C#.NET 2008 需要在掌握部分理论内容的同时进入实验环节。只有在熟悉 Visual Studio.NET 的集成运行环境的基础上，进行 C# 的基本操作，注重学生应用创新能力的培养，才能全面提高学生面向对象的程序设计水平和能力。实验教学坚持学生为主、教师为辅的原则开始教学活动，这也是学习本课程的主要目的。

本课程实验的学时数建议安排 24 学时左右。授课与上机的课时比例应该掌握在 2∶1 左右。

16.1 Visual C#.NET 2008 的实验指导

1. 上机实验的目的和要求

学习 Visual C#.NET 应当在达到能够独立上机调试程序和分析结果的目标的基础上，进一步加深学生对 Visual C#.NET 有关理论的理解，提高他们的编程能力。所有计算机类课程都要求实践性经验，没有足够的上机实践，学习好 Visual C#.NET 乃至其他程序设计语言是不可能的。

上机实验的目的不仅仅是为了验证教材和讲课的内容或者验证自己所编的程序正确与否，更重要的是通过实际题目的上机实验，可以提高动手能力、提高分析问题和解决问题的能力。具体来说，上机实验的目的应该从以下几个方面进行理解。

(1) 加深对 Visual C#.NET 语言基础的理解。对于初学者来说，仅仅通过课堂教学，很难将课程要求的内容记住并理解透彻，尤其是比较琐碎的数据类型、多种多样的函数、灵活多变的规则等。只有通过多次上机，不断地思考、归纳和总结才能够熟练地掌握相关内容。通过实验可以快速地掌握语法规则、验证自己的能力、加深自己对面向对象程序设计语言理论的认识，并达到举一反三的效果。

(2) 了解和熟悉 Visual C#.NET 语言程序开发的环境。一个程序必须在一定的硬件和软件环境下才能运行。使用者应该了解，为了运行一个 Visual C#.NET 程序需要哪些必要的外部条件(例如硬件配置、软件配置)，可以利用哪些系统的功能来帮助自己开发软件。Visual C#.NET 用户的文件的存储也应该设置固定的路径，防止出现文件存放位置混乱，在调试程序时浪费较多的资源。

(3) 实验模式的探讨。上机实验是 Visual C#.NET 贯穿整个程序设计操作的教学过程。实验不再是单一的上机调试程序，实践教学形式要多样化，可采用验证源程序、修改错误程序和编写新程序等形式进行。将课堂教学、课内实践与课外实践结合起来，对学习有困难的学生进行针对性的辅导。建议根据学生的学习情况和课时将本课程的实验分成两种模式：上机验证和自由上机。

上机验证是指学生根据实验指导书的操作步骤进行操作，并认真做好记录。这种方式一定让学生先做好实验的预习，教师在答疑过程中对于普遍存在的问题及时进行总结。

自由上机是指当学生掌握调试程序的基本方法后，可以采取自由上机的方式，学生之间可以边实验边交流，从而进一步提高学生调试程序的能力，增强学生学习 Visual C#.NET 程序语言的自信心。还可以充分利用网络，把各种网络教学资源有机地整合到实验教学中来。提供合适的交流平台，可以提高学生学习的积极性。

2. 实验内容的设置

针对本课程的实验内容的不同特点，可以将实验分为熟悉环境阶段、基本操作阶段和技术提高阶段三个阶段，其主要内容和基本要求如下：

(1) 熟悉环境阶段。前期准备阶段的主要任务是理解 Visual C#.NET 系统的基本概念，根据要求自己设计出一个简单的程序，并且熟悉 Visual C#.NET 2008 集成环境的使用和项目的建立。该阶段可以针对教材的第1～第6章内容进行设置。

(2) 基本操作阶段。Visual C#.NET 实验的第二阶段为类和对象基本操作阶段。主要任务是掌握类和对象的基本操作，包括学会运用数组、集合、接口、类、类的属性、类的方法、类的索引器等来构造应用程序。该阶段可以针对教材的第7～第10章内容进行设置。

(3) 提高阶段。技术提高阶段的实验，要求学生在掌握课本内容的基础上自学一些相关知识。技术提高阶段的主要任务是掌握 Visual C#.NET 系统的设计与实现的知识内容，将理论知识与实际问题相结合。该阶段可以针对教材的第11～第15章内容进行设置。

3. 教学重点与难点的处理

(1) 可视化工具的使用。可视化工具的灵活运用是学习 Visual C#.NET 2008 系统的关键操作，可视化工具主要包括 Visual C#.NET 中的向导、设计器、工具栏和菜单等。在实验过程中，有许多操作在本质上是相通的，实验过程中应该多总结和归纳。通过实践教学，使学生完全掌握 C#语言的基础语法内容。

(2) Visual C#语句。Visual C#语句对初学者来说是比较复杂的，本课程先介绍基本的内容，即分清楚顺序、选择和循环等语句的作用，再介绍复杂的嵌套语句。

(3) 窗体和控制台。通过实践教学，使学生掌握 C#应用程序的可视化设计方法，掌握控制台调试程序和 Windows 应用程序的调试过程。

(4) 类和对象。通过实践教学，使学生掌握 C#面向对象的程序设计思想，学会运用数组、集合、接口、类、类的属性、类的方法、类的索引器等来构造应用程序，学会使用委托来构造基于事件驱动的应用程序。

(5) 界面、键盘和鼠标。在 Windows 窗体应用程序中，经常需要与用户进行交互，交互操作往往是通过键盘和鼠标完成的。为了准确处理用户的输入，必须了解键盘和鼠标事件中包含的数据。

(6) 文件和数据库访问。通过实践教学,使学生初步了解有关文件操作的编程方法、了解多线程编程的思想和方法,使学生初步掌握利用 ADO 访问数据库的应用程序的设计方法。

实际操作和反复实践是掌握 Visual C#.NET 程序设计的必经之路,也是理解和掌握本课程难点和重点、提高自己创新能力的重要方法。

4. 上机实验前的准备工作

上机实验前的准备工作做得好,可以使得上机实验得到事半功倍的效果。准备工作至少应包括:

(1) 第一次实验前,学生需要了解实验的整体要求及实验的目标任务,以及实验安排和进度、实验守则及实验室安全制度。

(2) 开始做实验就要介绍上机操作的基本步骤,注意了解 Visual C#.NET 2008 实验过程中常见的错误,要学会使用联机丛书。

(3) Visual C#.NET 是理论与实验相结合的课程,上机前应当先了解相关的理论知识,再预习实验内容、方法和步骤,避免出现边操作边熟悉实验内容的现象。

(4) 该课程的所有实验是连续的整体,具有继承性。机房应有安全措施或学生自己配备一些常用的存储设备。避免前面的实验数据、程序被清除、改动而影响后面的实验操作效率。

(5) 课下多做操作练习,如果能结合实际课题进行训练,会达到更好的效果。

(6) 实践教学过程开始应遵循"教师演示→学生练习→老师辅导→师生总结"的模式,分组实验,将参加上机的学生分成若干小组,用操作能力强的学生带动小组学习,同时培养学生的团体意识。

建议教师可以在本实验内容完成的基础上,再根据学生的掌握情况和上机时间的长短指定课后习题或作业题作为实验内容。本书给出 12 个实验内容,每一次实验包括 4 个以上的操作模块,上机时间每次为 2 课时左右。

5. 学生在实验过程中应达到的基本要求

一个完整的 Visual C#.NET 实验的完成,除了在掌握必要的理论的基础上进行认真的操作以外,还要记录好必要的实验结果,养成良好的习惯,进而完成实验报告。

(1) 实验之前对本实验对应的理论内容进行预习。

(2) 实验过程中要遵守实验室纪律,不做与本实验无关的事情。

(3) 实验过程中应及时发现问题并解决。

(4) 实验报告要求认真按规定格式书写,独立完成并按时上交。

6. 实验报告的撰写

根据实验内容的记录整理出实验报告是实验过程中的一个重要组成部分。实验报告的格式要求规范、简洁、言之有物,以此达到锻炼学生的文字表达能力、提出和发现问题的能力、归纳和总结的能力的目的。撰写实验报告,切忌养成不加思考地随意抄袭、拼凑一些可有可无的内容,编造实验结果记录等坏习惯。

实验报告一般应包括以下内容：

(1) 实验项目。如实验1认识 Visual C#.NET 2008 的运行环境。

(2) 实验目的。简述本次实验应该达到的目标。

(3) 实验内容。操作步骤、命令或程序清单、中间结果等。

(4) 运行结果。

(5) 总结每次实验过程中所取得的经验，分析实验过程中的出错原因并提出可能的解决方法。

7. 实验考核内容与方法的建议

考核内容：将书本理论知识与实践内容紧密结合，针对实验任务提出相应考核要求，针对C#的基本语法、面向对象的程序设计思想、基于事件驱动的编程方法、Windows 程序设计技术、简单的 Web 应用程序设计技术、数据库设计技术等进行独立实验和综合实验。

考核方法：根据学生实验内容及上交实验报告和程序源代码的质量进行评分。课程组教师应该积极探索考试内容的选择和考试方式的改革。采用团队协作完成项目的形式，结合课程平时作业给出成绩。

16.2 实验内容

实验1 Visual Studio.NET 的基本操作

1. 实验目的

(1) 掌握 Visual C#.NET 集成环境的构成和基本操作。

(2) 熟悉和掌握控制台程序的基本操作。

(3) 熟悉 Windows 程序设计技术的步骤。

2. 实验预习与准备

预习主教材第1、2章，本书第16章的实验指导部分。

(1) Visual C#.NET 集成环境的构成和基本操作。

(2) 创建控制台程序的基本过程。

(3) 创建窗体程序的基本步骤。

(4) 了解 Visual C#.NET 2008 联机丛书的使用方法。

3. 实验内容及步骤

(1) 控制台应用程序的创建：在控制台窗口输出一行文字“best to you!”。

具体步骤如下：

① 选择“开始”→“程序”→Visual Studio 2008 命令，启动 Visual Studio 2008。

② 选择“文件”→“新建”→“项目”命令，启动后选择 Visual C#开发项目类型，VS会自动设置成适合C#开发的集成环境，出现“新建项目”对话框。

③ 选择"控制台应用程序"，输入项目名称"Contest0101"，选择项目文件存放位置，单击"确定"按钮，进入编程界面。

④ 在代码窗口中找到 Main 方法输入相应代码，Program.cs 文件的所有代码如下：

```
using System;
namespace Contest0101
{
    class Program
    {  //程序的入口
       static void Main()
       {
          //从控制台输出"best to you!"
          Console.WriteLine("best to you!");
          //下面输入语句的实际作用是暂停程序来查看之前的数据
          Console.ReadLine();
      }
    }
}
```

⑤ 单击"启动调试"按钮或按 F5 键运行程序，即可查看控制台程序的输出结果。

(2) 变量的定义和使用。

① 创建一个控制台应用程序 Contest0102，在 Main 方法中输入如下代码：

```
using System;
static void Main()
{
    int a = 1, b = 2, c, d, e;
    c = a + b; d = a - b; e = a * b;
    Console.WriteLine("c = {0} d = {1} e = {2}", c, d, e);
    Console.WriteLine("123 + 23 % 10/7 + (17 - 6) * 2.5 = {0}",
          123 + 23 % 10 / 7 + (17 - 6) * 2.5);
    Console.ReadLine();
}
```

② 单击"启动调试"按钮运行该控制台程序。

(3) 数值字符串与数值之间的转换。

① 创建一个控制台应用程序 Contest0103，在 Main 方法中输入如下代码：

```
using System;
static void Main()
{
  double d = 112; string str = "123";
  Console.WriteLine("d = {0}",d.ToString());
  if (Double.Parse(str) == 123)
       Console.WriteLine("str convert to int successfully.");
  else
       Console.WriteLine("str convert to int failed.");
  Console.ReadLine();
}
```

② 按 F5 键运行该控制台程序。

(4) 数组的简单应用。

① 创建一个控制台应用程序 Contest0104，然后在 Program 类的主方法 Main()中应用数组。程序的具体代码如下：

```
static void Main(string[] args)
{
    int[] x, y;
    x = new int[5] { 21, -15, 7.9,71,1.9};
    y = new int[5];
    Array.Copy(x, y,5);
    Console.WriteLine("将数组 x 复制到数组 y,数组 y 各元素值如下：");
    Console.Write("{0}\t{1}\t{2}\t{3}\t{4}",
       y[0],y[1],y[2],y[3],y[4]);
    Array.Sort(x); //将数组 x 的元素排序
    Console.WriteLine("\n 经过排序后,数组 x 各元素值如下：");
    Console.Write("{0}\t{1}\t{2}\t{3}\t{4}\n",
       x[0], x[1], x[2], x[3], x[4]);
    Console.ReadLine();
}
```

② 单击“启动调试”按钮运行该控制台程序。

(5) Windows 窗体应用程序：创建一个 Windows 窗体应用程序，运行时在消息框中显示“best to me!”。程序运行界面如图 16.1 所示。

图 16.1 Windows 程序运行界面

具体操作步骤如下：

① 启动 Visual Studio 2008，选择“文件”→“新建”→“项目”命令，启动后选择 Visual C# 开发项目类型。

② 在“模板”栏中选择“Windows 窗体应用程序”，输入项目名称 Wintest0105，选择项目文件存放位置，单击“确定”按钮，进入到项目的设计界面。

③ 在工具箱中将 Button 控件拖到 Form1 中生成一个按钮对象 button1，并按照图 16.1 所示调整其大小和位置。

④ 右击 Button1，在弹出的快捷菜单中选择“属性”命令，在“属性”窗口中把按钮的 Text 属性改为“显示”，Font 属性设置为黑体、小四号。

⑤ 双击 Button1，为按钮添加单击事件，同时切换到代码窗口。窗口中大部分为自动生成的 C# 语句，为它添加一行代码“MessageBox. Show("best to me!");”。

添加后的代码窗体中的内容如下：

```
using System;
using System.Windows.Forms;
namespace WindowsA1
{
    public partial class Form1 : Form
    {
        public Form1()
        {  InitializeComponent(); }
        private void button1_Click(object sender, EventArgs e)
        {
            MessageBox.Show("best to me!"); //显示消息框
        }
    }
}
```

⑥ 按 F5 键运行程序，则显示一个窗体界面。单击窗体中的按钮，弹出消息框，内容为图 16.1 所示的“best to me!”。

(6) 字符串的简单应用。

① 新建一个 C# 的 Windows 应用程序 Wtest0106，并在窗体中添加一个 Label 控件。

② 双击窗体，切换到代码窗口并为 Form1 添加 Load 事件处理程序，并编写代码如下：

```
private void Form1_Load(object sender, EventArgs e)
{
      string s;                                    //定义字符串变量
      StringBuilder sb = new StringBuilder();      //创建可变字符串对象
      sb.Append("劝君一杯酒,");                     //添加字符串
      sb.Insert(2, "更尽");                         //插入字符串
      s = sb.ToString();                           //把可变字符串对象转化为字符串
      s = s.Insert(s.Length, "西出阳关无故人");
      label1.Text = "\"" + s + "\" 长度为" + s.Length;
}
```

③ 单击“启动调试”按钮或按 F5 键运行程序，运行结果如图 16.2 所示。

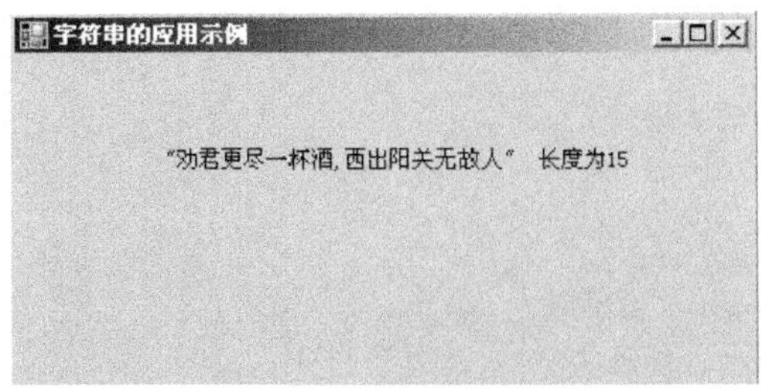

图 16.2　程序运行结果

4. 实验报告总结

(1) Visual C#.NET 集成环境的构成和基本操作。
(2) 设计 Visual C#.NET 简单程序的一般步骤。

实验 2 Windows 窗体与控件

1. 实验目的

(1) 掌握 Windows 窗体与控件的基本概念。
(2) 进一步掌握创建、修改 Windows 窗体应用程序的方法。
(3) 掌握常用控件的使用方法。

2. 实验预习与准备

预习主教材第 3、4 章。
(1) 窗体属性、事件和方法。
(2) 常用控件的使用方法。
(3) Windows 应用程序的创建过程。

3. 实验内容及步骤

(1) 标签控件的使用：利用标签生成运行结果如图 16.3 所示的窗体。

具体步骤如下：

① 新建一个 C#的 Windows 窗体应用程序 Wtest0201，并在窗体中添加一个 Label 控件，设置相关属性。

② 双击 label 控件，切换到代码窗口，为 label1 添加 Click 事件处理程序，并在 Form1 类中定义一个结构类型 Student，具体代码如下：

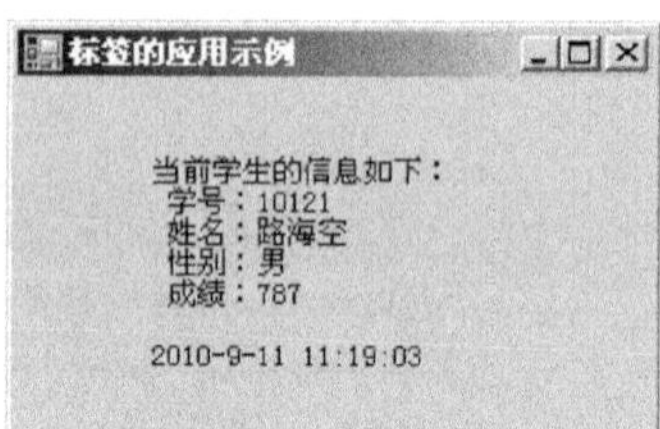

图 16.3 标签示例

```
public partial class Form1 : Form
{
    public Form1()
    { InitializeComponent(); }
    struct Student  //声明结构型
    {
        //声明结构型的数据成员
        public int no;
        public string name;
        public char sex;
        public int score;
        //声明结构型的方法成员
        public string Answer()
        {
           string result = "当前学生的信息如下：";
           result += "\n 学号：" + no; result += "\n 姓名：" + name;
```

```
            result += "\n 性别: " + sex; result += "\n 成绩: " + score;
            return result;                          //返回结果
        }
    };
    private void label1_Click(object sender, EventArgs e)
    {
        Student stu;                                //使用结构型
        stu.no = 10121;
        stu.name = "路海空";
        stu.sex = '男';
        stu.score = 787;
        lblShow.Text = stu.Answer();                //显示该生信息
        lblShow.Text += "\n\n" + DateTime.Now; //显示当前时间
    }
}
```

③ 运行程序,在窗体上单击 label1,运行结果如图 16.3 所示。

(2) 链接标签的简单应用。使用 Label 和 LinkLabel 控件设计一个打开对象或网页的程序,程序设计界面如图 16.4 所示。

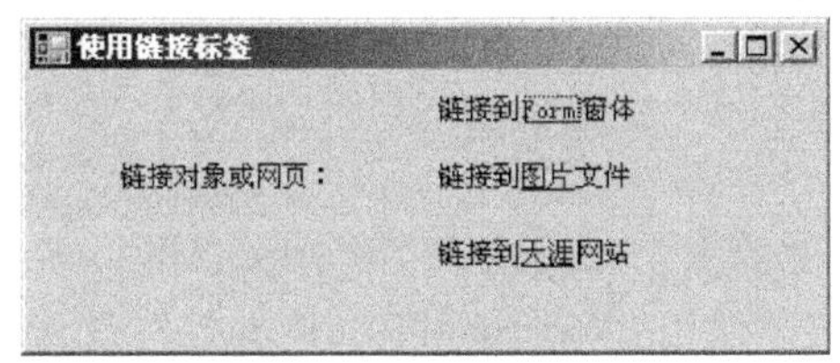

图 16.4 链接标签

具体步骤如下:

① 设计界面。新建一个 C# 的 Windows 应用程序,项目名称设置为"Wtest0202",向窗体中添加 1 个标签和 3 个链接标签,并按照图 16.4 所示调整控件位置和窗体尺寸。

② 设置属性。窗体和各个控件的属性设置如表 16.1 所示。

表 16.1 对象的属性设置

对 象	属 性 名	属 性 值
Form1	Text	使用链接标签
label1	Text	链接对象或网页
linkLabel1	Name	lnkForm
	Text	链接到 Form 窗体
	LinkArea	3,4
linkLabel2	Name	lnkFile
	Text	链接到图片文件
	LinkArea	3,2
linkLabel3	Name	lnkWeb
	Text	链接到天涯网站
	LinkArea	3,2

③ 编写代码。依次双击 3 个链接标签，打开代码视图，分别在各个链接标签的 LinkClicked 事件处理程序中添加如下代码：

```
private void lnkForm_LinkClicked(object sender,
        LinkLabelLinkClickedEventArgs e)
{
    Form f2 = new Form();
    f2.Show();
    lnkForm.LinkVisited = true;
}
private void lnkFile_LinkClicked(object sender,
        LinkLabelLinkClickedEventArgs e)
{
     lnkFile.LinkVisited = true;
     //使用 Start 方法和一个本机文件路径,启动默认程序打开文件
     System.Diagnostics.Process.Start("autumn.jpg");
     //注: 此处使用相对路径 bin\Debug
}
private void lnkWeb_LinkClicked(object sender, LinkLabelLinkClickedEventArgs e)
{
    lnkWeb.LinkVisited = true;
    //使用 Start 方法和一个 URL,启动默认浏览器打开网页
    System.Diagnostics.Process.Start("http://www.tianya.cn/");
}
```

④ 运行程序。在窗体中依次单击链接文本 Form、“图片”、“天涯”查看结果。

(3) 文本框与命令按钮。使用 TextBox 和 Button 控件设计一个显示密码原文的程序，程序设计界面和结果如图 16.5 所示。

图 16.5　文本框与按钮

具体步骤如下：

① 设计界面。新建一个 C# 的 Windows 应用程序，项目名称设置为“Wtest0203”，向窗体中添加 1 个文本框和 1 个按钮，并按照图 16.4 所示调整控件位置和窗体尺寸。

② 设置属性。窗体和各个控件的属性设置如表 16.2 所示。

表 16.2　对象的属性设置

对　　象	属 性 名	属 性 值
Form1	Text	输入密码
textBox1	Name	txtPassword
	PasswordChar	*
	MaxLengh	6
button1	Name	btnShow
	Text	显示密码

③ 编写代码。双击按钮，打开代码视图，在按钮的 Click 事件处理程序中添加如下代码：

```
private void btnShow_Click(object sender, EventArgs e)
{
    //利用消息框 MessageBox 显示密码原文
    MessageBox.Show("输入的密码为：" + txtPassword.Text, "密码原文");
    //Show 方法的第一个参数表示消息文本，第二个参数表示消息框标题
}
```

④ 运行程序。在文本框中输入密码，单击"显示密码"按钮查看结果。

(4) ImageList 组件的使用。设计一个可以展示多幅小图片的程序。

说明：程序运行界面如图 16.6 所示。窗口中有 1 个标签和 4 个按钮，标签以 80×80 的大小展示图片，默认显示"水果"图片，单击按钮可以切换图片；要展示的图片存放在 ImageList 组件中；窗口的最大化按钮设置为不可用。

图 16.6　ImageList 组件的使用

具体步骤如下：

① 设计界面。新建一个 C# 的 Windows 应用程序，项目名称设置为"Wtest0204"，分别向窗体中添加 1 个 Label、1 个 ImageList 控件和 4 个 Button 按钮，并按照图 16.5 所示调整控件位置和窗体尺寸。

② 设置属性。窗体和各个控件的属性设置如表 16.3 所示。

表 16.3　对象的属性设置

对　　象	属 性 名	属 性 值
Form1	Text	图片切换
	MaximizeBox	False
imageList1	Images	添加 4 幅图片文件
	ImageSize	80,80
label1	Name	lblPic
	AutoSize	False
	Text	小图片展示
	TextAlign	TopCenter
	ImageList	mageList1
	ImageKey	水果.jpg
	ImageAlign	BottomCenter
button1～button4	Name	btnFruit　btnFlower　btnGirl　btnView
	Text	水果　鲜花　肖像　风景

③ 编写代码。依次双击 4 个按钮，打开代码视图，分别在各个按钮的 Click 事件处理程序中添加如下代码：

```
private void btnFruit_Click(object sender, EventArgs e)
{   lblPic.ImageIndex = 0; }
private void btnFlower_Click(object sender, EventArgs e)
{   lblPic.ImageIndex = 1; }
private void btnGirl_Click(object sender, EventArgs e)
{    lblPic.ImageIndex = 2; }
private void btnView_Click(object sender, EventArgs e)
{    lblPic.ImageIndex = 3; }
```

④ 运行程序。单击各个按钮查看图片切换的效果。

4. 实验报告总结

(1) 创建窗体和控件相关的程序的一般步骤。
(2) 常用控件的用途。

实验 3　选择结构

1. 实验目的

(1) 掌握 if 语句的结构和功能。
(2) 掌握 switch 语句的结构和功能。
(3) 熟悉如何将选择语句用于 Windows 应用程序。

2. 实验预习与准备

预习主教材第 5 章。
(1) if…else 语句和 if…else if…else 语句的应用。
(2) switch 语句的结构和使用。
(3) 单选按钮、复选框与容器控件的使用。

3. 实验内容及步骤

(1) if…else 语句示例：创建一个 Windows 应用程序，如图 16.7 所示，在文本框中分别输入汉字、大写字符、小写字符和数字，利用 if…else 语句进行判断，输出不同的提示。

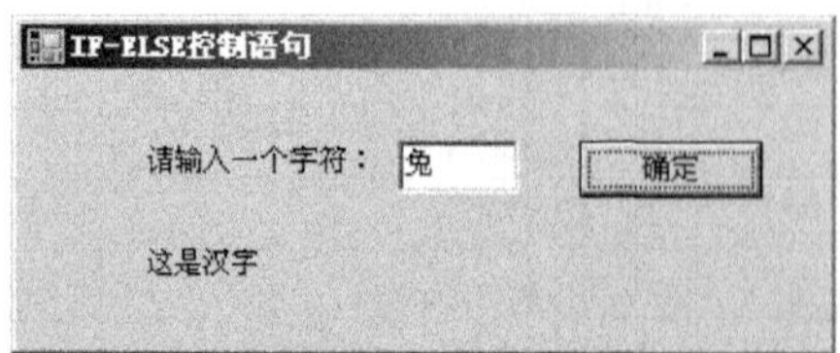

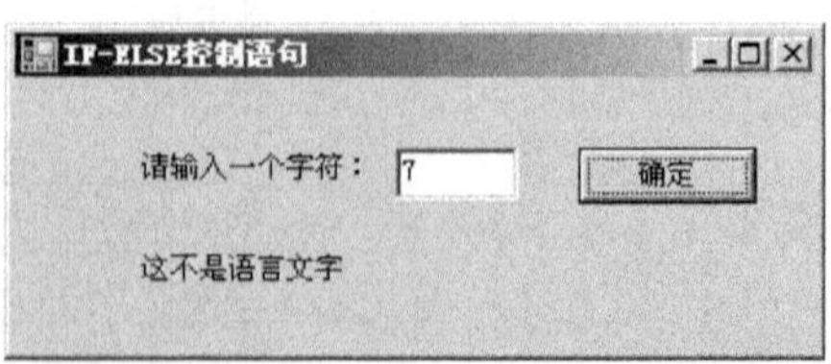

图 16.7　if…else 语句的使用

具体步骤如下：

① 设计界面。新建一个 C# 的 Windows 应用程序，项目名称设置为“Wtest0301”，分别向窗体中添加 2 个 Label、1 个 TextBox 和 1 个 Button 按钮，并按照图 16.7 所示调整控件位置和窗体尺寸。

② 设置属性。窗体和各个控件的属性设置如表 16.4 所示。

表 16.4 对象的属性设置

对　象	属 性 名	属 性 值
Form1	Text	if…else 控制语句
TextBox1	Name	txtChar
	Text	“”
label1	Name	label1
	Text	请输入一个字符：
Label2	Name	lblShow
	Text	“”
button1	Name	btnOK
	Text	确定

③ 在源代码视图中输入如下代码：

```
using System;
using System.Windows.Forms;
namespace Wtest0301
{
   public partial class TestInterface : Form
   {
      public TestInterface()
      {   InitializeComponent();
       }
      private void btnOK_Click(object sender, EventArgs e)
      {
          char c = Convert.ToChar(txtChar .Text );
          if (Char.IsLetter(c))
          {
             if (Char.IsLower(c))
             {  lblShow.Text = "这是一个小写字母";
               }
             else if (Char.IsUpper(c))
             {  lblShow.Text = "这是一个大写字母";
               }
          else
          {    lblShow.Text = "这是汉字";
      }
          }
          else
          { lblShow.Text = "这不是语言文字";
          }
       }
   }
}
```

④ 运行程序，查看结果。

(2) 编写一个 Windows 应用程序，实现如下功能：输入 3 个字符串后，输出其中最长的字符串及其长度。

说明：利用 TextBox 输入字符串，使用单分支的 if 语句进行计算，利用消息框输出字符串及其长度。程序运行界面如图 16.8 所示。

图 16.8　字符串的比较

具体步骤如下：

① 设计界面。新建一个 C# 的 Windows 应用程序，项目名称设置为“Wtest0302”，分别向窗体中添加 1 个标签、3 个文本框和 1 个按钮，并按照图 16.8 所示调整控件位置和窗体尺寸。

② 设置属性。在 3 个文本框的 Text 属性框中分别输入字符串。窗体和各个控件的其他属性设置如表 16.5 所示。

表 16.5　对象的属性设置

对　　象	属　性　名	属　性　值
Form1	Text	最长的字符串及其长度
label1	Text	请输入 3 个字符串：
textBox1	Name	txtStr1
textBox2	Name	txtStr2
textBox3	Name	txtStr3
button1	Name	btnOk
	Text	计算

③ 编写代码。双击 btnOk 按钮打开代码视图，在 Click 事件处理程序中添加如下代码：

```
private void btnOk_Click(object sender, EventArgs e)
{
    int i, j, k, max;                        //max 存储最大长度
    TextBox txt;                             //定义 txt 指向字符串长度最大的文本框
    i = txtStr1.Text.Length;
    j = txtStr2.Text.Length;
    k = txtStr3.Text.Length;
    max = i; txt = txtStr1;
    if (j > max) { max = j; txt = txtStr2; }
    if (k > max) { max = k; txt = txtStr3; }
    MessageBox.Show("最长的字符串为"" + txt.Text + "",其长度为"
        + max.ToString(), "结果");
}
```

④ 运行程序。单击"计算"按钮查看消息框的输出结果。

(3) switch 语句的应用：编写一个 Windows 应用程序，实现商品打折付款功能。

说明：某超市促销活动中，根据顾客购买商品的总价 x 给予不同的优惠折扣，优惠折扣率 y 的计算公式如下：

$$y=\begin{cases}0 & <300\\ 5\% & 300\leqslant x<800\\ 8\% & 800\leqslant x<1000\\ 10\% & 1000\leqslant x<5000\\ 15\% & x\geqslant 5000\end{cases}$$

利用 TextBox 输入 x 的值，使用多分支的 if 语句判断 y 的值并计算出优惠费和实付款，利用只读的 TextBox 输出。程序运行界面如图 16.9 所示。

具体步骤如下：

① 设计界面。新建一个 C# 的 Windows 应用程序，项目名称设置为"Wtest0303"，分别向窗体中添加 4 个标签、4 个文本框和 1 个按钮，并按照图 16.9 所示调整控件位置和窗体尺寸。

② 设置属性。窗体和各个控件的属性设置如表 16.6 所示。

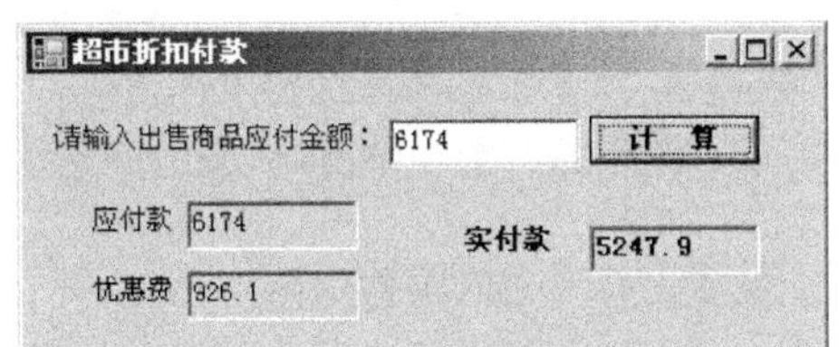

图 16.9　商品折扣计算

表 16.6　对象的属性设置

对　　象	属 性 名	属 性 值
Form1	Text	超市折扣付款
label1～label4	Text	请输入出售商品应付金额：　应付款 优惠费　实付款
textBox1	Name	txtYF
textBox2～textBox4	Name	txtYF2　txtYH　txtSF
	ReadOnly	true
button1	Name	btnPay
	Text	计算

③ 编写代码。双击按钮 btnPay，打开代码视图，在 Click 事件处理程序中添加如下代码：

```
private void btnPay_Click(object sender, EventArgs e)
{
    double x, y, yy, z;                          //应付款 x、折扣率 y、折扣费 yy、实付款 z
    x = double.Parse(txtYF.Text);
    if(x < 300)
       y = 0;
    else if(x < 800)
       y = 0.05;
    else if(x < 1000)
       y = 0.08;
    else if(x < 5000)
```

```
            y = 0.1;
        else
            y = 0.15;
        yy = x * y; z = x - yy;
        txtYF2.Text = x.ToString();
        txtYH.Text = yy.ToString();
        txtSF.Text  =  z.ToString();
    }
```

④ 运行程序。输入出售商品应付金额,然后单击"计算"按钮查看优惠费和实付费的金额。

(4) 设计题:从键盘输入三个数,比较这三个数后,输出最大值。

4. 实验报告总结

(1) 多分支结构实现方法的比较。
(2) 使用选择结构能够解决的问题类型。

实验4 循环结构

1. 实验目的

(1) 掌握常用的4种循环语句(while、do/while、for、foreach)的基本结构。
(2) 掌握常用的4种循环语句的执行过程。
(3) 掌握循环嵌套的使用方法。
(4) 列表框、复选列表框、组合框、计时器与进度条的应用。

2. 实验预习与准备

预习主教材第6章。
(1) 4种循环语句的基本结构。
(2) 循环嵌套的执行过程和跳转语句的使用方法。
(3) 列表框、复选列表框、组合框、计时器与进度条的应用。

3. 实验内容及步骤

(1) while循环和do/while循环:编程实现"按任意键输出Nice to meet you,按X键退出"的程序。

项目名称设置为"Ctest0401",代码如下:

```
using System;
namespace Ctest0401
{
    class Program
    {
      static void Main()
      {
```

```
            Console.WriteLine("按 X 键退出,按其他键继续");
            while (Console.ReadKey().KeyChar != 'X')
            {
              Console.WriteLine("Nice to meet you");
              Console.WriteLine("按 X 键退出,按其他键继续");
            }
        }
    }
}
```

然后将程序改成利用 do/while 循环实现。

(2) foreach 循环语句：编写一个 Windows 应用程序，计算一维数组中的最大值。

说明：利用 TextBox 输入数组的大小，使用 for 语句对数组元素赋值(－100～100 之间的随机整数)，使用 foreach 语句计算数组中的最大值，利用只读 TextBox 输出各元素及最大值。程序运行界面如图 16.10 所示。

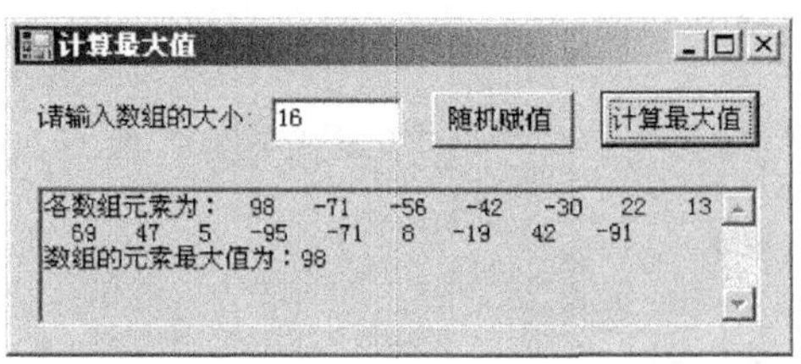

图 16.10　程序运行界面

具体步骤如下：

① 设计界面。新建一个 C# 的 Windows 应用程序，项目名称设置为“Wtest0402”，分别向窗体中添加 1 个标签、2 个文本框和 2 个按钮，并按照图 16.10 所示调整控件位置和窗体尺寸。

② 设置属性。窗体和各个控件的属性设置如表 16.7 所示。

表 16.7　对象的属性设置

对　　象	属　性　名	属　性　值
Form1	Text	计算最大值
label1	Text	请输入数组的大小：
textBox1	Name	txtN
textBox2	Name	txtResult
	Multiline	true
	ReadOnly	true
	ScrollBars	Vertical
button1	Name	btnValues
	Text	随机赋值
button2	Name	btnMax
	Text	计算最大值
	Enabled	false

③ 编写代码。在 Form1 类中，先声明一个整型的变量标记数组大小，再声明一个整型的数组，然后分别为 btnValues 和 btnMax 添加 Click 事件处理程序并编写如下代码：

```
using System;
using System.Windows.Forms;
namespace Wtest0402
{
    public partial class Form1 : Form
    {
        int n; int[] a;
        private void btnValues_Click(object sender, EventArgs e)
        {
            n = int.Parse(txtN.Text);
            a = new int[n];
            Random rand = new Random();
            for (int i = 1; i <= n; i++)
                a[i-1] = rand.Next(-100, 100);
            btnMax.Enabled = true;
        }
        private void btnMax_Click(object sender, EventArgs e)
        {
            int max = -100;
            string aa = "各数组元素为: ";
            foreach (int t in a)
            {
                aa += " " + t.ToString() + " ";
                if (t > max) max = t;
            }
            txtResult.Text = aa + " " +
                "数组的元素最大值为: " + max.ToString() ;
        }
    }
}
```

④ 运行程序。按照标签提示输入数组大小，然后依次单击“随机赋值”和“计算最大值”按钮查看输出结果。

(3) for 语句与循环嵌套：编写一个 Windows 应用程序，输出九九乘法表。

说明：这是一个双重循环问题，可以通过 for 语句实现。程序运行界面如图 16.11 所示。

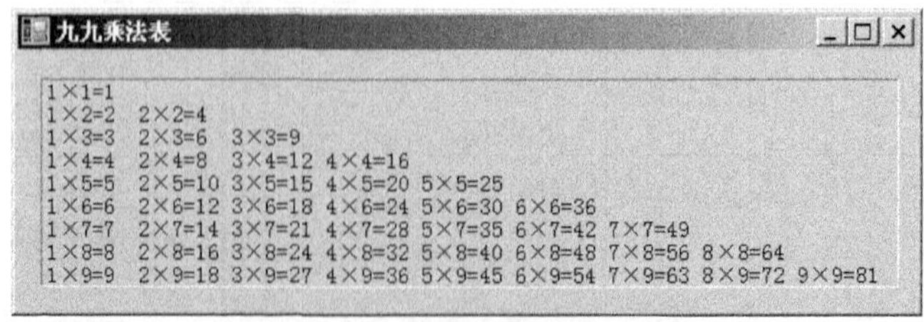

图 16.11 循环嵌套

具体步骤如下：

① 设计界面。新建一个 C# 的 Windows 应用程序，项目名称设置为"Wtest0403"，然后向窗体中添加 1 个标签，并按照图 16.11 所示调整控件位置和窗体尺寸。

② 设置属性。窗体和各个控件的属性设置如表 16.8 所示。

表 16.8 对象的属性设置

对　象	属 性 名	属 性 值
Form1	Text	九九乘法表
label1	Name	lbl99
	BorderStyle	Fixed3D
	Text	输出九九乘法表

③ 编写代码。双击窗体 Form1，打开代码视图，在 Load 事件处理程序中添加如下代码：

```
private void Form1_Load(object sender, EventArgs e)
{
   string line = "";
   int value = 0;
   lbl99.Text = "";
   for (int i = 1; i < 10; i++)
   {
       line = "";
       for (int j = 1; j <= i; j++)
       {  value = i * j;
          if (value >= 10)
             line += j.ToString() + "×" + i.ToString()
               + "=" + value.ToString() + " ";
          else
             line += j.ToString() + "×" + i.ToString()
               + "=" + value.ToString() + " ";
       }
       lbl99.Text += line + "\n";
   }
}
```

④ 运行程序，查看输出结果。

(4) timer1 控件的使用：设计一个简单的"交通灯"程序，每隔 30s 变换一次信号。

说明：按照"红灯(27 秒)、黄灯(3 秒)、绿灯(27 秒)、黄灯(3 秒)"的次序循环；利用 PictureBox、Label、Timer、Button 进行设计。程序设计界面如图 16.12 所示。

具体步骤如下：

① 设计界面。新建一个 C# 的 Windows 应用程序，项目名称设置为"Wtest0404"，分别向窗体中添加 1 个图片框、1 个标签、1 个计时器和 1 个按钮，并按照图 16.12 所示调整控件位置和窗体尺寸。

② 设置属性。窗体和各个控件的属性设置如表 16.9 所示。

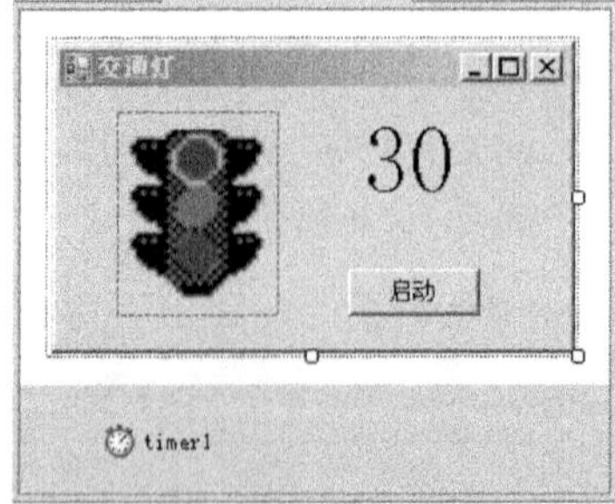

图 16.12　timer1 控件的使用

表 16.9　对象的属性设置

对　　象	属　性　名	属　性　值
Form1	Text	交通灯
pictureBox1	Name	picTraffic
	Image	选择 bin 文件夹下的 red.ico
	SizeMode	Zoom
label1	Name	lblTime
	Font	“二号”字号
	Text	30
timer1	Interval	1000
button1	Name	btnAuto
	Text	开始

③ 编写代码。双击按钮 btnAuto，打开代码视图，在 Form1 类中声明变量 i，在 Click 事件处理程序中添加如下代码：

```
int i = 0;                                  //记录一次红绿灯切换过程中的秒数(0～60)
private void btnAuto_Click(object sender, EventArgs e)
{
   if (timer1.Enabled == false)
   {
      timer1.Enabled = true; btnAuto.Text = "停止";
      picTraffic.Image = Image.FromFile("red.ico");
      lblTime.Text = "30";
   }
   else
   {
      timer1.Enabled = false; btnAuto.Text = "开始";
      i = 0;
   }
}
```

双击 timer1 控件，切换到代码视图，在 Tick 事件处理程序中添加如下代码：

```
private void timer1_Tick(object sender, EventArgs e)
{
   i += 1;
```

```
    lblTime.Text = (int.Parse(lblTime.Text) - 1).ToString();
    switch (i)
    {
        case 27:
            picTraffic.Image = Image.FromFile("yel.ico");
            break;
        case 30:
            picTraffic.Image = Image.FromFile("gre.ico");
            lblTime.Text = "30";
            break;
        case 57:
            picTraffic.Image = Image.FromFile("yel.ico");
            break;
        case 60:
            picTraffic.Image = Image.FromFile("red.ico");
            lblTime.Text = "30";
            i = 0;
            break;
    }
}
```

④ 运行程序。单击“开始”按钮查看效果。

(5) 设计题：编程输出图 16.13 所示由“ * ”组成的三角形。

```
     *
    ***
   *****
  *******
 *********
***********
```

图 16.13 使用循环输出图形

4. 实验报告总结

(1) 4 种不同类型的循环区别。

(2) 设计循环嵌套的程序应注意的问题。

(3) 列表框、复选列表框、组合框、计时器与进度条的用途。

实验 5 类和对象的定义与应用

1. 实验目的

(1) 掌握定义类和创建对象的方法。

(2) 区分类的不同成员的定义方法，控制其可访问性。

(3) 理解构造函数和析构函数的作用机制。

2. 实验预习与准备

预习主教材第 7 章。

(1) 面向对象技术概述。

(2) 类和对象的创建及类的方法。

(3) 类的构造函数和析构函数。

(4) 类的属性、索引器、静态类和静态成员。

3. 实验内容及步骤

(1) 类和对象的创建：定义一个名为 Person 的类，该类有 Name、Age、Sex 三个字段和一个返回字符串型数据的 Show 方法。在 Program 类的 Main 函数中声明并创建 Person 类的对象 p,然后访问了 Person 类中的字段和方法。项目名称设置为“Contest0501”。

具体代码如下:

① 创建一个控制台应用程序“Contest0501”,输入如下代码:

```
using System;
namespace Contest0501
{
    public class Person
    {
        //定义类的数据成员
        public string Name;
        public int Age;
        public string Sex;
        //定义类的方法成员
        public string Show()
        {
            return string.Format("姓名: {0},年龄: {1},性别: {2}",
                Name,Age,Sex);
        }
    }
    class Program
    {
        static void Main()
        {
            Person p = new Person();
            p.Name = "刘德柱";
            p.Age = 21;
            p.Sex = "女";
            string result = p.Show();
            Console.WriteLine(result);
            Console.ReadLine();
        }
    }
}
```

② 单击“启动调试”按钮运行程序。

(2) 引用类型参数:在 TestMethod 类中的 Main 方法中调用 Swaper 类的 Swap 方法。Main 方法中的实参数据随 Swap 中数据的交换而变化。

① 创建一个控制台应用程序 Contest0502,输入如下代码:

```
using System;
namespace Contest0502
{
    class Swaper
    {
     //被调用方,x,y 是引用型形参
     public void Swap(ref int x,ref int y)
     {
```

```
            Console.WriteLine("形参的值交换之前: {0},{1}", x, y);
            int temp;
            temp = x; x = y; y = temp;
            Console.WriteLine("形参的值交换以后: {0},{1}", x, y);
        }
    }
    class TestMethod
    {
      static void Main()                        //调用方,其中实参是 a 和 b 的引用
      {
         Swaper s = new Swaper ();              //创建对象
         Console.WriteLine("请任意输入两个整型数: ");
         int a = Convert.ToInt32(Console.ReadLine());
         int b = Convert.ToInt32(Console.ReadLine());
         s.Swap(ref a, ref b);                  //调用并传递参数
         Console.WriteLine("实参的值为: {0},{1}", a, b);
                Console.ReadLine();
      }
    }
}
```

② 运行程序,查看运行结果,分析引用参数与值参数的区别。

(3) 输出型参数: 求文件路径中的路径和文件名。

说明: 该程序要求先输入一个合法的文件路径,然后分别找出文件的所在目录和文件名,通过输出型参数得到多个返回值来完成。

① 创建一个控制台应用程序 Contest0503,输入如下代码:

```
using System;
namespace Contest0503
{
  class Analyzer
  {  //从文件路径中分离路径和文件名,定义了两个输出参数
      public void SplitPath(string path, out string dir,
      out string filename)
   {
   int i;
   //寻找路径和文件名之间的间隔符"\"或":"所在位置
   for (i = path.Length; i > 0; i-- )
   {
     char c = path[i - 1];
     if (c == '\\' || c == ':')
     break;
}
//提取路径和文件名
dir = path.Substring(0, i - 1);
filename = path.Substring(i);
}
}
   class TestMethod
   {
```

```
        static void Main()                        //调用方,其中实参 dir 和 file 是输出参数
        {
            Analyzer a = new Analyzer();           //创建对象
            Console.WriteLine("请输入一个文件的路径: ");
            string path = Console.ReadLine();
            string dir, file;
            a.SplitPath(path, out dir, out file);  //调用方法
            Console.WriteLine("文件所位目录: {0}\n文件名: {1}", dir, file);
            Console.ReadLine();
        }
    }
}
```

② 运行程序,查看结果,进一步掌握 SplitPath 方法的实现过程。

(4) 方法重载:利用方法重载求最大数。

说明:Maxer 类中声明的方法 Max 有三种重载形式,在 Main 方法中调用 Max 方法时,会根据实参的数据类型自动调用相应的方法。

① 创建一个控制台应用程序 Contest0504,输入如下代码:

```
using System;
namespace Contest0504
{
    class Maxer
    {
      public int Max(params int[] datas)
      {   int k = 0;
          //求最大数的索引
          for (int i = 0; i < datas.Length; i++)
          { if (datas[k] < datas[i])
                k = i;
          }
          return datas[k];
      }
      //求最大浮点数
      public double Max(params double[] datas)
      {   int k = 0;
          //求最大数的索引
          for (int i = 0; i < datas.Length; i++)
          {
              if (datas[k] < datas[i])
                 k = i;
          }
          return datas[k];
      }
      //求最长字符串
      public string Max(params string[] datas)
      {   int k = 0;
          //求最长字符串的索引
          for (int i = 0; i < datas.Length; i++)
          {
```

```
                if (datas[k].Length < datas[i].Length)
                    k = i;
            }
            return datas[k];
        }
    }
    class Program
    {
        static void Main(string[] args)
        {
            Maxer m = new Maxer();
            int imax = m.Max(14, 71, -1, 33, 2, 8, -6, 5);
            Console.WriteLine("最大的整数为: {0}", imax);
            double fmax = m.Max(1.5, 7.7, 9.3, 2.2, 8.5, 5.3);
            Console.WriteLine("最大的浮点数为: {0}", fmax);
            string smax = m.Max("We", "are", "going", "to", "school");
            Console.WriteLine("最长的字符串为: {0}", smax);
            Console.ReadLine();
        }
    }
}
```

② 运行程序,查看运行结果。

(5) 构造函数和析构函数:类 Student 中定义了 4 种形式的重载构造函数,并定义了析构函数。在 Program 类的 Main 函数中 4 次调用了类 Student 的构造函数,根据参数不同,解析为不同的构造函数实现。每个对象撤销时都要调用析构函数,何时调用析构函数由系统决定。

① 创建一个控制台应用程序 Contest0505,输入如下代码:

```
using System;
namespace Contest0505
{
    class Student
    {
        public string name;
        public int age;
        public string sex;
        //声明无参构造函数
        public Student ()
        {
            Console.WriteLine("无参构造函数已被执行,对象已创建成功!");
        }
        //声明一个参数构造函数
        public Student (string s)
        {
            name = s;
        }
        //声明两个参数构造函数
        public Student (string s, int a)
        {
```

```
            name = s; age = a;
        }
        //声明三个参数构造函数
        public Student (string s, int a, string se)
        {
            name = s; age = a; sex = se;
        }
        //声明析构函数
        ~Student()
        {
            Console.WriteLine("析构函数已被执行,该对象即将被销毁!");
        }
    }
    class Program
    {
        static void Main(string[] args)
        {
            Student p0 = new Student ();
            Student p1 = new Student ( "张美娟");
            Student p2 = new Student ( "王明伦",22);
            Student p3 = new Student ( "李冰",25,"女");
            Console.WriteLine("对象 1 的数据有: 姓名: {0}.", p1.name);
            Console.WriteLine("对象 2 的数据有:姓名:{0},年龄:{1}.",
                p2.name, p2.age);
            Console.WriteLine("该对象的数据有: 姓名: {0},年龄: {1},
                性别:{2}.", p3.name, p3.age, p3.sex);
            Console.ReadLine();
        }
    }
}
```

② 运行程序,查看程序运行结果。

(6) 静态成员的使用:类 Person 包含 males 和 females 两个私有静态字段成员,用来记录男、女学生的人数;还有 NumberMales 和 NumberFemales 两个公共静态方法成员,这两个方法中使用了静态字段 males、females,作为返回男、女学生的人数。

① 创建一个控制台应用程序 Contest0506,输入如下代码:

```
using System;
namespace Contest0506
{
    public enum Gender { 男, 女 };
    public class Person
    {
        //私有静态字段,分别统计男女人数
        private static int males;
        private static int females;
        //公共字段,描述个人信息
        public string Name;
        public Gender Sex;
        public int Age;
```

```
        //构造函数,用来初始化对象
        public Person(string name, Gender sex, int age)
        {   Name = name;
            Sex = sex;
            Age = age;
            if (sex == Gender.男)
                males++;
            if (sex == Gender.女)
                females++;
        }
        //返回男生人数
        public static int NumberMales()
        {   return males;
        }
      //返回女生人数
      public static int NumberFemales()
      { return females;
      }
    }
    class Program
    {
      static void Main(string[] args)
      {   //创建 Person 型的数组对象,用来记录 6 个人的信息
          Person[] ps = new Person[6];
          ps[0] = new Person("李伟峰", Gender.男, 20);
          ps[1] = new Person("郭莫语", Gender.女, 21);
          ps[2] = new Person("李蓉", Gender.女, 19);
          ps[3] = new Person("赵恒", Gender.男, 22);
          ps[4] = new Person("刘永", Gender.女, 20);
          ps[5] = new Person("赵善本", Gender.男, 21);
          Console.WriteLine("男生人数: {0}",
              Person.NumberMales());
          Console.WriteLine("女生人数: {0}",
              Person.NumberFemales());
          Console.WriteLine("学生名单如下: ");
          foreach (Person p in ps)
          {
              Console.Write("{0}\t", p.Name);
           }
           Console.Write('\n');
           Console.ReadLine();
      }
    }
}
```

② 单击“启动调试”按钮或按 F5 键运行程序,查看程序运行结果。

(7) DateTime 结构的使用:使用 DateTime 结构的 Year、Month、Day、Hour、Minute 和 Second 等属性获取当前时间的年、月、日、时、分、秒等信息。

① 创建一个控制台应用程序 Contest0507，输入如下代码：

```
using System;
namespace Contest0507
{
    class Program
    {
        static void Main(string[] args)
        {
            DateTime dt = DateTime.Now;
            Console.WriteLine ("当前的日期和时间是{0}",dt);
            Console.WriteLine("今天的日期是{0}年{1}月{2}日",
                dt.Year, dt.Month, dt.Day);
            Console.WriteLine("现在的时间是{0}时{1}分{2}秒",
                dt.Hour ,dt .Minute ,dt .Second );
            Console.WriteLine("今天是{0}", dt.DayOfWeek );
            Console.WriteLine("今天是今年的第{0}天", dt.DayOfYear );
            Console.ReadLine();
        }
    }
}
```

② 运行程序，查看程序运行结果。

4. 实验报告总结

(1) 比较各种参数传递数据的区别。
(2) 类和对象的关系。
(3) 面向对象编程技术的特点。

实验 6 类和对象的高级应用

1. 实验目的

(1) 进一步掌握面向对象编程技术的特点。
(2) 掌握类的继承性、多态性、接口、委托和事件的使用方法。
(3) 掌握抽象类、分部类和命名空间的使用方法。

2. 实验预习与准备

主教材第 8 章。
(1) 类的继承性、多态性、接口、委托和事件的含义。
(2) 抽象类、分部类和命名空间的概念。

3. 实验内容及步骤

(1) 调用基类的无参构造函数：Person 类是基类，Teacher 类是 Person 的派生子类，而 Professor 类又是 Teacher 的派生子类。在这种层次的类继承中，创建 Professor 对象时，先从顶级基类的无参构造函数开始调用，然后是中间的 Teacher 类构造函数，最后调用底层的

Professor 类构造函数。

① 创建一个控制台应用程序 Contest0601,输入如下代码:

```
using System;
namespace Contest0601
{
    public class Person
    {
        public Person()
        {
            Console .WriteLine ("调用 person 的构造函数");
        }
    }
    public class Teacher:Person
    {
        public Teacher()
        {
            Console .WriteLine ("调用 Teacher 的构造函数");
        }
    }
    class Professor:Teacher
    {
        public Professor()
        {
            Console.WriteLine("调用 Professor 的构造函数");
        }
        static void Main(string[ ] args)
        {
            Professor p = new Professor();
            Console.ReadLine ();
        }
    }
}
```

② 运行程序,查看程序运行结果。

(2) 抽象类的创建和使用:定义抽象基类 Person 及其两个抽象成员:抽象方法 OutPrint 和抽象属性 Scorc。非抽象类 Student 类和 Worker 类继承了 Person。

① 创建一个控制台应用程序 Contest0602,输入如下代码:

```
using System;
namespace Contest0602
{
    public abstract class Person                    //定义一个抽象基类
    {
        //定义数据成员
        private string name;                        //姓名
        public string Name
        {   get { return name; }
            set { name = value; }
        }
```

```
    private char sex;                         //性别
    public char Sex
    {   get { return sex; }
        set { sex = value; }
    }
    private DateTime birthday;                //出生日期
    public DateTime Birthday
    {   get { return birthday; }
        set { birthday = value; }
    }
    //定义抽象属性 Score
    public abstract int Score
    {   get;
        set;
    }
    //定义方法成员 Age 计算年龄
    public int Age()
    {   return (DateTime.Now.Year - birthday.Year);
    }
    //定义抽象方法成员,注意句末的分号
    public abstract string OutPrint();
    //定义构造函数,以初始化字段
    public Person(string name, char sex)
    {   this .name = name;
        this.sex = sex;
    }
}
public class Student : Person                 //派生类
{   //扩展属性成员
    private string school;                    //学校
    public string School
    {
        get { return school; }
        set { school = value; }
    }
    //实现抽象属性
    private int score;                        //成绩
    public override int Score
    {   get { return score; }
        set { score = (value >= 0) ? value : 0; }
    }
    //定义构造函数,调用基类的构造函数辅助完成字段的初始化
    public Student(string name, char sex, string school,
    int score): base(name, sex)
    {   this.school = school;
        this.score = score;
    }
    //实现继承来的抽象方法成员 OutPrint
    public override string OutPrint()
    {   return string.Format("姓名: {0},性别: {1}\n 学校: {2},
          年龄: {3}\n 成绩: {4}\n", Name, Sex,school,Age(),
```

```
                score );
        }
    }
    public class Worker:Person                       //派生类
    {
        //实现抽象属性
        private int score;                           //成绩
        public override int Score
        {   get { return score; }
            set { score = ((value >= 0) ? value : 0); }
        }
        //定义构造函数,调用基类的构造函数辅助完成字段的初始化
        public Worker(string name,char sex) : base(name ,sex ){ }
        //实现继承来的抽象方法成员 OutPrint
        public override string OutPrint()
        { return string.Format("姓名: {0},性别: {1}\n 年龄: {2},
                年薪: {3}\n",Name, Sex,Age(),score );
        }
    }
    class Program
    {
        static void Main(string[] args)
        {   //创建 Student 对象
            Student s = new Student("张路飞", '男',
                "理工大学计算机学院",589);
            s.Birthday = new DateTime(1989, 8, 6);
            //s.Score = 580;
            Console.WriteLine("该生信息如下: ");
            Console.WriteLine(s.OutPrint());
            Worker w1 = new Worker ("李海萍",'女');
            w1.Birthday = new DateTime (1978,2,12);
            w1.Score = 60000;
            Console.WriteLine("该工作人员信息如下: ");
            Console.WriteLine(w1.OutPrint());
            Console.ReadLine();
        }
    }
}
```

② 单击“启动调试”按钮或按 F5 键运行程序,查看运行结果。

(3) 接口示例:类 Rectangle 和 Circle 继承自 IShape 和 IShapeShow 接口,并实现了接口 IShape 中的 GetArea 和 GramLength 方法以及接口 IShapeShow 中的 ShowMe 方法。

① 创建一个控制台应用程序 Contest0603,输入如下代码:

```
using System;
namespace Contest0603
{
    public interface IShape
    {   double GetArea();                            //计算面积
        double GramLength();                         //计算周长
```

```
}
public interface IShapeShow
{   string ShowMe();
}
public class Rectangle : IShape, IShapeShow
{
    private double width,height;
    public Rectangle(double meWidth,double meHeight)
    {   width = meWidth ;
        height = meHeight;
    }
    public double GetArea()
    {   return ( width * height );      }
    public double GramLength()
    {   return (( width + height ) * 2); }
    public string ShowMe()
    {
        string s = "\n长方形的";
        s += "长:" + width + " , ";
        s += "宽:" + height + "\n";
        s += "面积:" + GetArea().ToString() + " , ";
        s += "周长:" + GramLength().ToString();
        return s;
    }
}
class Circle : IShape, IShapeShow
{
    private double radius;
    public Circle(double rad)
    {   radius = rad; }
    public double GetArea()
    {   return (Math.PI * radius * radius); }
    public double GramLength()
    {   return (2 * Math.PI * radius);          }
    public string ShowMe()
    {   return ("Circle"); }
}
class Program
{
    static void Main(string[] args)
    {
        Circle myCircle = new Circle(3);
        Rectangle myRectangle = new Rectangle(4, 5);
        IShape myICircle = myCircle;
        IShape[] myShapes = { myCircle, myRectangle };
        Console.WriteLine(myCircle.GetArea().ToString());
        Console.WriteLine(myShapes[0].GetArea().ToString());
        Console.WriteLine(myICircle.GetArea().ToString());
        Console.WriteLine(myCircle.ShowMe());
        Console.WriteLine(myRectangle.ShowMe());
        //下面这条语句不能通过编译
```

```
            //Console.WriteLine(myShapes[0].ShowMe());
            Console.ReadLine ();
        }
    }
}
```

② 运行程序,查看运行结果。

(4) 委托示例: 声明委托类型 Calculate,再声明类 CalculateOfNumber,其中封装了委托型字段 handler 和 Add、Sub、Mul、Div 这 4 个方法,这些方法和委托类型 Calculate 的签名一致。

① 创建一个控制台应用程序 Contest0604,输入如下代码:

```
using System;
namespace Contest0604
{   //声明委托
    public delegate double Calculate(double x,double y);
    //声明类
    public class CalculateOfNumber
    {
        public Calculate handler;                    //这是一个委托型的字段
        public double Add(double x, double y)
        {      return x + y; }
        public double Sub(double x, double y)
        {      return x - y; }
        public double Mul(double x, double y)
        {       return x * y; }
        public double Div(double x, double y)
        {       return (x / y) ; }
    }
    class Program
    {
        static void Main(string[] args)
        {
            double a = 6, b = 4;
            //创建一个对象
            CalculateOfNumber cn = new CalculateOfNumber();
            cn.handler = new Calculate(cn.Add); //初始化委托型字段
            //通过委托来调用方法
            Console.WriteLine("{0}与{1}的和为{2}", a, b,
                cn.handler(a, b));
            cn.handler = cn.Sub;                     //委托型字段变量重新赋值
            Console.WriteLine("{0}与{1}的差为{2}", a, b,
                cn.handler(a, b));
            //委托型字段变量重新赋值
            cn.handler = new Calculate(cn.Mul);
            Console.WriteLine("{0}与{1}的积为{2}", a, b,
              cn.handler(a, b));
            cn.handler = cn.Div;                     //委托型字段变量重新赋值
            Console.WriteLine("{0}与{1}的商为{2}", a, b,
                cn.handler(a, b));
```

```
            //使用匿名方法来初始化委托型字段
            cn.handler = delegate(double x, double y)
               { return (double)Math.Pow(x, y); };
            Console.WriteLine("{0}的{1}次幂为{2}", a, b,
               cn.handler(a, b));
            Console.ReadLine ();
        }
    }
}
```

② 单击“启动调试”按钮或按 F5 键运行程序，查看程序运行结果。

(5) 设计题：利用分部类定义一个学生类 Student，在该程序中统计学生的平均成绩和男女人数。

4. 实验报告总结

(1) 抽象类、分部类和一般类的关系。

(2) 委托和接口的区别。

实验 7　程序调试与异常处理

1. 实验目的

(1) 掌握程序调试的常用方法。

(2) 掌握异常处理在程序设计中的作用。

(3) 掌握异常的捕捉及处理语句执行过程。

2. 实验预习与准备

预习主教材第 9 章。

(1) 程序错误与程序调试的方法。

(2) 异常的捕捉及处理。

3. 实验内容及步骤

(1) 异常的捕获与处理：用 try-catch 结构进行异常处理。

说明：第一个 catch 语句能处理方法的参数格式不正确时所引发的异常，第三个 catch 语句能处理除数为 0 的情况，第二个 catch 语句能处理所有的异常类。

① 创建一个控制台应用程序 Contest0701，输入如下代码：

```
using System;
namespace Contest0701
{
    class Program
    {
      static void Main(string[] args)
      {    Console.Write ("请输入 x 的值: ");
           int x, y = 0;
           try
```

```
            {  x = int.Parse(Console.ReadLine());
               y = 100 / (3 - x) / (x - 7) / x;
            }
            catch (FormatException)
            {  Console.WriteLine("输入的格式不正确,应输入一个整数");
            }
            catch (DivideByZeroException)
            {  Console.WriteLine("错误: 除数为 0");
            }
            catch (Exception ex)
            {  Console.WriteLine("程序发生意外: " + ex.Message);
            }
               Console.ReadLine();
        }
    }
}
```

② 运行程序,分别输入 3、7、11 和字符 A 等数据,查看结果。

(2) try-catch-finally 结构的使用:给数组输入正确的数值,如果输入的是字符则需要重输;如果输入 END 字符串则结束输入,并统计输入的正确、错误次数及数组元素的和及平均值。

① 创建一个控制台应用程序 Contest0702,输入如下代码:

```
using System;
namespace Contest0702
{
  class Program
  {
     static void Main()
     {  int m = -1, n = 0;
        double sum = 0;
        Console.WriteLine("请依次输入一组数值,输入 END 结束:");
        while (true)
        {
          try
          {  string s = Console.ReadLine();
             if (s == "" || s.ToUpper() == "END")
                break;
               sum += double.Parse(s);
               n++;
        }
        catch (FormatException)
        {  Console.Write("输入的格式不正确,请重新输入:");
        }
        finally
        {   m++; }
     }
     Console.WriteLine("您总共输入了{0}次,其中正确输入{1}次", m, n);
     Console.WriteLine("数组之和为{0},平均值为{1}", sum, sum / n);
     Console.ReadLine();
    }
  }
}
```

② 运行程序，分别输入正确和错误的数据，查看并分析结果。

(3) 用 try-catch-finally 结构进行异常处理：不论 try 块内是否引发异常，相应的 finally 语句块都被执行。

① 创建一个控制台应用程序 Contest0703，输入如下代码：

```
using System;
namespace  Contest0703
{
    class Program
    {
       static void Main(string[] args)
       {
          int[] array = new int[2];
          for (int i = -1; i < array.Length; i++)
          {
             try
             {  array[i] = i;
                Console.WriteLine("没有引发异常");
             }
             catch
             {  Console.WriteLine("引发了异常");
             }
             finally
             {  Console.WriteLine("运行 finally 语句块");
             }
          }
          Console.ReadLine();
       }
    }
}
```

② 运行程序，分别输入正确和错误的数据，查看并分析结果。

(4) 设计题：编写两个整数相除的程序，要求实现对除数为 0 时进行异常处理。

4. 实验报告总结

(1) 异常处理在实际编程中的作用。

(2) try-catch-finally 结构各部分的功能。

实验 8　界面设计

1. 实验目的

(1) 掌握界面设计过程中菜单、工具栏与状态栏的使用方法。

(2) 掌握对话框和 RichTextBox 控件的使用方法。

(3) 掌握界面布局的步骤和技术。

(4) 了解多窗体程序设计的方法。

2. 实验预习与准备

预习主教材第10章。

(1) 菜单、工具栏与状态栏。

(2) 对话框和RichTextBox控件。

(3) 界面布局和多窗体程序设计。

(4) 多文档界面程序设计。

3. 实验内容及步骤

(1) 设置窗体颜色：实现改变窗体颜色的功能。运行程序，此时显示的窗体的颜色如图16.14所示，单击“改变窗体颜色”按钮，此时效果如图16.15所示，此时窗体颜色发生了变化。

图16.14　窗体起始颜色

图16.15　窗体颜色改变

具体步骤如下：

① 创建一个Windows应用程序，项目名称为“Wtest0801”，窗体默认为Form1。

② 设置窗体的BackColor属性值为Info。

③ 在窗体中添加Button控件，Name属性设置为btnColor，Text属性设置为“改变窗体颜色”。

④ 在btnColor按钮的单击事件中编写以下代码：

```
private void btnColor_Click(object sender, EventArgs e)
 {   this.BackColor = Color.Blue;                    //设置窗体颜色
 }
```

⑤ 运行程序后单击按钮，观察结果。

(2) 设计显示在最前端的窗体。在Windows应用程序中，多窗体程序可以同时打开几个窗体，可以设计某个窗体总是位于其他窗体的最前面。实例运行效果如图16.16所示。

图16.16　最前端显示窗体

具体步骤如下：

① 新建一个Windows应用程序，项目名称为“Wtest0802”。在默认窗体Form1中添加Button(按钮)控件，修改其Text属性值为“打开另一窗体”，Name属性值为btnOpen。

② 在项目中添加一个新的窗体，默认名称为 Form2。

③ 设置 Form1 窗体的 TopMost 属性值为 True。

④ 在 btnOpen 按钮的单击事件(Click)中编程。

⑤ 双击“打开另一窗体”菜单项，打开代码视图，在菜单项的 Click 事件处理程序中添加如下代码：

```
private void button1_Click(object sender, EventArgs e)
{   Form2 frm = new Form2();                    //实例化窗体 Form2
    frm.Show();                                 //显示窗体
}
```

⑥ 运行程序，单击“打开另一窗体”按钮，查看效果图。

(3) 通用对话框：设计一个应用程序来展示多种通用对话框。

说明：使用 MenuStrip 控件设置操作命令，使用 TextBox 控件显示相关信息，使用 OpenFileDialog 控件显示“打开”对话框并用默认软件打开选定的文件。程序设计界面如图 16.17 所示。

具体步骤如下：

① 设计界面。新建一个 C# 的 Windows 应用程序，项目名称设置为“Wtest0803”，分别向窗体中添加 1 个下拉式菜单、1 个文本框和 1 个打开文件对话框，并按照图 16.17 所示设置菜单内容、文本框位置及窗体尺寸。

② 设置属性。窗体和各个控件的属性设置如表 16.10 所示。

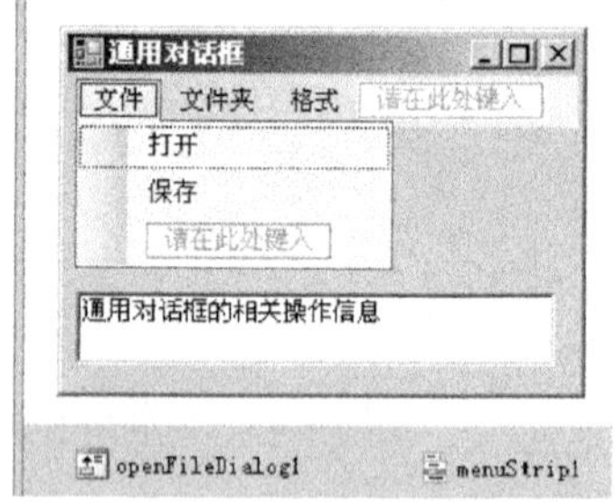

图 16.17　通用对话框

表 16.10　对象的属性设置

对　　象	属　性　名	属　性　值
Form1	Text	通用对话框
textBox1	Name	txtInfo
	Multiline	True
	Text	通用对话框的相关操作信息
openFileDialog1	FileName	文件名
	Filter	Office 文件(*.doc;*.xls;*.ppt)|*.doc;*.xls;*.ppt|图片文件(*.gif;*.jpg)|*.gif;*.jpg|所有文件(*.*)|*.*

③ 编写代码。双击“打开”菜单项，打开代码视图，在菜单项的 Click 事件处理程序中添加如下代码：

```
private void 打开ToolStripMenuItem_Click(object sender, EventArgs e)
{
    if (openFileDialog1.ShowDialog() == DialogResult.OK)
    {
        string info = openFileDialog1.FileName;
        //调用默认软件打开选定的文件
        System.Diagnostics.Process.Start(info);
```

```
        txtInfo.Text = info;
    }
}
```

④ 运行程序。选择“打开”命令查看效果。

(4) MenuStrip 控件和 RichTextBox 控件的使用：设计一个记事本程序，可以打开、编辑和保存文件，也可以修改字体和颜色。

说明：使用 MenuStrip 控件和多种通用对话框设置和实现操作命令，使用 RichTextBox 控件显示和编辑文件内容。程序运行界面如图 16.18 所示。

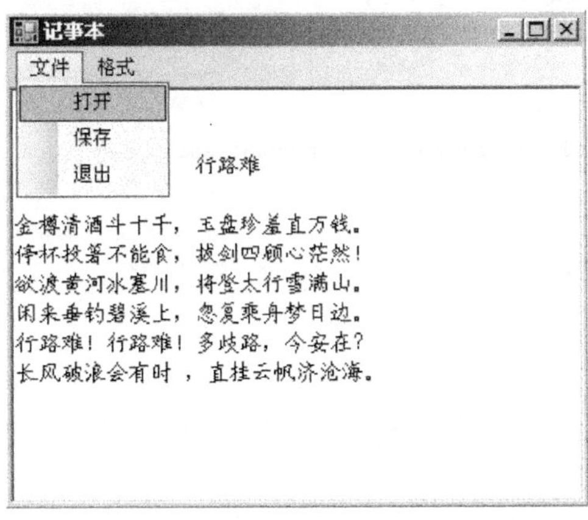

图 16.18　记事本界面设计

具体步骤如下：

① 设计界面。新建一个 C# 的 Windows 应用程序，项目名称设置为“Wtest0804”，分别向窗体中添加 1 个下拉式菜单、1 个多格式文本框、1 个打开文件对话框、1 个保存文件对话框、1 个字体对话框和 1 个颜色对话框，并按照图 16.18 所示设置菜单内容和窗体尺寸。

② 设置属性。窗体和各个控件的属性设置如表 16.11 所示。

表 16.11　对象的属性设置

对　　象	属　性　名	属　性　值
Form1	Text	记事本
menuStrip1	Items	添加菜单项“文件{打开,保存,退出}”和“格式{字体,颜色}”
richTextBox1	Name	rtfMyNP
	Dock	Fill
	Text	操作对话框的相关信息
openFileDialog1 saveFileDialog1	Filter	文本文档(*.txt)|*.txt|RTF 文档(*.rtf)|*.rtf|RTF 和文本文档|*.rtf;*.txt

③ 编写代码。在 Form1 类中声明三个成员变量来存储文件路径、名称和扩展名，代码如下：

```
string fileName = "", shortName = "",fileExt = "";
```

依次双击各个菜单项，切换到代码视图，在菜单项的 Click 事件处理程序中添加如下代码：

```
private void 打开 ToolStripMenuItem_Click(object sender, EventArgs e)
{
    if(openFileDialog1.ShowDialog() == DialogResult.OK)
    {
        fileName = openFileDialog1.FileName;
        int i = fileName.LastIndexOf('\\');          //路径中最后一个"\"的索引
        shortName = fileName.Substring(i + 1);  //获取路径中的文件名
        this.Text = "记事本——" + shortName;
        //获取文件的扩展名(转换为大写)
        fileExt = System.IO.Path.GetExtension(shortName).
          ToUpper();
        if(fileExt == ".RTF")                        //打开 RichText 格式的文档
          rtfMyNP.LoadFile(fileName,RichTextBoxStreamType.
             RichText);
        else                                         //打开纯文本格式的文档
          rtfMyNP.LoadFile(fileName,RichTextBoxStreamType.
             PlainText);
    }
}
private void 保存 ToolStripMenuItem_Click(object sender, EventArgs e)
{
    if(saveFileDialog1.ShowDialog() == DialogResult.OK)
    {
        fileName = saveFileDialog1.FileName;
        int i = fileName.LastIndexOf('\\');
        shortName = fileName.Substring(i + 1);
        this.Text = "记事本——" + shortName;
        fileExt = System.IO.Path.GetExtension(shortName).
           ToUpper();
        if(fileExt == ".RTF")
           rtfMyNP.SaveFile(fileName, RichTextBoxStreamType.
              RichText);
        else
           rtfMyNP.SaveFile(fileName, RichTextBoxStreamType.
              PlainText);
     }
}
private void 退出 ToolStripMenuItem_Click(object sender, EventArgs e)
{     this.Close(); }
private void 字体 ToolStripMenuItem_Click(object sender, EventArgs e)
{ fontDialog1.Font = rtfMyNP.SelectionFont;
     if(fontDialog1.ShowDialog() == DialogResult.OK)
        rtfMyNP.SelectionFont = fontDialog1.Font;
}
private void 颜色 ToolStripMenuItem_Click(object sender, EventArgs e)
{     colorDialog1.Color = rtfMyNP.SelectionColor;
      if(colorDialog1.ShowDialog() == DialogResult.OK)
        rtfMyNP.SelectionColor = colorDialog1.Color;
}
```

④ 运行程序。分别选择“打开”、“保存”、“字体”、“颜色”等命令，为选定文字设置格式，查看效果。

4. 实验报告总结

(1) 窗体属性和功能的设置步骤。
(2) 在窗体中设置菜单、工具栏与状态栏的步骤。

实验 9　键盘和鼠标操作

1. 实验目的

(1) 掌握如何设置窗体与控件的焦点。
(2) 掌握常用键盘事件的使用方法。
(3) 掌握常用鼠标事件的使用方法。

2. 实验预习与准备

预习主教材第 11 章。
(1) 窗体与控件的焦点处理。
(2) 鼠标和键盘的常用操作。

3. 实验内容及步骤

(1) 键盘的常用操作：设计一个查询字符的 ASCII 码的程序，程序启动后提示使用方法，用户按下某个键后显示该键字符及对应的 ASCII 码，双击窗体可以清除查询结果。

说明：利用窗体对象的 KeyPress 事件获取按键字符，利用 Label 控件显示按键字符及其 ASCII 码。程序运行界面如图 16.19 所示。

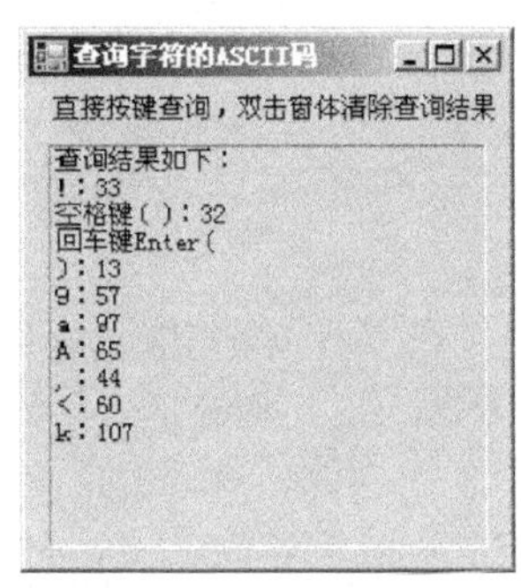

图 16.19　KeyPress 事件的使用

具体步骤如下：

① 设计界面。新建一个 C# 的 Windows 应用程序，项目名称设置为“Wtest0901”，分别向窗体中添加 2 个标签，并按照图 16.19 所示调整控件位置和窗体尺寸。

② 设置属性。窗体和各个控件的属性设置如表 16.12 所示。

表 16.12　对象的属性设置

对　　象	属 性 名	属 性 值
Form1	Text	查询字符的 ASCII 码
label1	Name	lblTip
	Text	直接按键查询，双击窗体清除查询结果
label2	Name	lblInfo
	AutoSize	false
	BorderStyle	Fixed3D
	Text	查询结果如下：

③ 编写代码。分别为窗体添加 KeyPress 和 DoubleClick 事件处理程序，代码如下：

```
private void Form1_KeyPress(object sender, KeyPressEventArgs e)
{
    switch (e.KeyChar)
    {
        case (char)Keys.Enter:
                lblInfo.Text += "\n" + "回车键 Enter(" + e.KeyChar
                    + "): " + (int)Keys.Enter;
                break;
        case (char)Keys.Back:
                lblInfo.Text += "\n" + "退格键 BackSpace(" + e.KeyChar
                    + "): " + (int)Keys.Back;
                break;
        case (char)Keys.Tab:
                lblInfo.Text += "\n" + "Tab 键(" + e.KeyChar + "): "
                    + (int)Keys.Tab;
                break;
        case (char)Keys.Escape:
                lblInfo.Text += "\n" + "Esc 键(" + e.KeyChar + "): "
                    + (int)Keys.Escape;
                break;
        case (char)Keys.Space:
                lblInfo.Text += "\n" + "空格键(" + e.KeyChar + "): "
                    + (int)Keys.Space;
                break;
        default:
                lblInfo.Text += "\n" + e.KeyChar + ": " + (int)e.KeyChar;
                break;
    }
}
private void Form1_DoubleClick(object sender, EventArgs e)
{   blInfo.Text = "查询结果如下: ";
}
```

④ 运行程序。单击"启动调试"按钮或按 F5 键运行程序，按照提示进行操作来查看效果。

(2) KeyDown、KeyPress 和 KeyUp 事件的使用：设计一个对字符加密的程序，程序启动后提示使用方法，可以显示原始字符和加密字符。

说明：利用 TextBox 对象的 KeyDown、KeyPress 和 KeyUp 事件获取按键，利用只读的 TextBox 控件显示加密后的字符序列，利用显示数值的 NumericUpDown 控件设置加密规则。程序运行界面如图 16.20 所示。

具体步骤如下：

① 设计界面。新建一个 C# 的 Windows 应用程序，项目名称设置为"Wtest0902"，分别向窗体中添加 5 个标签、2 个文本框和 1 个数字微调框，并按照图 16.20 所示调整控件位置和窗体尺寸。

② 设置属性。窗体和各个控件的属性设置如表 16.13 所示。

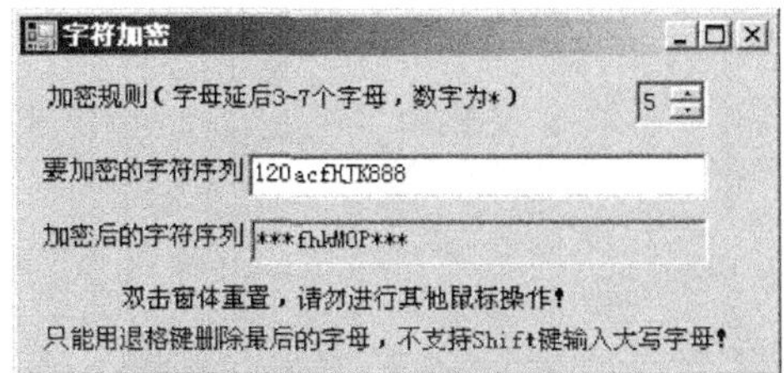

图 16.20　字符加密

表 16.13　对象的属性设置

对　　象	属　性　名	属　性　值
Form1	Text	字符加密
label1	Text	加密规则(字母延后 3～7 个字母,数字为 *)
label2	Text	要加密的字符序列
label3	Text	加密后的字符序列
label4	Text	双击窗体重置,请勿进行其他鼠标操作!
label5	Text	只能用退格键删除最后的字母,不支持 Shift 键输入大写字母!
textBox1	Name	txtOriginal
textBox2	Name	txtEncrypted
	ReadOnly	true
numericUpDown1	Name	nudRule
	Maximum	7
	Minimum	3
	ReadOnly	true
	Value	5

③ 编写代码。首先在 Form1 中声明相关成员变量,代码如下:

```
//加密规则、加密文本的长度、按键之前的原始文本
int rule = 5,len = 0;string txt = "";
```

其次,为数字微调框 nudRule 添加 ValueChanged 事件处理程序,代码如下:

```
private void nudRule_ValueChanged(object sender, EventArgs e)
{   rule = (int)nudRule.Value;
    txtEncrypted.Clear(); txtOriginal.Clear();
}
```

然后,分别为文本框 txtOriginal 添加 KeyDown、KeyPress 和 KeyUp 事件处理程序,代码如下:

```
private void txtOriginal_KeyDown(object sender, KeyEventArgs e)
{
    txt = txtOriginal.Text;
    len = txtEncrypted.Text.Length;
    iSf (e.KeyCode != Keys.Back)
    {
        if (e.Control && e.KeyCode == Keys.V)
```

```
            {   MessageBox.Show("不允许粘贴!", "警告");
                txtOriginal.Text = txt;
            }
        if (e.Control && e.KeyCode == Keys.X)
        {   MessageBox.Show("不允许剪切1", "警告");
            txtOriginal.Text = txt;
        }
    }
    else
    {
        if (len == 0)
            MessageBox.Show("已无字母可删除!", "提示");
        else
            txtEncrypted.Text = txtEncrypted.Text.Remove(len - 1);
    }
 }
private void txtOriginal_KeyPress(object sender, KeyPressEventArgs e)
 {  int si = (int)e.KeyChar;
    //ASCII码说明: A～Z[65～90],a～z[97～122]
    //大写字母
    if (si >= 65 && si <= 90 - rule)
      txtEncrypted.Text += (Char)(si + rule);
    else if (si > 90 - rule && si <= 90)
      txtEncrypted.Text += (Char)(64 + rule - 90 + si);
    //小写字母
   else if (si >= 97 && si <= 122 - rule)
     txtEncrypted.Text += (Char)(si + rule);
    else if (si > 122 - rule && si <= 122)
     txtEncrypted.Text += (Char)(96 + rule - 122 + si);
   //数字
   else if (si >= 48 && si <= 57)
     txtEncrypted.Text += "*";
}
private void txtOriginal_KeyUp(object sender, KeyEventArgs e)
{
   int i = e.KeyValue;
   //键盘码说明: A～Z[65～90]
   if (e.KeyCode != Keys.Back)
   {
      if(i < 65 || i > 90)
      {  txtOriginal.Text = txt;
         txtOriginal.SelectionStart = len;
      }
      if(( i >= 48 && i <= 57) &&(i < 65 || i > 90))
      {  txtOriginal.Text = txt + (char)i;
         txtOriginal.SelectionStart = len + 1;
      }
    }
}
```

最后，为窗体添加 DoubleClick 事件处理程序，代码如下：

```
private void Form1_DoubleClick(object sender, EventArgs e)
{   nudRule.Value = 5;
    txtEncrypted.Clear();
    txtOriginal.Clear();
}
```

④ 运行程序。按照提示进行操作来查看效果。

(3) 测试鼠标状态：设计一个测试鼠标移动与悬停和进出控件范围的程序，可以显示鼠标的当前位置。

说明：利用 Label 对象的 MouseEnter 和 MouseLeave 事件以及窗体的 MouseMove 和 MouseHover 事件。程序运行界面如图 16.21 所示。

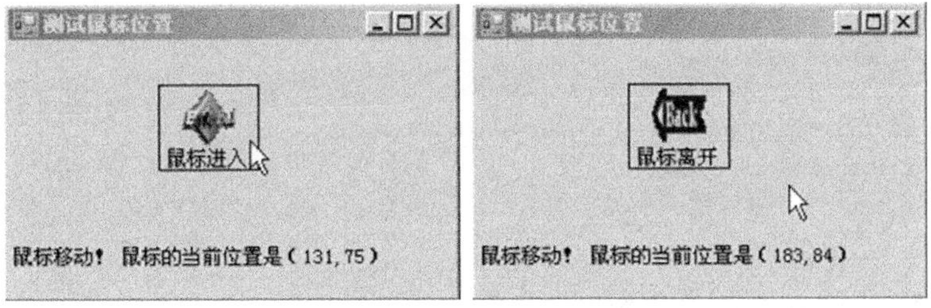

图 16.21 测试鼠标状态

具体步骤如下：

① 设计界面。新建一个 C#的 Windows 应用程序，项目名称设置为"Wtest0903"，分别向窗体中添加 3 个标签和 1 个图像列表，并按照图 16.21 所示调整标签位置和窗体尺寸。

② 设置属性。窗体和各个控件的属性设置如表 16.14 所示。

表 16.14 对象的属性设置

对象	属性名	属性值
Form1	Text	测试鼠标位置
imageList1	Images	添加两幅对比鲜明的图片
label1	Name	lblInOut
	BorderStyle	FixedSingle
	ImageAlign	TopCenter
	ImageIndex	0
	ImageList	imageList1
	Text	鼠标离开
	TextAlign	BottomCenter
label2	Name	lblStop
	Text	鼠标悬停?
label3	Name	lblPosition
	Text	鼠标的当前位置

③ 编写代码。首先，为 Form1 窗体添加 MouseMove 和 MouseHover 事件处理程序，代码如下：

```
private void Form1_MouseMove(object sender, MouseEventArgs e)
{
   lblPosition.Text = "鼠标的当前位置是(" + e.X.ToString() + ","
      + e.Y.ToString() + ")";
   lblStop.Text = "鼠标移动!";
}
private void Form1_MouseHover(object sender, EventArgs e)
{     lblStop.Text = "鼠标悬停!";
}
```

然后,为标签 lblInOut 添加 MouseEnter 和 MouseLeave 事件处理程序,代码如下:

```
private void lblInOut_MouseEnter(object sender, EventArgs e)
{  lblInOut.ImageIndex = 1;
   lblInOut.Text = "鼠标进入";
}
private void lblInOut_MouseLeave(object sender, EventArgs e)
{  lblInOut.ImageIndex = 0;
   lblInOut.Text = "鼠标离开";
}
```

④ 运行程序。操作鼠标查看效果。

4. 实验报告总结

(1) 键盘事件的功能与特点。
(2) 鼠标事件的功能与特点。
(3) 键盘和鼠标操作如何控制焦点位置。

实验 10 访问数据库

1. 实验目的

(1) 掌握数据库的基本概念和基本操作。
(2) 掌握利用 ADO.NET 访问数据库的方法。
(3) 掌握数据绑定的步骤方法。

2. 实验预习与准备

预习主教材第 12 章。
(1) 数据库的基本概念和基本操作。
(2) ADO.NET 的概念和访问模式。
(3) 利用 ADO.NET 访问数据库的方法。

3. 实验内容及步骤

(1) 使用 Connection 对象访问数据库:创建 Windows 应用程序项目 Wtest1001,连接示例数据库 teaching。具体步骤如下:

① 设计界面。新建一个 C# 的 Windows 应用程序,项目名称设置为“Wtest1001”。

② 在窗体 Form1 上添加一个 Button 控件，设计图 16.22 所示的界面。

③ 双击“连接数据库”按钮，进入源代码编辑窗口，为“连接数据库”按钮的 Click 事件添加如下代码用于连接数据库。为了使用 ADO.NET，一定要添加如下 using 命令：

```
using System.Data.SqlClient;
```

图 16.22　连接数据库界面

具体核心代码如下：

```
using System;
using System.Data.SqlClient;
using System.Collections.Generic;
using System.ComponentModel;
using System.Data;
using System.Drawing;
using System.Linq;
using System.Text;
using System.Windows.Forms;
namespace Wtest1001
{
  public partial class Form1 : Form
  {
    private void button1_Click(object sender, EventArgs e)
    {  //数据库连接字符串
       //采用 Windows 验证方式：本地服务器/数据库名：teaching
        string connString = "Data Source = . ;
          Initial Catalog = teaching;Integrated Security = True";
        //创建 Connection 对象
        SqlConnection connection = new SqlConnection(connString);
        //打开数据库连接
        connection.Open();
        MessageBox.Show("打开数据库连接成功");
        //关闭数据库连接
        connection.Close();
        MessageBox.Show("关闭数据库连接成功");
    }
  }
}
```

④ 运行程序。单击“连接数据库”按钮，出现“打开数据库连接成功”消息框。若单击“确定”按钮，则出现“关闭数据库连接成功”消息框，运行结果如图 16.23 所示。

(2) 使用 Command 对象访问数据库：在项目 Wtest1001 中连接数据库 teaching，并查询数据库中的学生人数。

具体步骤如下：

① 打开项目 Wtest1001，在窗体 Form1 上添加一个 Button 控件，设计图 16.24 所示的界面。

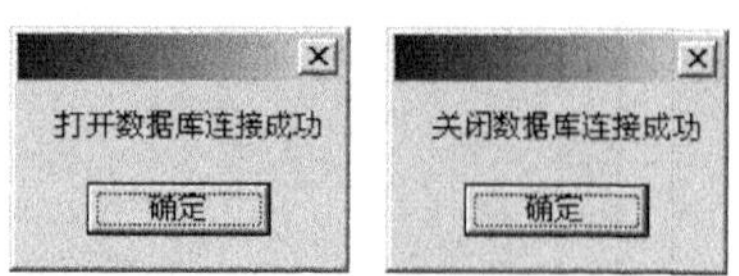

图 16.23 “连接数据库”运行界面

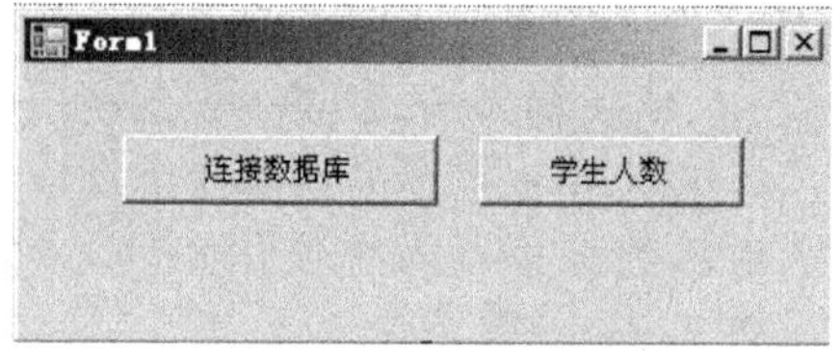

图 16.24 统计学生人数

② 双击“学生人数”按钮,进入源代码编辑窗口,为“学生人数”按钮的 Click 事件添加如下代码,用于查询学生人数。

```
private void button2_Click(object sender, EventArgs e)
{
  string connString = "Data Source= . ;
      Initial Catalog=teaching;Integrated Security=True";
  SqlConnection connection = new SqlConnection(connString);
  string sql = "SELECT COUNT( * ) FROM student"; //SQL 语句
  connection.Open();                              //打开数据库连接
    //创建 Command 对象
  SqlCommand command = new SqlCommand(sql, connection);
  int num = (int)command.ExecuteScalar();        //执行查询语句
  string message = String.Format("共有学生{0}人", num);
  MessageBox.Show(message, "查询结果",
       MessageBoxButtons.OK, MessageBoxIcon.Information);
  connection.Close();
}
```

③ 运行程序后,单击“学生人数”按钮,结果如图 16.25 所示。

(3) 使用 DataReader 对象访问数据库:在项目 Wtest1001 中查询学生的姓名信息。

具体步骤如下:

① 打开项目 Wtest1001,在窗体 Form1 上添加一个 Button 控件和 ListBox 控件。设计界面如图 16.26 所示。

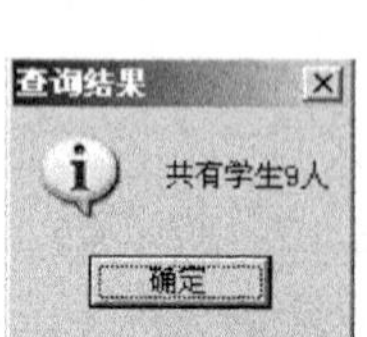

图 16.25 查询运行结果

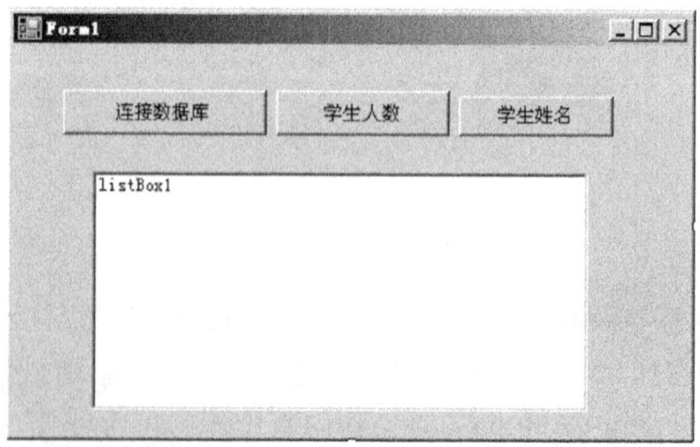

图 16.26 查询学生信息

② 双击“学生姓名”按钮,进入源代码编辑窗口,为“学生姓名”按钮的 Click 事件添加如下代码,用于查询学生的相关信息。

```
private void button3_Click(object sender, EventArgs e)
{
   listBox1.Items.Clear();
   string connString = "Data Source = . ;
       Initial Catalog = teaching;Integrated Security = True";
   SqlConnection connection = new SqlConnection(connString);
   string sql = "SELECT sname FROM student ";
   SqlCommand command = new SqlCommand(sql, connection);
   connection.Open();
   //调用 Command 对象的 ExecuteReader() 创建 DataReader 对象
   SqlDataReader dataReader = command.ExecuteReader();
   //循环读出所有学生的姓名,并添加到列表框中
   while (dataReader.Read())
   {
     string sname = dataReader["sname"].ToString();
     listBox1.Items.Add(sname);
   }
   dataReader.Close();
}
```

③ 运行程序后,单击“学生姓名”按钮,结果如图 16.27 所示。

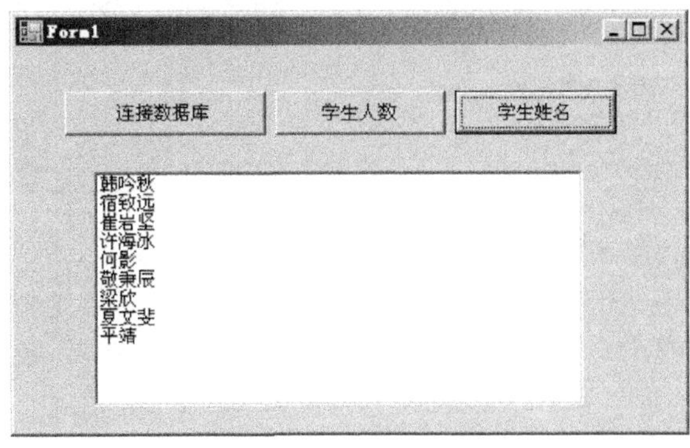

图 16.27　查询运行结果

(4) 使用 DataGridView 控件:使用 DataGridView 进行界面设计,设计一个可以显示和更新数据库中学生基本信息的程序。

说明:SQL Server 数据库 teaching 的 student 表中有 studentno、sname、sex、phone、E-mail 等列在 DataGridView 的列标题中以中文显示。

具体步骤如下:

① 设计界面。新建一个 C# 的 Windows 应用程序,项目名称设置为“Wtest1002”。在解决方案资源管理器中修改 Form1.cs 的名为 DataSetFrm.cs 的窗体。为了使用 ADO.NET,一定要添加如下 using 命令:

```
using System.Data.SqlClient;
```

② 在窗体 DataSetFrm 中添加 1 个 DataGridView 控件和 2 个 Button 控件。单击在 DataGridView 控件右上角出现的三角形按钮,将打开“DataGridView 任务”面板,用于编辑

数据源和 DataGridView 样式。设计界面如图 16.28 所示。

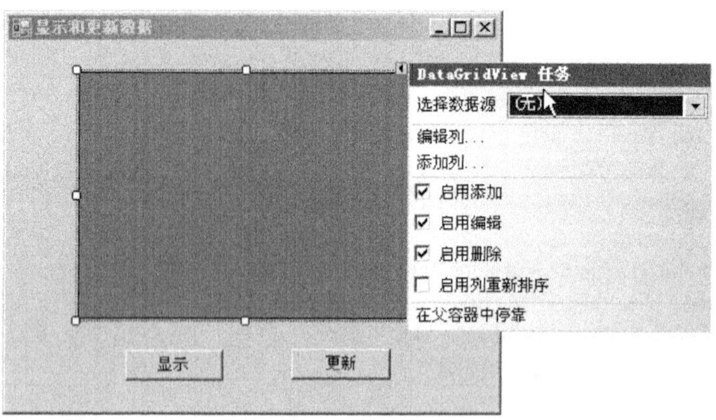

图 16.28　查询运行结果

③ 在"选择数据源"下拉列表中选择"添加项目数据源"，弹出如图 16.29 所示的"数据源配置向导"对话框，选择"数据库"项，也可以选择"服务"或"对象"。单击"下一步"按钮，在"选择您的数据连接"向导中，单击"新建连接"按钮，配置连接如图 16.30 所示。

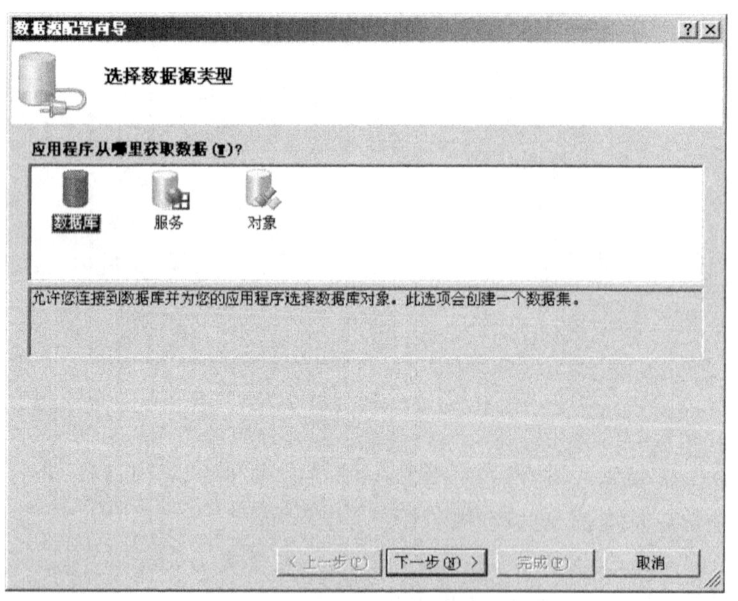

图 16.29　选择数据源

④ 单击"测试连接"按钮，可以测试连接是否配置成功。单击"确定"按钮，出现如图 16.31 所示的对话框。单击"下一步"按钮，出现"选择数据库对象"对话框，如图 16.32 所示。选择 teaching 数据库中的 student 表。

⑤ 再次打开"DataGridView 任务"面板中的"编辑列"链接，依次选择 studentno、sname、sex、phone 和 E-mail 等列，如图 16.33 所示。在"绑定列属性"选项中修改 HeaderText 属性为"学号"，并按同样的方式修改其他属性。

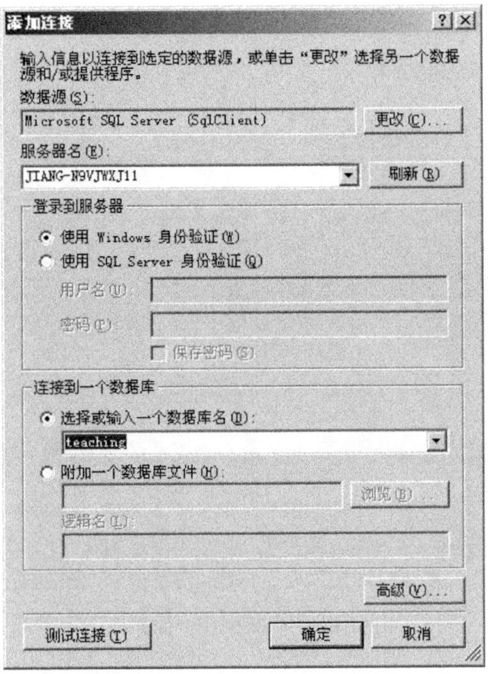

图 16.30　添加连接

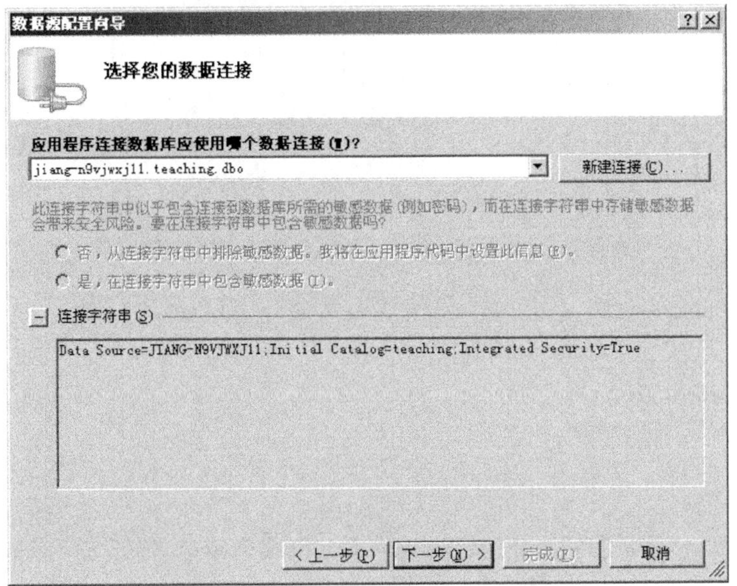

图 16.31　选择数据连接

⑥ 在源代码编辑窗体中为类 DataSetFrm 输入以下代码：

```
public partial class DataSetFrm : Form
{
    SqlDataAdapter dataAdapter;
```

数据源配置向导

选择数据库对象

您希望数据集中包含哪些数据库对象(W)?

表
class
course
score
student
teach_class
teacher
视图
存储过程
函数

DataSet 名称(D):
teachingDataSet

<上一步(P) 下一步(N)> 完成(F) 取消

图 16.32 选择数据库对象

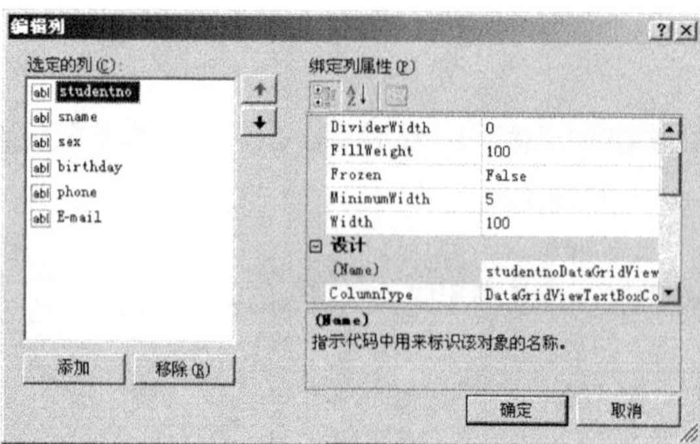

图 16.33 编辑列

```
    DataSet dataSet;
    public DataSetFrm()
    {   InitializeComponent();
    }
}
```

然后分别双击“显示”和“更新”按钮，进入源代码编辑窗口，输入如下代码：

```
private void button1_Click(object sender, EventArgs e)
{
   string connString = "Data Source = . ;
        Initial Catalog = teaching;Integrated Security = True";
   SqlConnection connection = new SqlConnection(connString);
  string sql = "SELECT studentno,sname,sex,phone,E-mail
       FROM student ";
  SqlDataAdapter dataAdapter =
```

```
        new SqlDataAdapter(sql, connection);
    DataSet dataSet = new DataSet();
    dataAdapter.Fill(dataSet);
    dataGridView1.DataSource = dataSet.Tables[0];
}
private void button2_Click(object sender, EventArgs e)
{ SqlCommandBuilder builder = new SqlCommandBuilder(dataAdapter);
    dataAdapter.Update(dataSet, "student");
    }
```

⑦ 运行程序,单击"显示"按钮,如图 16.34 所示。

显示和更新数据

学号	姓名	性别	电话	Email
0822111208	韩吟秋	男	15878945612	han@163.com...
0823210007	宿致远	男	12545678998	su12@163.co...
0824113307	崔岩坚	男	15556845645	cui@126.com...
0922210009	许海冰	男	13623456778	qwe@163.com...
0922221324	何影	女	13178978999	aaa@sina.co...
0925111109	敬秉辰	男	15678945623	jing@sina.c...
0925121107	梁欣	女	13145678921	bing@126.co...
0935222201	夏文斐	女	15978945645	tang@163.co...
0937221508	平靖	女	12367823453	ping@163.co...

显示　更新

图 16.34　程序运行结果

4. 实验报告总结

(1) 利用 ADO.NET 访问数据库的流程。
(2) 利用 ADO.NET 访问 SQL Server 数据库的步骤。

实验 11　文件操作和 ActiveX 控件

1. 实验目的

(1) 掌握文件的基本概念和管理方法。
(2) 掌握有关文件的基本操作。
(3) 掌握常用 ActiveX 控件的基本操作。

2. 实验预习与准备

预习主教材第 13、14 章。
(1) 文件和流的概念及文件的管理方法。
(2) 文件的基本操作。
(3) 常用 ActiveX 控件的基本操作。

3. 实验内容及步骤

(1) 使用 FileStream 对象传输数据。
说明:使用 FileStream 创建文件流对象 fs 后,先使用 Write 方法将字节数组写入文件,然后使用 ReadByte 方法按字节读取文件内容，并转换为字符型数据输出。

具体代码如下：

① 新建一个 C# 的控制台应用程序，项目名称设置为"Contest1101"。

② 在代码编辑窗口入如下代码：

```
using System;
using System.IO;
namespace Contest1101
{
    class Program
    {
        static void Main(string[] args)
        {
            try
            {   FileStream fs = new FileStream(@"c:\my1.txt",
                    FileMode.OpenOrCreate, FileAccess.ReadWrite);
                byte[] bs = new byte[26];
                for (byte i = 0; i < 26; i++)
                    bs[i] = (byte)(97 + i);
                //将字节数组写入文件
                fs.Write(bs, 0, bs.Length);
                //从文件中读取字节
                fs.Position = 0;
                for (int i = 0; i < fs.Length; i++)
                     Console.Write((char)fs.ReadByte());
                fs.Close();
            }
            catch (Exception ex)
            {   Console.WriteLine(ex.Message);
            }
            Console.ReadLine();
        }
    }
}
```

③ 运行程序，会输出 26 个小写字母，并查看文件 c:\my1.txt 的内容。

(2) 文本文件的读写。

说明：先使用 StreamWriter 创建对象 sw，然后使用 WriteLine 和 Write 方法将字符串写入文件，最后使用 StreamReader 创建对象 sr，并使用 ReadLine 方法将文件内容输出。

① 新建一个 C# 的控制台应用程序，项目名称设置为"Contest1102"。

② 在代码编辑窗口输入如下代码：

```
using System;
using System.IO;
namespace Contest1102
{
    class Program
    {
        static void Main(string[] args)
```

```
    {   string filename = "c:\\MyFile.txt";
        MyTextWriter(filename);
        MyTextReader(filename);
        Console.ReadLine();
    }
    public static void MyTextWriter(string file)
    {   StreamWriter sw = new StreamWriter(file);
        sw.WriteLine("This is a text file");
        sw.Write("The date is :");
        sw.WriteLine(DateTime.Now);
        sw.Close();
    }
    public static void MyTextReader(string file)
    {
        if (!File.Exists(file))
        {   Console.WriteLine("{0} is not exists.",file );
            return ;
        }
        Console .WriteLine("Reading the contents from
            {0}...\n",file );
        StreamReader sr = new StreamReader (file);
        string text;
        while ((text = sr.ReadLine())!= null )
            Console.WriteLine(text);
        sr.Close() ;
    }
  }
}
```

③ 运行程序，并查看文件 c:\MyFile.txt 的内容。

(3) ActiveX 控件的开发：创建 ActiveX 控件，一般需要经过创建项目、设计界面、编写代码和生成控件 4 个步骤。

① 创建“Windows 窗体控件库”类型的项目。

启动 VS 2008，选择“文件”→“新建”→“项目”命令，打开“新建项目”对话框，在对话框中选择“Windows 窗体控件库”模板，然后输入名称和确定位置，如图 16.35 所示。

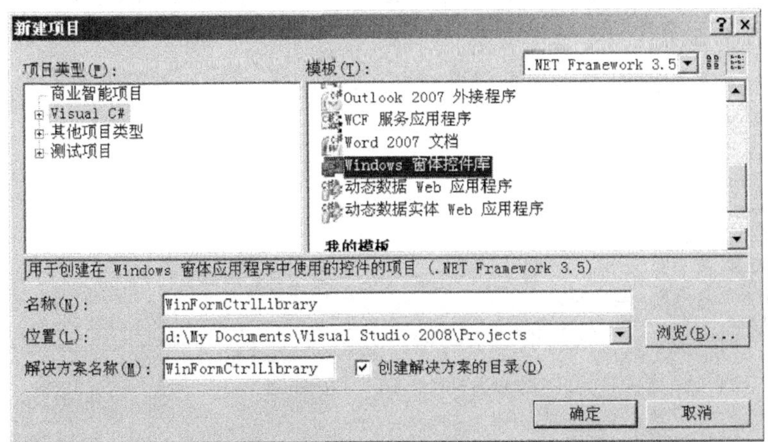

图 16.35　新建 Windows 窗体控件库

单击“确定”按钮，完成项目的创建，同时添加了一个名为 UserControl1.cs 的文件。在“解决方案资源管理器”中右击该文件，从弹出的快捷菜单中选择“重命名”命令将该文件名改为 ctlSystemClock.cs。

② 设计 ActiveX 控件的界面。将一个或多个 Windows 窗体控件或组件添加到 ActiveX 控件视图设计器中，打开 ctlSystemClock 的设计视图，为之添加一个 Label 控件和 Timer 组件，并按照表 16.15 设置相关属性。

表 16.15　对象的属性设置

对　象	属 性 名	属 性 值
label1	Name	lblTime
	Autosize	False
	Dock	Fill
	Font	宋体，12pt
	Text	当前时间
	TextAlign	MiddleCenter
timer1	Name	tmrSystem
	Enabled	True
	Interval	1000

ActiveX 控件的界面设计完成后如图 16.36 所示。

③ 为 ActiveX 控件编写代码。为计时器 tmrSystem 添加 Tick 事件处理程序，使标签 lblTime 显示系统当前时间。

双击 tmrSystem，切换到代码窗口，在 tmrSystem 的 Tick 事件处理程序中添加如下代码：

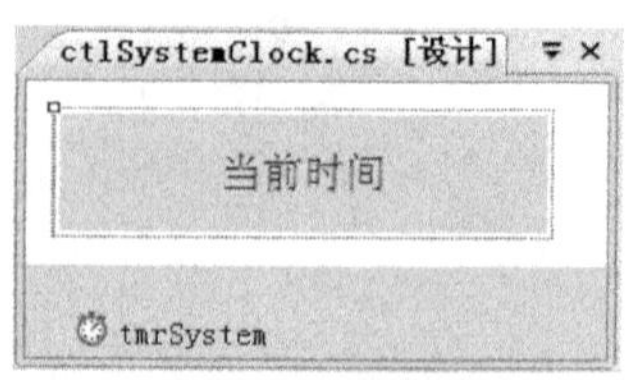

图 16.36　ctlSystemClock 的界面设计

```
private void tmrSystem_Tick(object sender, EventArgs e)
{   lblTime.Text = DateTime.Now.ToLongTimeString();
}
```

再为 ctlSystemClock 控件添加属性，便于用户设置标签 lblTime 的前景色、背景色、背景图像及其布局、边框和字体。

切换到代码窗口，找到语句“public partial class ctlSystemClock : UserControl”，在其下面的“{”后添加如下代码：

```
//声明私有属性变量
private Color clockFC,clockBC;
private BorderStyle clockBS;
private Image clockBImage;
private ImageLayout clockBILayout;
private Font clockfont;
//自定义属性
public Color clockForeColor
{   //前景色
    get{  return clockFC; }
    set{  clockFC = value; lblTime.ForeColor = clockFC; }
}
public Color clockBackColor
{   //背景色
```

```
    get{  return clockBC; }
    set{  clockBC = value; lblTime.BackColor = clockBC; }
}
public Image clockBackgroundImage
{  //背景图像
    get{  return clockBImage; }
    set{  clockBImage = value;
          lblTime.BackgroundImage = clockBImage; }
}
public ImageLayout clockBackgroundImageLayout
{  //背景图像布局
    get{  return clockBILayout; }
    set{  clockBILayout = value;
          lblTime.BackgroundImageLayout = clockBILayout; }
}
public BorderStyle clockBorderStyle
{  //边框
    get{  return clockBS; }
    set{  clockBS = value; lblTime.BorderStyle = clockBS; }
}
public Font clockFont
{  //字体
    get{  return clockfont; }
    set{  clockfont = value; lblTime.Font = clockfont; }
}
```

④ 生成 ActiveX 控件。在 WinFormCtrlLibrary 项目上右击，从弹出的快捷菜单中选择“生成”命令，将生成一个扩展名为.dll 的动态链接库文件，ActiveX 控件就在这个文件中。打开工具箱，可以在工具箱的顶部看到刚才生成的 ActiveX 控件 ctlSystemClock，如图 16.37 所示。

图 16.37 工具箱中的 ctlSystemClock 控件

⑤ 测试 ActiveX 控件。单击工具栏上的“启动调试”按钮或按 F5 键，会生成 ActiveX 控件并打开“用户控件测试容器”对话框，如图 16.38 所示。在该对话框中可以设置 ActiveX 控件的相关属性并预览效果。

图 16.38 ActiveX 控件测试容器

⑥ 使用 ActiveX 控件。为解决方案 WinFormCtrlLibrary 添加一个 C# 的 Windows 窗体应用程序，项目名称设置为“Atest1103”，向窗体中添加 1 个 ctlSystemClock 控件，并按照图 16.39 所示调整控件位置和窗体尺寸。窗体和控件的属性设置如表 16.16 所示。

图 16.39 测试 ActiveX 控件

表 16.16 对象的属性设置

对　　象	属 性 名	属 性 值
Form1	Text	测试 ActiveX 控件
ctlSystemClock1	clockBackgroundImage	指定一幅背景图片
	clockBackgroundImageLayout	Stretch
	clockBorderStyle	Fixed3D
	clockFont	宋体，16
	clockForeColor	Yellow

⑦ 运行程序。在“解决方案资源管理器”中的 Atest1103 项目上右击，从弹出的快捷菜单中选择“设为启动项目”命令，将该项目设置为启动项目。然后单击“启动调试”按钮或按 F5 键运行程序，运行界面如图 16.39 所示。

(4) 参照主教材例 14.2 设计一个 Windows Media Player 播放器。

(5) 参照主教材例 14.3 设计一个 Flash 播放器。

4. 实验报告总结

(1) 读写文件数据的操作方法。

(2) 使用 ActiveX 控件有什么优点？

(3) 设计多媒体播放器应该注意的问题。

实验 12　部署 Windows 应用程序

1. 实验目的

(1) 了解部署 Windows 应用程序的用途。

(2) 掌握发布应用程序的基本操作。

(3) 掌握制作安装程序的基本操作。

2. 实验预习与准备

预习主教材第 15 章。

(1) 发布应用程序的三种方法的步骤。

(2) 制作安装盘的步骤。

3. 实验内容及步骤

设计一个简单的访问 Access 数据库的 Windows 应用程序，然后分别使用 ClickOnce

(三种方式)和 Windows Installer 部署该程序。

具体步骤参考本书第 15 章的上机练习题答案。

4. 实验报告总结

(1) 发布应用程序的三种方法的步骤。

(2) 制作安装盘的步骤。

第3部分

Visual C#.NET程序设计课程设计

本部分提出了指导面向对象编程课程设计的建议，并通过两个典型的案例，按照软件工程的规范与流程详细介绍了在 Visual C#.NET 2008 和 SQL Server 2008 平台上开发应用程序的方法和步骤。

在介绍学生成绩管理系统开发的过程中，从前期的需求分析、数据流图、数据字典、UML 建模、数据库设计、系统实现到各功能模块界面和代码编写都进行了详细的描述。在实现该项目的功能过程中，包括了以下知识点：C#的 Windows 程序设计常用控件的使用方法以及开发技巧、SQL Server 2008 大型数据库中各类数据库对象的创建及使用方法、通过 ADO 访问 SQL Server 数据库的技术等。

通过工业环境保护技术论坛的开发，详细介绍了一个 BBS 论坛的一般开发过程。在本项目实现的功能中，主要涵盖了以下知识点：C#的 Web 程序设计常用控件的使用方法以及开发技巧、SQL Server 2008 数据库中各类数据库对象的创建及使用方法、通过 ADO 访问 SQL Server 数据库的技术等。

第17章 课程设计指导与实践案例

Visual C#.NET几乎集中了所有关于软件开发和软件工程研究的最新成果，如面向对象、类型安全、组件技术、自动内存管理、跨平台异常处理、版本控制和代码安全管理等。使用Visual C#.NET，既能开发出功能强大的Windows应用程序，也能开发Web应用程序。

本课程设计的目标是在前面学习Visual C#.NET基础知识的巩固和提高的基础上，进一步学习Visual C#.NET等软件的编程技巧。

17.1 课程设计指导

.NET程序设计课程设计是计算机类的相关专业学生在完成《面向对象程序设计》课程的学习后进行的程序设计的基础训练。课程设计教学不同于课程的实验，它是与实际的项目开发紧密结合的，设计之前还需要进行必要的行业了解和调查。

1. 编程基本规范

(1) 利用项目对文件进行管理，创建合适的文件夹存储相关文件，并注意在编程过程中对数据和文件的安全管理。

(2) 要求将用到的数据全部存放在数据库中，通过对数据库的操作实现对各项数据的输入、维护、查询和输出等。

(3) 在设计过程中，首先要分析用户需求和模块功能描述，完成整个系统的总体设计和数据库设计。

(4) 窗体、菜单等模块设计，要求加以优化或修饰，使程序更加完善、美观、合理。界面友好，操作方便易行。

(5) 采用清晰、合理的缩进方式书写代码，在代码中适当添加注释。

(6) 注意程序的实用性、安全性，按照软件工程的要求记录设计过程中的情况，为编写设计文档做好准备。

2. 考核形式及评分参考标准

本课程设计考核分为源程序、课程设计报告和答辩(或现场提问)三部分，总成绩计算公式建议如下：

总成绩=源程序成绩×40%+报告成绩×20%+考核成绩×40%

(1) 源程序成绩评分标准:

① 上交源程序压缩文件,并在说明文件中对程序模块功能进行简洁的介绍,以及进入系统的账户和密码。压缩文件名为学号加姓名,如"1217205679 姚思远"(1~5分)。

② 项目、数据库、表、程序模块文件齐全,并存放到合适的文件夹(1~10分)。

③ 程序模块运行达到良好:功能完备、界面友好、代码符合规范要求且注释清楚、可读性强、错误少、无致命缺陷(无法继续运行的情况为致命缺陷)(10~50分)。

④ 程序总体运行良好:功能完备、界面友好(5~20分)。

⑤ 程序功能设计有独创性(0~10分)。

⑥ 积极组织本组同学进行设计,在团队中起骨干作用(0~5分)。

(2) 设计报告评分标准:

① 封面设计符合要求(1~5分)。

② 报告格式符合要求(5~20分)。

③ 功能叙述完备,错别字少,章节段落分布合理,无抄袭或雷同现象(30~60分)。

④ 排版质量高,利用抓图软件对图片处理且效果好(0~15分)。

(3) 答辩(或现场提问)评分标准:

① 操作熟练,回答问题准确无误(90~100分)。

② 操作熟练,部分问题回答较好(80~90分)。

③ 操作比较熟练,基本问题回答准确(75~85分)。

④ 操作比较熟练,基本问题回答较好(70~80分)。

⑤ 操作有错误,基本问题回答较好(60~70分)。

⑥ 系统不能运行,基本问题回答错误多(0~59分)。

3. 课程设计报告的撰写要求

撰写课程设计报告的目的就是将程序设计的内容和过程客观地反映出来。同时,通过自己的努力,练就良好的文字表达能力和问题归纳汇总能力,形成严谨、执著和客观的工作作风,这也是一个科技工作者必须具有的基本素质要求。

课程设计报告的撰写格式和内容按照如下要求进行。

(1) 课程设计报告的撰写格式建议:

① 统一用A4纸打印,封面单面打印,内容排版美观、大方,并装订整齐。

② 打印格式:报告内容标题用四号字、宋体、加粗;正文用五号字、宋体;正文中的小标题加粗。

③ 课程设计报告内容:项目描述,包括问题定义、可行性分析和用户需求分析等;系统描述,本系统实现的主要功能介绍;数据库设计;软件概要设计;模块详细设计描述;主要代码及运行测试的设计;总结与讨论。

(2) 课程设计报告内容要求建议:

① 目录信息:提供二级目录及页码。

② 报告正文:课程设计报告正文内容不得少于3000字(不包括源程序)。

③ 系统的任务和要求:在本部分中详细说明系统的背景、程序设计的任务和要求以及

拟实现的系统功能。

④ 数据库设计：设计并实现一个管理系统，要求用到的数据全部存放到数据库中，通过数据库操作完成各种数据的输入输出。通过数据库需求分析，进行数据库的逻辑设计和物理设计，以及完成了哪些数据库和表的设计。

⑤ 系统设计与模块实现过程描述：按照系统菜单的功能对系统进行功能介绍。在本部分中详细说明系统的设计思想及功能模块划分情况，画出系统的功能模块图和主要数据流图。如在本部分中说明系统各层次模块的设计思路及设计过程。

⑥ 总结与讨论：叙述课程设计中的主要收获，以及在设计过程中碰到的问题及解决情况。

⑦ 附录：能够体现自己小组水平的主要功能模块代码。

17.2 案例1：学生成绩管理系统

学生成绩管理是学校教学与学籍管理的核心组成部分，学生成绩管理系统对于网络时代的每一个较大规模的学校都是必不可少的。开发学生成绩管理系统的目的是为了对学生的基本信息和成绩信息进行统一管理，实现办公、管理自动化和提高学校管理工作的效率。

1. 需求分析

学生成绩管理系统不仅仅是对学生成绩的管理，还涵盖与学生成绩紧密相关的学生信息和课程信息的管理。

(1) 分析需求。从学生成绩管理流程和管理的角度考虑，对系统功能提出以下要求：

① 身份认证。系统只允许合法用户进行登录操作，该系统主要面向两类用户：一类为学生用户；另一类为教务人员用户，包括教师和管理人员。合法用户登录后可以进行系统的主要功能操作。

② 数据管理。数据管理主要是对学生基本信息、课程基本信息、选课信息、院系基本信息、与登录用户相关的用户信息等基础数据进行的管理和维护工作。

③ 选课管理。选课管理主要对学生选修课程进行操作，把学生与选修的课程信息关联。

④ 成绩管理。成绩管理主要是对学生在校期间的学习成绩进行录入、修改和存储。

⑤ 数据查询。数据查询不仅包括课程基本信息、学生基本信息等基础数据的查询，还包括学生成绩查询等。

⑥ Excel 导出。可以将学生信息查询结果、课程信息查询结果、以课程为基础的学生成绩及以学生为基础的课程成绩导出到 Excel 中，供打印输出保存之用。

⑦ 界面设计。系统运行在 Windows 平台上，要有较好的图形用户界面。

⑧ 性能扩充。系统应该有很好的扩展性，在已实现功能的基础上可以扩展其他功能。

(2) 功能分析。根据需求分析，学生成绩管理系统包括系统管理、用户管理、学生信息管理、课程信息管理、学生选课管理、成绩信息管理、院系信息管理和数据查询 8 个部分，系统模块结构图如图 17.1 所示。

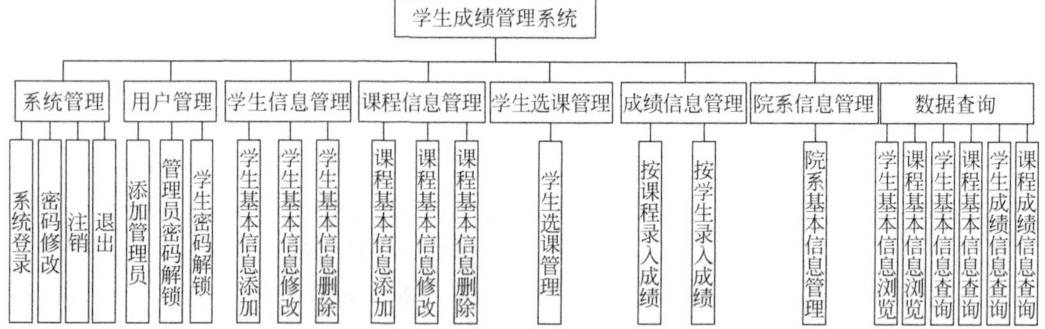

图 17.1　学生成绩管理系统模块结构图

① 系统管理。主要功能包括系统登录、密码修改、注销以及退出等。

- 系统登录。在该页面中输入用户名、密码和用户角色。登录系统时使用系统锁定功能,如果 3 次输入密码不正确,则用户账号自动锁定。
- 密码修改。允许用户修改自己登录系统时的密码。
- 注销。注销后重新登录系统才能使用系统提供的功能。
- 退出。退出学生成绩管理系统。

② 用户管理。主要功能包括添加管理员、管理员密码解锁、学生密码解锁。

- 添加管理员。为管理员用户提供了添加其他管理员的接口,在该页面中除了能够添加新的管理员外,还能查看所有当前的管理员信息。
- 管理员密码解锁。为管理员用户提供了账号解锁功能,如果某个管理员账号被锁定,可由其他管理员给予解锁。
- 学生密码解锁。为学生用户提供了账号解锁功能,如果学生账号被锁定,可由管理员给予解锁。

③ 学生信息管理。主要功能包括学生基本信息添加、学生基本信息修改、学生基本信息删除。

- 学生基本信息添加。自动为学生分配学号,把学生基本信息写入数据库。
- 学生基本信息修改。根据输入的学号修改学生基本信息。
- 学生基本信息删除。根据输入的学号删除学生基本信息。

④ 课程信息管理。主要功能包括课程基本信息添加、课程基本信息修改、课程基本信息删除。

- 课程基本信息添加。把课程基本信息写入数据库。
- 课程基本信息修改。根据输入的课程编码修改课程基本信息。
- 课程基本信息删除。根据输入的课程编码删除课程基本信息。

⑤ 学生选课管理。主要功能是管理学生选课的流程。

- 根据输入的学号信息,查询出学生基本信息、已选修课程门数、选修总学分。
- 显示课程信息表中的所有课程信息,供用户选课之用。
- 当用户选择某门课程时,除了检查该用户是否已经选择过该课程以外,还要检查该课程已选人数是否超过限选人数,超过限选人数则不允许选择该课程。

- 将学生选课信息写入选课信息表中。

⑥ 成绩信息管理。主要功能包括按课程录入学生成绩、按学生录入课程成绩。

- 按课程录入学生成绩。选择课程后，查询出课程基本信息及选修该课程的学生信息，然后录入课程考试成绩。
- 按学生录入成绩。根据选择的学院和学生，查询出学生基本信息及该学生选修的课程信息，然后录入课程考试成绩。

⑦ 院系信息管理。主要功能包括添加新的院系信息、对已存在的院系信息进行更新或者删除。

⑧ 数据查询。主要功能包括学生基本信息浏览、课程基本信息浏览、学生基本信息查询、课程基本信息查询、学生成绩信息查询、课程成绩信息查询。

- 学生基本信息浏览。能够分条浏览到所有学生的基本信息。
- 课程基本信息浏览。能够分条浏览到所有课程的基本信息。
- 学生基本信息查询。能够根据组合条件选择出所有符合条件的学生信息，并提供导出 Excel 打印或存档。
- 课程基本信息查询。能够根据组合条件选择出所有符合条件的课程信息，并提供导出 Excel 打印或存档。
- 学生成绩信息查询。能够根据输入的学号查询出学生基本信息以及选修课程的课程成绩，并提供导出 Excel 打印或存档。
- 课程成绩信息查询。能够根据选择的课程名称查询出课程基本信息以及选修学生的课程成绩，并提供导出 Excel 打印或存档。

(3) 数据流图(Data Flow Diagram，DFD)。教务人员即管理员，能够维护院系信息、学生基本信息、课程基本信息及学生选课信息，并录入学生的选课成绩；学生可以进行个人信息修改、学生信息浏览、课程信息浏览、个人选课成绩查询等。通过以上分析，可绘制第 0 层 DFD 图如图 17.2 所示。

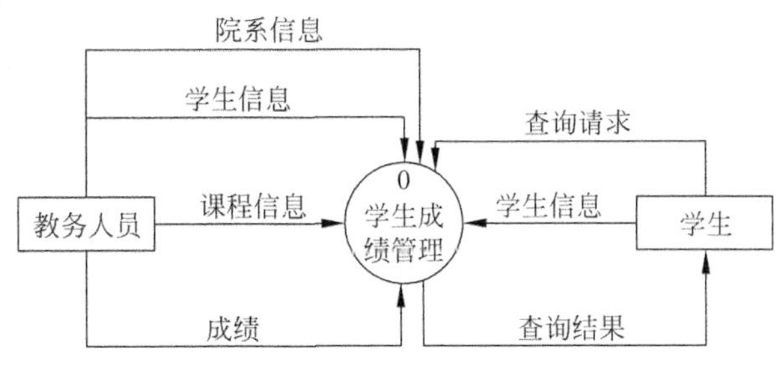

图 17.2　第 0 层 DFD 图

对第 0 层 DFD 图中的一个加工“学生成绩管理”进行展开，可绘制第 1 层 DFD 图如图 17.3 所示。

对第 1 层 DFD 图中的一个加工“录入院系信息”进行展开，可绘制第 2 层 DFD 图如图 17.4 所示。对加工“录入学生信息”进行展开，可绘制第 2 层 DFD 图如图 17.5 所示。

对加工“录入课程信息”进行展开，可绘制第 2 层 DFD 图如图 17.6 所示。对加工“登记学生成绩”进行展开，可绘制第 2 层 DFD 图如图 17.7 所示。对加工“查询学生成绩”进行展开，可绘制第 2 层 DFD 图如图 17.8 所示。

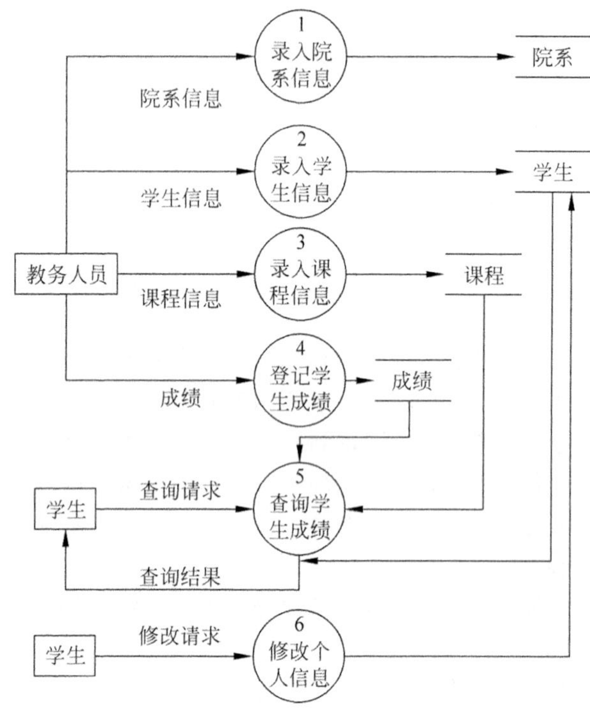

图 17.3　第 1 层 DFD 图——学生成绩管理

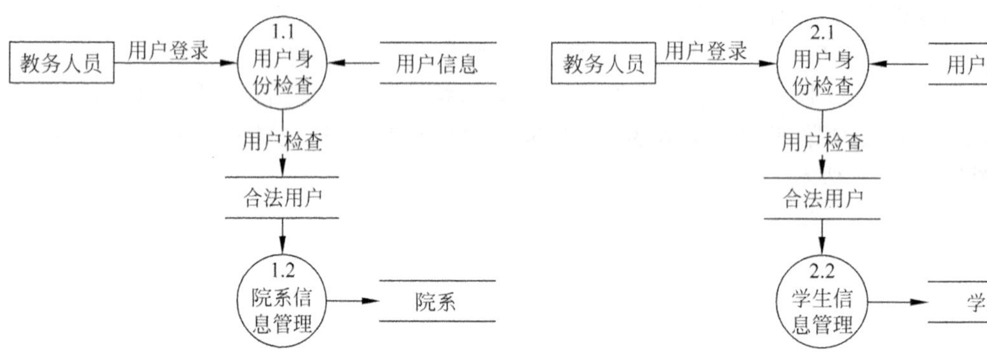

图 17.4　第 2 层 DFD 图——录入院系信息

图 17.5　第 2 层 DFD 图——录入学生信息

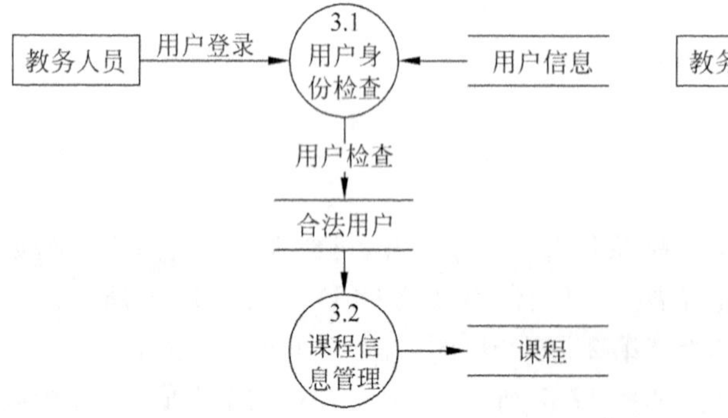

图 17.6　第 2 层 DFD 图——录入课程信息

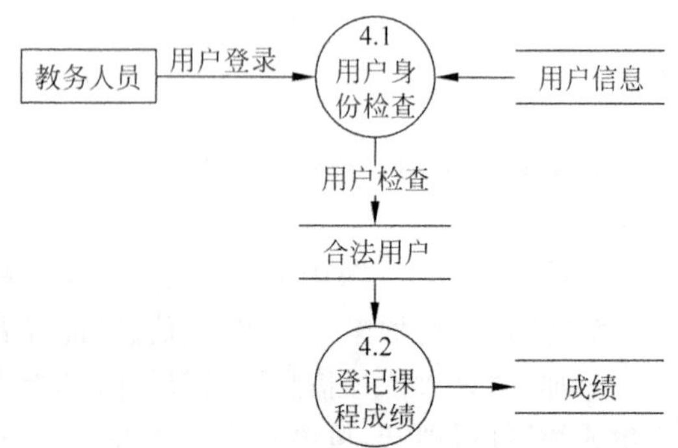

图 17.7　第 2 层 DFD 图——登记学生成绩

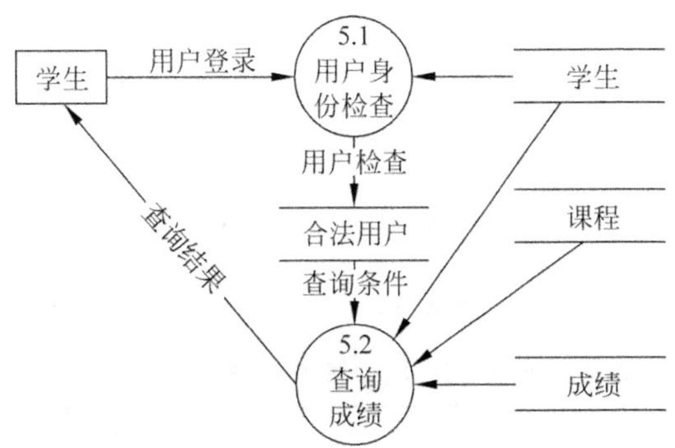

图 17.8 第 2 层 DFD 图——查询学生成绩

(4) 数据字典。数据流图表达了数据和处理的关系，数据字典则是系统中各类数据描述的集合，是进行详细的数据收集和数据分析所获得的主要成果。通过上述数据流图可得到“学生成绩管理系统”的部分数据字典条目。

① 学生成绩管理系统的数据结构如表 17.1～表 17.5 所示。

表 17.1 用户信息数据结构

数据结构名	用户信息
描述	教务人员登录基本信息
组成	用户名＋用户密码＋目前状态
其他说明	在系统功能扩充时可能增加定义项

表 17.2 院系数据结构

数据结构名	院系信息
描述	包括学校院系的主要信息
组成	院系编码＋院系名称＋联系电话＋院系地址＋负责人
其他说明	在系统功能扩充时可能增加定义项

表 17.3 学生数据结构

数据结构名	学生信息
描述	包括学生的主要信息
定义	学号＋姓名＋性别＋出生日期＋政治面貌＋归属院系＋个人简介＋照片
其他说明	在系统功能扩充时可能增加定义项

表 17.4 课程数据结构

数据结构名	课程信息
描述	包括课程的主要信息
定义	课程编码＋课程名称＋学分＋考核方式＋限选人数＋已选人数
其他说明	在系统功能扩充时可能增加定义项

表 17.5 选课数据结构

数据结构名	选 课 信 息
描述	包括学生选修课程的主要信息
定义	学号＋课程编码＋成绩
其他说明	在系统功能扩充时可能增加定义项

② 学生成绩管理系统的数据流如表 17.6 所示。

表 17.6 成绩管理系统数据流

数 据 流 名	数据流来源	数据流去向	组　　成
录入院系信息	教务人员	院系信息表	院系信息
录入学生信息	教务人员	学生信息表	学生信息
录入课程信息	教务人员	课程信息表	课程信息
登记学生成绩	教务人员	学生选课表	成绩信息
查询学生成绩	学生、课程、成绩信息	学生	学生、课程、成绩信息
修改个人信息	学生	学生信息表	学生信息

③ 学生成绩管理系统的数据存储如表 17.7 所示。

表 17.7 成绩管理系统数据存储

数据存储名	输入的数据流	输出的数据流	组　　成
院系信息表	录入院系信息		院系信息
学生信息表	录入学生信息 修改个人信息		学生信息
课程信息表	录入课程信息		课程信息
学生成绩表	登记学生成绩	查询学生成绩	成绩信息

2. UML 系统建模

统一建模语言(Unified Modeling Language，UML)是一种描述、构造、可视化和文档化的软件建模语言，常用于建立软件系统的模型。通过前面的需求分析，可以利用 UML 列出学生成绩管理系统的用例，包括系统管理、用户管理、学生信息管理、课程信息管理、学生选课管理、成绩信息管理、院系信息管理和数据查询等。用例图用来描述系统与参与者之间的相互作用，也可以说是从用户角度出发对如何使用系统的描述。学生成绩管理系统用例分析如图 17.9 所示。

从图 17.9 中可以看出，学生成绩管理系统的角色为教务人员和学生。为了系统的安全，教务人员和学生在进入系统时要核对用户名和密码以及账户目前的状态，只有用户名和密码都正确并且用户状态可用才能进入系统进行相应的操作。

3. 数据库设计

通过前面的需求分析，构造本系统的实体-联系(Entity Relationship，E-R)图，如图 17.10 所示。

由 E-R 图转换为关系模式，可得到以下 4 个数据库表：院系信息表、学生信息表、课程

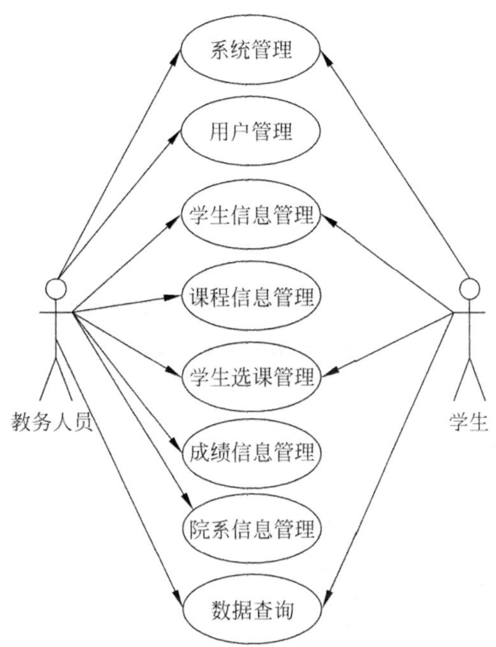

图 17.9 学生成绩管理系统用例图

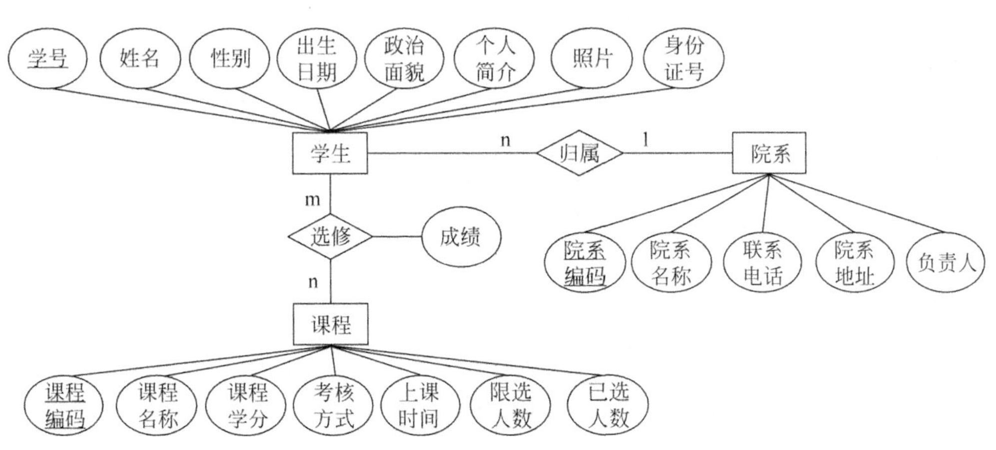

图 17.10 学生成绩管理系统 E-R 图

信息表和选课信息表。另外，由于系统主要由教务人员使用，因此系统还需包含一个用户登录信息表，用来保存用户名和密码。各个数据库表的用途如表 17.8 所示，数据库中各表的结构如表 17.9～表 17.13 所示。

表 17.8 数据库表及其用途

数据表名称	数据表用途
院系信息表	保存院系基本信息
学生基本信息	保存学生基本信息
课程信息表	保存课程基本信息
选课信息表	保存学生选课的课程成绩
用户登录信息表	保存教务人员登录信息

表 17.9　院系信息表

字段名	数据类型	字段说明	字段属性
deptid	varchar(4)	院系编码	主键
deptname	varchar(50)	院系名称	不允许为空且唯一
phone	varchar(12)	联系电话	
deptloc	varchar(50)	院系地址	
deptmanager	varchar(20)	负责人	

表 17.10　学生信息表

字段名	数据类型	字段说明	字段属性
stuid	varchar(10)	学号	主键
stuname	varchar(20)	姓名	不许为空
stubirth	date	出生日期	要求年龄不大于 40 岁
stusex	varchar(2)	性别	只能输入“男”、“女”
stupolitic	varchar(20)	政治面貌	
deptid	varchar(4)	归属院系	参照院系信息表的院系编码取值
sturesume	text	个人简介	
stuphoto	image	照片	
stupcard	varchar(18)	身份证号	
stupwd	varchar(30)	登录密码	为了让学生能够登录系统查询成绩,特设置该字段
mqzt	varchar(1)	若学生用户登录时密码错误 3 次,则锁定用户	默认值为 0 0 没有锁定,1 锁定用户

表 17.11　课程信息表

字段名	数据类型	字段说明	字段属性
courseid	varchar(6)	课程编码	主键
coursename	varchar(50)	课程名称	不许为空,唯一
credit	float	学分	
coursemethod	varchar(20)	考核方式	
coursetime	varchar(50)	上课时间	
stulimit	int	限选人数	
stupreselect	int	已选人数	默认值为 0,并且不能大于 stulimit

表 17.12　学生选课表

字段名	数据类型	字段说明	字段属性
stuid	varchar(10)	学号	参照学生信息表学号字段取值
courseid	varchar(6)	课程编码	参照课程信息表课程编码字段取值
grade	float	成绩	成绩必须介于 0～100 之间
stuid 和 courseid 联合主键			

表 17.13 用户登录信息表

字段名	数据类型	字段说明	字段属性
username	varchar(20)	登录用户名	主键
userpwd	varchar(20)	登录密码	密码不低于 6 位
mqzt	varchar(1)	若登录时密码错误 3 次，则锁定用户	默认值为 0 0 没有锁定，1 锁定用户

本系统后台数据库采用的是 SQL Server 2008，根据系统的功能描述以及系统的详细设计，学生成绩信息管理系统中各种数据信息之间的关系如图 17.11 所示。

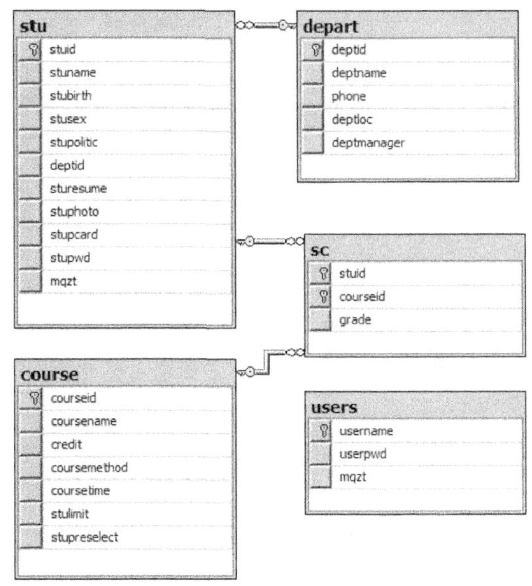

图 17.11 “学生成绩信息管理系统”数据库关系图

4. 系统实现

(1) 数据库通用类的创建。

考虑到整个项目中多个窗体的很多位置都需要涉及数据库的访问操作，所以将数据库操作频繁使用的部分代码抽取出来，组合而成数据库通用类 DbConn，从而避免重复编写相同代码的工作。

常见的数据库访问操作主要有返回连接对象 SqlConnection、更新操作(包括插入数据、修改数据和删除数据)、查询操作(执行 SQL 语句返回 DataSet 或者执行 SQL 语句返回单个值：包括单字段值及聚集函数应用的值)、存储过程的执行操作(返回结果集的存储过程以及使用返回值的存储过程)等。

本程序还提供了以下函数：验证身份证号格式是否正确的函数；为了记录程序执行过程中出现的错误，系统提供了日志功能，把所有程序执行过程中出现的错误信息记录到指定文件夹的文件中的函数。

在 StuInfoManage 项目中进行以下操作：

① 添加一个类，将其中创建的类名 Class1.cs 重命名为 DbConn.cs。

② 在该类中添加如下代码：

```
private SqlConnection con;
//功能：构造函数,在构造函数中完成以下工作
public DbConn()
{
  con = new SqlConnection();
  //获取数据库连接字符串
  con.ConnectionString =
    "server = .;database = student;Integrated Security = true;";
  try
  {   con.Open();
   }
  catch (Exception ex)
  {   //出现错误,则调用写错误文件把相应的错误信息写入指定的文件中
      WriteToLog(ex.Message);
   }
   finally
   {   con.Close();
   }
   }
   //功能：返回数据库连接对象,供其他程序使用该连接对象
   public SqlConnection getConn()
   {   return con;
   }
   //功能：执行一条返回 DataSet 的 SqlCommand 命令
   public DataSet ExecuteDataset(string sql)
   {
     SqlCommand cmd = new SqlCommand(sql, con);
     SqlDataAdapter da = new SqlDataAdapter(cmd);
     DataSet ds = new DataSet();
     da.Fill(ds);
     return ds;
   }
   //功能：数据库增删改操作,调用 Command 对象的 ExecuteNonQuery 方法完成
   public bool dbedit(string sql)
   {
     SqlCommand cmd = new SqlCommand(sql, con);
     int count = 0;
     if (con.State == ConnectionState.Closed)
        con.Open();
     count = cmd.ExecuteNonQuery();
     return true;
   }
   //功能：调用存储过程,并返回存储过程返回值的通用方法
   public int CallProc(string procName, SqlParameter[] cmdparam)
   {
     if (con.State != ConnectionState.Open)
     {   con.Open();
     }
     SqlCommand cmd = new SqlCommand();
```

```
    cmd.Connection = con;
    cmd.CommandText = procName;
    cmd.CommandType = CommandType.StoredProcedure;
    //把 cmdparam 数组中的所有 SqlParameter 加入 Command 对象中
    if (cmdparam != null)
    {
        foreach (SqlParameter param in cmdparam)
            cmd.Parameters.Add(param);
    }
    //为 Command 对象加入返回值参数,通过该返回值决定程序执行内容
    //该函数主要应用在学生和教务人员登录时的验证操作
    cmd.Parameters.Add(new SqlParameter("@ReturnValue",
        SqlDbType.TinyInt));
    cmd.Parameters["@ReturnValue"].Direction =
        ParameterDirection.ReturnValue;
    cmd.ExecuteScalar();
    return Convert.ToByte(cmd.Parameters["@ReturnValue"].Value);
}
//功能: 调用存储过程,并返回存储过程内 Select 语句返回的结果集的通用方法
public DataSet CallProcDS(string procName,
            SqlParameter[] cmdparam)
{
    SqlCommand cmd = new SqlCommand();
    cmd.Connection = con;
    cmd.CommandText = procName;
    cmd.CommandType = CommandType.StoredProcedure;
    if (cmdparam != null)
    {   foreach (SqlParameter param in cmdparam)
            cmd.Parameters.Add(param);
    }
    SqlDataAdapter da = new SqlDataAdapter(cmd);
    DataSet ds = new DataSet();
    da.Fill(ds);
    return ds;
}
//功能: 执行 SQL 语句返回单个值,包括单字段值及聚集函数应用的值
public string getSingleValue(string sql)
{ SqlCommand cmd = new SqlCommand(sql, con);
    string str = "";
    if (con.State == ConnectionState.Closed)
        con.Open();
    str = cmd.ExecuteScalar().ToString();
        return str;
}
//功能: 记录程序运行过程中的错误信息到指定文件夹下的文件中
public void WriteToLog(string neirong)
{ //C#追加文件
    StreamWriter sw =
        File.AppendText("E:\\StuInfoManage\\ErrorLog\\" +
        DateTime.Now.ToString("yyyyMMdd") + ".txt");
    sw.WriteLine(DateTime.Now.ToString());
```

```
    sw.WriteLine(neirong);
    sw.WriteLine("");
    sw.Flush();
    sw.Close();
}
//功能：验证身份证号格式函数
public bool CheckIDCard(string Id)
{
    if (Id.Length == 18)
    {   bool check = CheckIDCard18(Id);
        return check;
    }
    else if (Id.Length == 15)
    {   bool check = CheckIDCard15(Id);
        return check;
    }
    else
    {   return false; }
}
//功能：检查 18 位身份证号是否符合格式
private static bool CheckIDCard18(string Id)
{
    long n = 0;
    if (long.TryParse(Id.Remove(17), out n) ==
        false || n < Math.Pow(10, 16) || long.TryParse(Id.Replace(
        'x','0').Replace('X','0'), out n) == false)
    {   return false;                          //数字验证
    }
    string address = "11x22x35x44x53x12x23x36x45x54x13
        x31x37x46x61x14x32x41x50x62x15x33x42x51x63
        x21x34x43x52x64x65x71x81x82x91";
    if (address.IndexOf(Id.Remove(2)) == -1)
    {   return false;                          //身份验证
    }
    string birth = Id.Substring(6, 8).Insert(6, "-").Insert(4, "-");
    DateTime time = new DateTime();
    if (DateTime.TryParse(birth, out time) == false)
    {   return false;                          //生日验证
    }
    string[] arrVarifyCode = ("1,0,x,9,8,7,6,5,4,3,2").Split(',');
    string[] Wi =
        ("7,9,10,5,8,4,2,1,6,3,7,9,10,5,8,4,2").Split(',');
    char[] Ai = Id.Remove(17).ToCharArray();
    int sum = 0;
    for (int i = 0; i < 17; i++)
    {   sum += int.Parse(Wi[i]) * int.Parse(Ai[i].ToString());
    }
    int y = -1;
    Math.DivRem(sum, 11, out y);
    if (arrVarifyCode[y] != Id.Substring(17, 1).ToLower())
    { return false;                            //校验码验证
```

```
    }
    return true;                           //符合 GB 11643－1999 标准
  }
  //功能：检查 15 位身份证号是否符合格式
  private static bool CheckIDCard15(string Id)
  {
    long n = 0;
    if (long.TryParse(Id, out n) == false || n < Math.Pow(10, 14))
    {  return false;                       //数字验证
    }
   string address = "11x22x35x44x53x12x23x36x45x54x13x31
      x37x46x61x14x32x41x50x62x15x33x42x51x63x21x34x43
      x52x64x65x71x81x82x91";
   if (address.IndexOf(Id.Remove(2)) == -1)
   {  return false;                        //身份验证
   }
   string birth = Id.Substring(6, 6).Insert(4, "-").Insert(2, "-");
   DateTime time = new DateTime();
   if (DateTime.TryParse(birth, out time) == false)
   {  return false;                        //生日验证
   }
   return true;                            //符合 15 位身份证标准
  }
```

(2) 创建系统主界面。

① 主界面设计。在 stuInfoManage 项目中将 Form1.cs 重命名为 MainForm.cs，并参照表 17.14 的说明设置 MainForm 窗体的属性。

表 17.14 MainForm 窗体属性设置表

属性名	设置	属性名	设置
IsMdiContainer	True	StartPosition	CenterScreen
Text	学生成绩管理系统	WindowState	Maximized

② 菜单设计。根据需求，系统需要在主窗体上创建一个菜单系统来引导用户的操作。首先从工具箱中拖放 MenuStrip 到主界面上，菜单系统中的各级菜单显示字符以及命名如表 17.15 所示。

表 17.15 菜单系统设置表

主菜单	子菜单	命名
系统管理		SystemManageMenuItem
	系统登录	LoginInMenuItem
	密码修改	ChangePassMenuItem
	注销	LoginOutMenuItem
	退出	ExitMenuItem
用户管理		UserManageMenuItem
	添加教务人员	AddAdminMenuItem
	教务人员密码解锁	PassAdminMenuItem
	学生密码解锁	PassStuMenuItem

续表

主　菜　单	子　菜　单	命　　名
学生信息管理		StuInfoMenuItem
	学生基本信息添加	StuBasicInfoInsertMenuItem
	学生基本信息修改	StuBasicInfoUpdateMenuItem
	学生基本信息删除	StuBasicInfoDeleteMenuItem
课程信息管理		CourseInfoMenuItem
	课程基本信息添加	CourseBasicInfoInsertMenuItem
	课程基本信息修改	CourseBasicInfoUpdateMenuItem
	课程基本信息删除	CourseBasicInfoDeleteMenuItem
学生选课管理		StuSelectCourseMenuItem
	学生选课管理	ScMenuItem
成绩信息管理		GradeInfoManageMenuItem
	按课程录入成绩	CourseGradeMenuItem
	按学生录入成绩	StuGradeMenuItem
院系信息管理		DepartManageMenuItem
	院系基本信息管理	DepartMenuItem
数据查询		DataQueryMenuItem
	学生基本信息浏览	StuBasicInfoQueryMenuItem
	课程基本信息浏览	CourseBasicInfoQueryMenuItem
	学生基本信息查询	StuBasicQueryMenuItem
	课程基本信息查询	CourseBasicQueryMenuItem
	学生成绩信息查询	StuGradeInfoQueryMenuItem
	课程成绩信息查询	CourseGradeQueryMenuItem

③ 状态条设计。为了使主界面显示美观，系统在主窗体上创建一个状态条。为了使状态条中间的时间可变化，还需要加入 Timer 控件，首先从工具箱中拖放 StatusStrip 和 Timer 到主界面上，在 StatusStrip 属性窗口的 Items 中添加三条 StatusLabel，并做表 17.16 所示的属性说明。

表 17.16　StatusStrip 属性设置表

属　性　名	功　　能	设　　置
DesStripStatus	状态条最左侧的文本	欢迎使用学生成绩管理系统
TimeStripStatus	状态条中间可变化的时间	
OperatorStripStatus	状态条右侧登录用户信息	

在 Timer 控件的 Tick 方法中加入如下代码：

```
this.TimeStripStatus.Text =     "系统当前时间：" +
    DateTime.Now.ToString("yyyy - MM - dd hh:mm:ss");
```

④ 系统菜单功能初始状态的设定。由于该系统需要合法用户登录成功后才能操作相应的系统主要功能，因此系统的主要功能的初始状态是不可用的。此外，当系统登录成功后，需要打开系统主要功能锁定。为了实现该功能以及方便以后操作，首先在 MainForm 类中添加以下三个私有方法：

```
//将系统主要功能调用的菜单锁定的方法
private void MenuStatusOFF()
{
  LoginInMenuItem.Enabled = true;
  ChangePassMenuItem.Enabled = false;
  LoginOutMenuItem.Enabled = false;
  UserManageMenuItem.Enabled = false;
  StuInfoMenuItem.Enabled = false;
  CourseInfoMenuItem.Enabled = false;
  StuSelectCourseMenuItem.Enabled = false;
  GradeInfoManageMenuItem.Enabled = false;
  DepartManageMenuItem.Enabled = false;
  DataQueryMenuItem.Enabled = false;
}
//教务人员登录成功后,打开系统主要功能锁定状态的方法
private void MenuStatusOn()
{ LoginInMenuItem.Enabled = false;
  ChangePassMenuItem.Enabled = true;
  LoginOutMenuItem.Enabled = true;
  UserManageMenuItem.Enabled = true;
  StuInfoMenuItem.Enabled = true;
  StuBasicInfoInsertMenuItem.Enabled = true;
  CourseInfoMenuItem.Enabled = true;
  StuSelectCourseMenuItem.Enabled = true;
  GradeInfoManageMenuItem.Enabled = true;
  DepartManageMenuItem.Enabled = true;
  DataQueryMenuItem.Enabled = true;
}
//学生登录成功后,打开系统主要功能锁定状态的方法
private void StuMenuStatusOn()
{  LoginInMenuItem.Enabled = false;
  ChangePassMenuItem.Enabled = true;
  LoginOutMenuItem.Enabled = true;
  UserManageMenuItem.Enabled = false;
  StuInfoMenuItem.Enabled = true;
  StuBasicInfoInsertMenuItem.Enabled = false;
  CourseInfoMenuItem.Enabled = false;
  StuSelectCourseMenuItem.Enabled = true;
  GradeInfoManageMenuItem.Enabled = false;
  DepartManageMenuItem.Enabled = false;
  DataQueryMenuItem.Enabled = true;
}
```

双击 MainForm 窗体类的 Load 事件,在该事件中添加如下代码:

```
MenuStatusOFF();
this.TimeStripStatus.Text = "系统当前时间: " +
  DateTime.Now.ToString("yyyy-MM-dd hh:mm:ss");
this.timer1.Interval = 1000;
this.timer1.Start();
```

⑤ 注销功能的实现。将系统主要功能设置为锁定状态，以方便其他用户登录使用。具体操作方法如下：选中“注销”菜单，在“注销”菜单的 Click 事件中添加如下代码。

```
MenuStatusOFF();
```

⑥ 退出功能的实现。当系统退出时，需要提示是否真的退出等提示选项，实现该功能需要在 MainForm 窗体类中进行如下操作：

```
//在"退出"菜单的 Click 事件中添加如下代码
this.Close();
//在 MainForm 窗体类的 FormClosing 事件中添加如下代码
DialogResult drClose = MessageBox.Show("您确认要退出该学生信息管理
    系统吗?", "退出系统提示", MessageBoxButtons.OKCancel,
    MessageBoxIcon.Question, MessageBoxDefaultButton.Button1);
if (drClose == DialogResult.Cancel)
  e.Cancel = true;
```

至此，系统主界面以及菜单系统的主要设计任务已经完毕，程序主界面运行效果如图 17.12 所示。

图 17.12　系统运行主界面

(3) 登录窗体的实现。

登录窗体要实现两个功能：单击“系统管理”主菜单下“系统登录”功能选项，打开“系统登录”窗体。在该窗体处于打开状态时，不能操作主界面包括系统菜单的所有功能，除非关闭该窗体以后才能继续操作。

系统启动完成后，系统主要功能处于不可用状态，只有当登录成功后，才能打开功能锁定。

本程序中，解决第一个问题的方法是使用模式对话框，解决第二个问题的方法是在登录窗体中设置两个“系统菜单状态”变量(SysMenuStatus，StuMenuStatus)，通过这两个变量的真假来判断是否打开系统的功能锁定。

① 操作流程图。针对功能描述，绘制系统登录功能的操作流程图如图 17.13 所示。

② 数据库设计。用户登录合法性验证采用带返回值的存储过程来实现。在 SQL Server 2008 查询分析器中输入如下存储过程代码并运行，创建存储过程 LoginCheck(验证

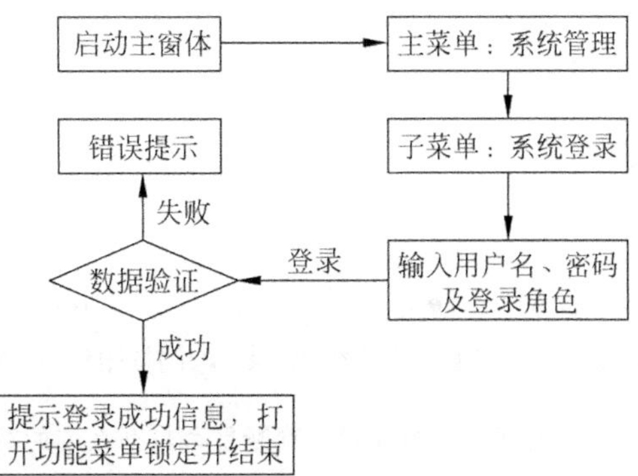

图 17.13　操作流程图

教务人员用户)和 LoginCheckStu(验证学生用户)。

```
USE student
GO
CREATE procedure dbo.LoginCheck
(   @username varchar(100),
    @userpwd varchar(100)
)
as
    if not exists(select * from users where userName = @username)
      return 1 -- 表示不存在该用户
    else
     begin
       if not exists(select * from users where username =
            @username and userpwd = @userpwd )
         return 2 -- 表示密码错误
       else if not exists (select * from users where username =
            @username and userpwd = @userpwd and mqzt = '0')
         return 3 -- 表示用户登录状态为不可用
       else
         return 4 -- 表示登录成功
      end
GO
CREATE procedure dbo.LoginCheckStu
(
    @username varchar(100),
    @userpwd varchar(100)
)
as
    if not exists(select * from stu where stuid = @username)
        return 1 -- 表示不存在该用户
    else
       begin
         if not exists(select * from stu where stuid =
                    @username and stupwd = @userpwd )
         return 2 -- 表示密码错误
    else if not exists (select * from stu where stuid =
```

```
                @username and stupwd = @userpwd and mqzt = '0')
        return 3 -- 表示用户登录状态为不可用
    else
        return 4 -- 表示登录成功
  end
GO
```

③ 界面设计。在 StuInfoManage 项目中添加一个 Windows 窗体，将窗体类名改为 LoginForm，设置该窗体的属性 Text 为“系统登录”，并添加以下数据成员：

```
//标志用户登录是否成功,通过该变量的真假来判断是否打开系统的功能锁定
public Boolean SysMenuStatus = false;
public Boolean StuMenuStatus = false;
//创建密码修改窗体对象,验证用户什么时间可以修改用户密码
sysInfo.ChangePass changePass =
      new StuInfoManage.sysInfo.ChangePass();
public string StuID;
DbConn db;
//记录用户密码错误次数
int loginTimes = 0;
```

在该窗体上添加必要的控件并设置相关属性，具体设计效果如图 17.14 所示。

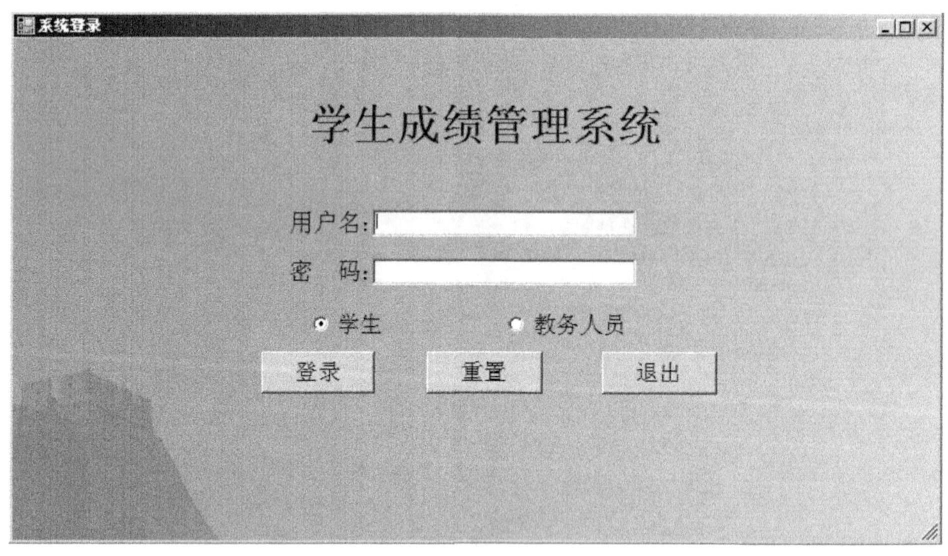

图 17.14 登录窗体

④ 代码实现。菜单功能调用实现。首先，在系统主界面 MainForm 类中添加一个私有数据成员，该成员为系统登录窗体的一个实例。

```
LoginForm loginForm = new LoginForm();
```

然后，再添加一个公有静态成员 username，该成员记录登录成功后的用户名。

```
public static string username;
```

接着，双击"系统登录"菜单，在该菜单的 Click 事件中添加以下代码：

```
//判断该对象是否存在,如果不存在,就创建它
if (loginForm.IsDisposed)
{ loginForm = new LoginForm();
}
//以模式对话框的形式显示 LoginForm 窗体
loginForm.ShowDialog();
//登录窗体运行后,判断登录窗体属性 SysMenuStatus 和 StuMenuStatus 的取值
//若状态变量的值为真,打开系统菜单主要功能的锁定状态,并显示用户信息
if (loginForm.SysMenuStatus == true)
{  MenuStatusOn();
   this.OperatorStripStatus.Text = "当前用户为: " +
          MainForm.username;
}
else if (loginForm.StuMenuStatus == true)
{  StuMenuStatusOn();
   this.OperatorStripStatus.Text = "当前用户为: " +
          MainForm.username;
}
//登录窗体相应功能实现
```

在启动系统登录窗体后，要使各个控件处于数据选择或输入状态。要实现该功能，首先需要在 LoginForm 窗体类中添加私有方法用于控件初始状态设定。

```
//LoginForm 窗体类中添加私有方法用于控件初始状态设定
private void ComponentReset()
{
  userPwd.Text = "";
  tbUserName.Text = "";
  tbUserName.Focus();
  rbStu.Checked = false;
  rbAdmin.Checked = true;
}
```

然后，在 LoginForm 窗体的 Load 事件中添加如下代码：

```
//实例化数据库通用类对象
db = new DbConn();
if (changePass.IsDisposed)
   changePass = new StuInfoManage.sysInfo.ChangePass();
ComponentReset();
```

窗体中重置功能主要实现清空已经输入或选择的数据，以便用户重新输入。完成此功能，需要在"重置"按钮的 Click 事件中添加以下代码实现控件状态重置：

```
ComponentReset();
```

窗体中退出的主要功能是退出该窗体。完成此功能，需要在"退出"按钮的 Click 事件中添加以下代码：

```
this.Close();
```

登录按钮的主要功能为根据用户输入的用户名、密码和角色，验证用户是否合法，若验证通过，则允许用户进入该学生成绩管理系统；否则提示错误。

单击“登录”按钮后，首先要根据需要判断用户名和密码是否非空，密码长度是否大于6位。如果违反这些条件，直接给出相应提示信息。如果具备这些条件，则根据用户选择的角色分别调用存储过程 LoginCheck 和 LoginCheckStu 判断用户的合法性，并根据存储过程的返回值进行应有的操作和相应的提示信息。

本系统只允许用户输入密码的错误次数为3次。如果用户登录成功，则还需进行如下操作：设置密码修改窗体的用户名属性的值为当前用户名；设置主界面窗体的静态成员用户名为当前用户名，以便在主窗体状态栏中显示当前操作用户；根据用户角色分别设置成员变量 SysMenuStatus 和 StuMenuStatus 的值，以便主界面窗体判断哪些菜单项可用。

实现该功能，需要在“登录”按钮的 Click 事件中添加如下代码：

```
string username = tbUserName.Text.Trim();
string userpwd = userPwd.Text.Trim();
int loginStatus = 0;
if (username.Length == 0)
{
  MessageBox.Show("用户名不能为空!请重新输入后再试!!", "登录错误
     提示", MessageBoxButtons.OK, MessageBoxIcon.Warning);
   tbUserName.Focus();
}
else
{
 if  (userpwd.Length == 0)
   {
     MessageBox.Show("密码不能为空!请重新输入后再试!!", "登录错误
        提示", MessageBoxButtons.OK, MessageBoxIcon.Warning);
     userPwd.Focus();
   }
else if (userpwd.Length < 6)
{
   MessageBox.Show("密码长度不能低于6位!请重新输入后再试!!", "登录
     错误提示", MessageBoxButtons.OK, MessageBoxIcon.Warning);
     userPwd.Text = "";
     userPwd.Focus();
   }
 else
{
   SqlParameter[] cmdparam = new SqlParameter[] {
      new SqlParameter("@username", username),
      new SqlParameter("@userpwd", userpwd) };
   if (rbAdmin.Checked)
      loginStatus = db.CallProc("LoginCheck", cmdparam);
   else if(rbStu.Checked)
      loginStatus = db.CallProc("LoginCheckStu", cmdparam);
      switch (loginStatus)
      {
        case 1:
```

```
MessageBox.Show("不存在该用户,请重新输入或者选择你要
    登录的用户名!!", "登录错误提示",
    MessageBoxButtons.OK,MessageBoxIcon.Warning);
ComponentReset();
break;
case 2:
if (loginTimes > 3)
{
    if (rbAdmin.Checked == true)
      if (db.dbedit("update users set mqzt = '1'
          where username = '" + username + "'")) { }
      else if (db.dbedit("update stu set mqzt = '1'
          where stuid = '" + username + "'")) { }
MessageBox.Show("您的密码已经试了3次了,用户名将被
    锁定!!", "登录错误提示", MessageBoxButtons.OK,
    MessageBoxIcon.Warning);
}
else
{
  MessageBox.Show("用户名存在,但密码输入错误,请重新输入后
      再试!!", "登录错误提示", MessageBoxButtons.OK,
      MessageBoxIcon.Warning);
  userPwd.Clear();
  userPwd.Focus();
  loginTimes++;
}
break;
case 3:
  MessageBox.Show("用户名及密码正确,但该用户的登录信息已被锁定,
  请联系管理员解锁后再试!!", "登录错误提示",
  MessageBoxButtons.OK, MessageBoxIcon.Warning);
ComponentReset();
break;
case 4:
MessageBox.Show("恭喜您,登录成功!!!", "信息提示",
    MessageBoxButtons.OK, MessageBoxIcon.Information);
changePass.UserName = username;
MainForm.username = username;
if (rbAdmin.Checked)
{
  SysMenuStatus = true;
  StuMenuStatus = false;
}
else
{
  StuMenuStatus = true;
  SysMenuStatus = false;
  StuID = username;
```

```
            }
            this.Close();
            break;
        }
    }
}
```

(4) 设计学生基本信息添加窗体。主要实现以下功能：

初始状态为所有控件均处于不可用或不可编辑状态，除了"添加"按钮和"退出"按钮以外。

- "添加"按钮，使所有控件处于可编辑状态。
- "退出"按钮，退出学生基本信息添加窗体。
- "重置"按钮，清空已经输入的但未保存到数据库的学生数据，以便重新输入。
- "保存"按钮，首先判断数据的合法性，如果数据合法，则将数据保存到数据库；否则根据错误情况给出相应的错误提示信息。

① 操作流程图。根据功能描述，可绘制学生基本信息添加功能的操作流程图如图17.15所示。

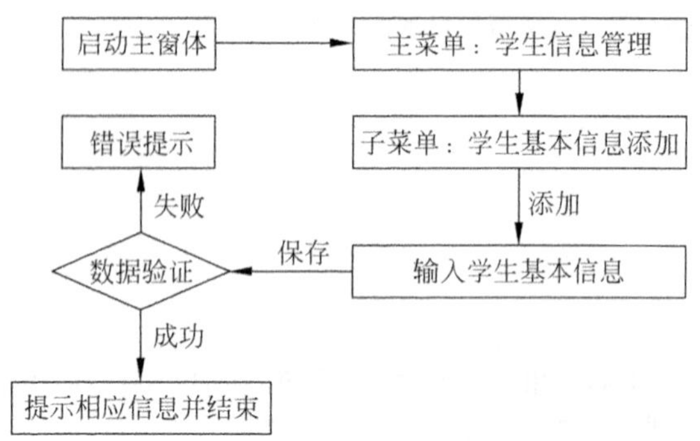

图17.15 学生基本信息添加操作流程图

② 数据库设计。由于担心教务人员在添加学生数据时输入重复的学号，因此学生学号采用系统自动生成的方式实现。为此，需要创建一个自动生成学号的存储过程(GenerateStuID)以便在程序中调用，该存储过程的具体代码如下：

```
USE student
GO
CREATE PROCEDURE dbo.GenerateStuID
(   @deptID varchar(4),
    @stuID varchar(10) output
)
AS
declare @maxStuID varchar(10)
select @maxStuID = max(stuID) from stu where deptid  =  @deptID
if left(@maxStuID,6) = right(datename(YEAR,getdate()),2) + @deptID
  begin
   set @stuID = convert(varchar(10),convert(Bigint,@ maxStuID) + 1)
  end
```

```
else
   set @stuID = right(datename(YEAR,getdate()),2) + @deptID + '0001'
GO
```

③ 界面设计。首先在 StuInfoManage 项目中添加一个文件夹 stuInfo，然后在该文件夹中添加一个 Windows 窗体类 StuBasicInfoAdd，设置该窗体的属性 Text 为“学生基本信息添加”，在该 Windows 窗体上添加控件并设置属性，具体设计效果如图 17.16 所示。

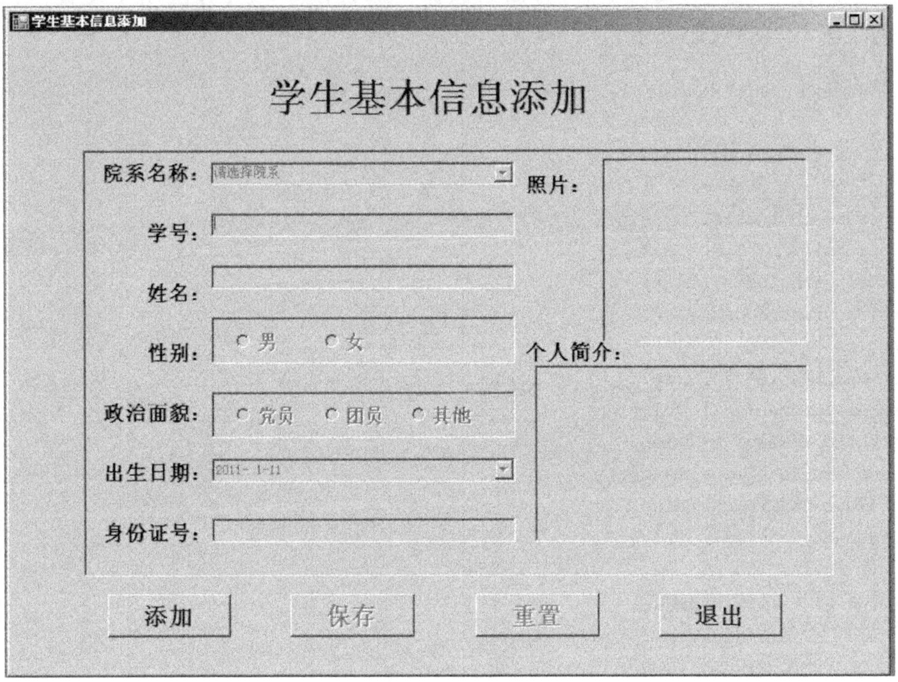

图 17.16　学生基本信息添加窗体

④ 代码实现。

首先是菜单功能调用实现。在系统主界面 MainForm 类中添加 StuBasicInfoAdd 窗体类的一个实例。

```
stuInfo.StuBasicInfoAdd stuBasicInfoAdd = new
stuInfo.StuBasicInfoAdd();
```

在菜单“学生基本信息添加”的 Click 事件中添加以下代码启动“学生基本信息添加”窗体：

```
//判断该对象是否存在,如果不存在,就创建它
if (stuBasicInfoAdd.IsDisposed)
   stuBasicInfoAdd = new StuInfoManage.stuInfo.StuBasicInfoAdd();
stuBasicInfoAdd.MdiParent = this;
stuBasicInfoAdd.Show();
tuBasicInfoAdd.Focus();
```

其次是学生基本信息添加窗体相应功能实现。由于需要在图像框的单击事件打开并获取保存学生照片数据，而在单击保存按钮时还需要使用该数据，因此需要声明一个私有数据

成员来保存学生照片信息，同时还需要创建该窗体要用的通用数据库类对象 db。具体操作方法是在该窗体类中添加以下代码：

```
byte[] PhotoBuffer;
DbConn db = new DbConn();
```

为了在启动学生基本信息添加窗体后，使各个控件处于不可编辑或不可用状态，在某些操作下再打开这些控件的编辑状态，可以给该窗体添加两个私有方法用于设置窗体界面控件的使用状态。具体代码如下：

```
private void CompStatusOFF()
{
  cbDepart.Enabled = false;
  dtpStuBirth.Enabled = false;
  tbstuPcard.Enabled = false;
  tbStuName.Enabled = false;
  rbDang.Enabled = false;
  rbTuan.Enabled = false;
  rbQita.Enabled = false;
  rbMale.Enabled = false;
  rbFemale.Enabled = false;
  pbPhoto.Enabled = false;
  tbResume.Enabled = false;
  btnSave.Enabled = false;
  btnReset.Enabled = false;
}
private void CompStatusON()
{
  cbDepart.Enabled = true;
  dtpStuBirth.Enabled = true;
  tbstuPcard.Enabled = true;
  tbStuName.Enabled = true;
  rbDang.Enabled = true;
  rbTuan.Enabled = true;
  rbQita.Enabled = true;
  rbMale.Enabled = true;
  rbFemale.Enabled = true;
  pbPhoto.Enabled = true;
  tbResume.Enabled = true;
  btnSave.Enabled = true;
  btnReset.Enabled = true;
}
```

为了使用方便，将数据库中所有院系的名称用组合框形式显示，供用户选择院系之用。为了实现该功能，需要对院系名称组合框进行数据初始化，具体方法如下：

```
private void BindToDepart()
{
  string sqlstr = "select deptID,deptName from depart";
  DataSet ds = db.ExecuteDataset(sqlstr);
  DataRow drow = ds.Tables[0].NewRow();
```

```
    drow[0] = "0000";
    drow[1] = "请选择院系";
    ds.Tables[0].Rows.InsertAt(drow, 0);
    cbDepart.DataSource = ds.Tables[0];
    cbDepart.DisplayMember = "deptName";
    cbDepart.ValueMember = "deptID";
}
```

然后，在窗体的 Load 事件中添加以下语句进行窗体界面控件初始状态设定，使窗体启动后控件处于不可编辑或不可使用状态，并绑定院系信息到院系组合框中。

```
CompStatusOFF();
BindToDepart();
```

窗体中的“重置”功能主要实现清空已经输入或选择但未保存到数据库的数据，以便用户重新输入新数据。为了完成此功能，可以给窗体添加一个私有成员方法 ResetComponent，用于重置控件的数据。

```
private void ResetComponent()
{
    cbDepart.SelectedIndex = 0;
    tbStuID.Clear();
    tbStuName.Clear();
    rbMale.Checked = false;
    rbFemale.Checked = false;
    rbDang.Checked = false;
    rbTuan.Checked = false;
    rbQita.Checked = false;
    dtpStuBirth.Value =
       Convert.ToDateTime(DateTime.Now.ToShortDateString());
    tbstuPcard.Clear();
    pbPhoto.Image = null;
    tbResume.Clear();
}
```

在“重置”按钮的 Click 事件中添加 ResetComponent()的调用。

窗体中的“添加”功能主要实现使界面控件处于不可编辑状态，并清空控件中输入的数据，为此需要在“添加”按钮的 Click 事件中添加以下代码：

```
CompStatusON();
ResetComponent();
```

“退出”按钮的功能为退出“学生基本信息添加”窗体，为此，在退出的 Click 事件中添加以下代码：

```
this.Close();
```

由于需要在院系名称选择组合框的数据发生变化后，根据选择的院系名称调用自动生成学号的存储过程自动为新添加的学生分配学号，因此需要在 cbDepart 组合框的 SelectedIndexChanged 事件中添加如下代码：

```
if (cbDepart.SelectedIndex != 0)
{
  string deptID = cbDepart.SelectedValue.ToString().Trim();
  SqlParameter cmdParam1, cmdParam2;
  cmdParam1 = new SqlParameter("@deptID", SqlDbType.VarChar,4);
  cmdParam1.Value = deptID;
  cmdParam2 = new SqlParameter("@stuID", SqlDbType.VarChar, 10);
  cmdParam2.Direction = ParameterDirection.Output;
  SqlParameter[]cmdParam =
       new SqlParameter[] { cmdParam1, cmdParam2 };
  //调用存储过程 GenerateStuID,自动产生学号
  db.CallProc("GenerateStuID", cmdParam);
  //把存储过程返回的结果赋值给学号文本框
  tbStuID.Text = cmdParam[1].Value.ToString();
}
else
  tbStuID.Clear();
```

为了能够添加学生的照片信息，需要单击学生照片"图像框"，打开图像文件定位对话框。当用户选择具体的照片文件后，自动保存并在照片图像框显示选择的图像信息。为此，需要在 pbPhoto 图像框的 Click 事件中添加如下代码：

```
private void pbPhoto_Click(object sender, EventArgs e)
{
   OpenFileDialog opdPhoto = new OpenFileDialog();
   opdPhoto.ShowDialog();
   if (opdPhoto.FileName.Trim() != "")
   {
      Stream ImagePhoto = opdPhoto.OpenFile();
      int length = (int)ImagePhoto.Length;
      //保存图像信息到私有成员 PhotoBuffer 中
      PhotoBuffer = new byte[length];
      ImagePhoto.Read(PhotoBuffer, 0, length);
      ImagePhoto.Close();
      Stream ImageShowPhoto = new MemoryStream(PhotoBuffer);
      Image ImageShow = Image.FromStream(ImageShowPhoto);
      //显示已浏览照片信息到图像框
      pbPhoto.Image = ImageShow;
   }
}
```

至此，学生基本信息添加窗体的辅助功能已经完成，最后就是如何把已经输入的学生基本信息写入数据库的学生信息表。

这一功能由"保存"按钮来完成。"保存"按钮的功能分两步来完成：第一步，对用户输入的数据进行验证和保存操作。首先根据数据库中对数据的约束要求，对界面数据进行合法性判断。如果不合法，则提示用户修改相应的数据，否则进行数据添加功能的操作，本部分功能在"保存"按钮的 Click 事件中完成。第二步，将界面控件的输入数据解析为数据库中保存的学生基本信息数据。为此，需要在窗体中添加私有方法 StuDataInsert 实现界面数据解析和数据库插入操作。具体代码如下：

```
private void btnSave_Click(object sender, EventArgs e)
{
  int checkStatus = 0;                          //界面数据合法性判断
  string stuPcard = tbstuPcard.Text.Trim();     //获取身份证号值
  if (cbDepart.SelectedIndex == 0)
  {  checkStatus = 1;
  }
  else
  { if (tbStuName.Text.Trim().Equals(""))
    {  checkStatus = 2;
    }
    else
    {
      if (!stuPcard.Equals(""))
      {  if (!db.CheckIDCard(stuPcard))
         {                                      //身份证号码不合格
            checkStatus = 3;
         }
      }
    }
}
switch (checkStatus)
{
   case 1:
     MessageBox.Show(this, "请选择您要添加学生所在的院系名称从而
       为您分配新学号!", "信息提示", MessageBoxButtons.OK,
       MessageBoxIcon.Information);
     cbDepart.Focus();
     break;
   case 2:
     MessageBox.Show(this, "学生姓名不能为空!请输入学生姓名",
      "信息提示", MessageBoxButtons.OK,
      MessageBoxIcon.Warning);
     tbStuName.Focus();
     break;
   case 3:
     MessageBox.Show(this, "身份证号不正确,请重新输入!(15位或
       18位)", "信息提示", MessageBoxButtons.OK,
       MessageBoxIcon.Warning);
     tbstuPcard.Clear();
     tbstuPcard.Focus();
     break;
    default:
      StuDataInsert();
      break;
   }
 }
 private void StuDataInsert()
 {
    string stuID = tbStuID.Text.Trim();
    string stuName = tbStuName.Text.Trim();
```

```
string stuDept = cbDepart.SelectedValue.ToString();
 //性别数据
string stuSex = "";
if (rbMale.Checked)
{   stuSex = "男";
}
if (rbFemale.Checked)
{   stuSex = "女";
}
//政治面貌数据
string stuPolitic = "";
if (rbDang.Checked)
   stuPolitic = "党员";
if (rbTuan.Checked)
   stuPolitic = "团员";
if (rbQita.Checked)
   stuPolitic = "其他";
   string stuBirth = dtpStuBirth.Value.ToShortDateString();
   string stuPcard = tbstuPcard.Text.Trim();
   string stuResume = tbResume.Text.Trim();
   string sql =
     "insert into stu(stuid,stupwd,stuname,stubirth,
     stusex,stupolitic,deptid,sturesume,stupcard,stuphoto)";
   sql += " values(@stuID,@stuPwd,@stuName,@stuBirth,@stuSex,
     @stuPolitic,@stuDept,@stuResume,@stuPcard,@stuPhoto)";
   SqlConnection con = db.getConn();
   SqlCommand cmd = new SqlCommand(sql, con);
  if (con.State != ConnectionState.Open)
     con.Open();
  SqlParameter param;
  param = new SqlParameter("@stuID", SqlDbType.VarChar, 10);
  param.Value = stuID;
  cmd.Parameters.Add(param);
  param = new SqlParameter("@stuPwd", SqlDbType.VarChar);
  param.Value = stuID;
  cmd.Parameters.Add(param);
  param = new SqlParameter("@stuName", SqlDbType.VarChar);
  param.Value = stuName;
  cmd.Parameters.Add(param);
  param = new SqlParameter("@stuBirth", SqlDbType.Date);
  param.Value = stuBirth;
  cmd.Parameters.Add(param);
  param = new SqlParameter("@stuSex", SqlDbType.VarChar, 2);
  param.Value = stuSex;
  cmd.Parameters.Add(param);
  param = new SqlParameter("@stuPolitic", SqlDbType.VarChar);
  param.Value = stuPolitic;
  cmd.Parameters.Add(param);
  param = new SqlParameter("@stuDept", SqlDbType.VarChar);
  param.Value = stuDept;
  cmd.Parameters.Add(param);
  param = new SqlParameter("@stuResume", SqlDbType.Text);
```

```
        param.Value = stuResume;
        cmd.Parameters.Add(param);
        param = new SqlParameter("@stuPcard", SqlDbType.VarChar);
        param.Value = stuPcard;
        cmd.Parameters.Add(param);
        param = new SqlParameter("@stuPhoto", SqlDbType.Image);
        param.Value = PhotoBuffer;
        cmd.Parameters.Add(param);
        try
        {
           cmd.ExecuteNonQuery();
           MessageBox.Show(this, "学生信息添加成功!", "信息提示",
              MessageBoxButtons.OK, MessageBoxIcon.Information);
           CompStatusOFF();
           btnAdd.Enabled = true;
       }
       catch (SqlException ex)
       {
           for (int i = 0; i < cmd.Parameters.Count; i++)
              db.WriteToLog(cmd.Parameters[i].ParameterName +
                 cmd.Parameters[i].Value + "<br>");
                 db.WriteToLog(ex.Message + "<br>" + ex.Source);
                 MessageBox.Show(this, "学生信息添加失败!", "信息提示",
                    MessageBoxButtons.OK, MessageBoxIcon.Information);
        }
       finally
       {   if (con.State != ConnectionState.Closed)
              con.Close();
       }
}
```

(5) 学生基本信息修改窗体的实现。主要实现以下功能：

- 在“更新学生信息学号输入窗体”中，若登录用户为学生，则自动把登录学号带到学号输入文本框，且不允许修改；若登录用户为教务人员，则由教务人员输入学号。用户单击“退出”按钮，退出学生基本信息修改功能操作。用户单击“查询”按钮，如果不存在该学号所代表的学生信息，则提示错误并返回学号输入状态；如果存在，则打开“学生基本信息修改”窗体，初始状态为显示学生原来的基本信息，但每个控件都处于不可编辑状态。
- 在“学生基本信息更新”窗体中单击“更新”按钮，打开可更新信息的控件使用状态。单击“保存”按钮，首先判断数据的合法性，如果合法，则将数据保存到数据库；否则给出相应的错误提示信息。单击“重置”按钮，可以在数据未保存到数据库之前，将界面显示数据还原到原有数据状态。单击“退出”按钮，则退出窗体。

① 操作流程图。根据功能描述，可绘制学生基本信息修改功能的操作流程图如图 17.17 所示。

② 界面设计。首先在 StuInfoManage 项目的文件夹 stuInfo 中添加两个 Windows 窗体类 StuIDInput 和 StuBasicInfoUpdate，分别设置这两个窗体的属性 Text 为“更新学生信息学号输入窗体”和“学生基本信息修改”，在这两个 Windows 窗体上添加控件并设置相应的属性，具体设计效果如图 17.18 和图 17.19 所示。

启动主窗体
主菜单：学生信息管理
子菜单：学生基本信息修改
错误提示
失败
打开
查询
数据验证
学号输入窗体：输入学号
成功
打开学生基本信息修改窗体，显示学生信息
更新
解除界面控件不可编辑状态，修改相应信息
保存
信息提示：保存成功，并返回初始状态
成功
数据验证
失败
错误提示

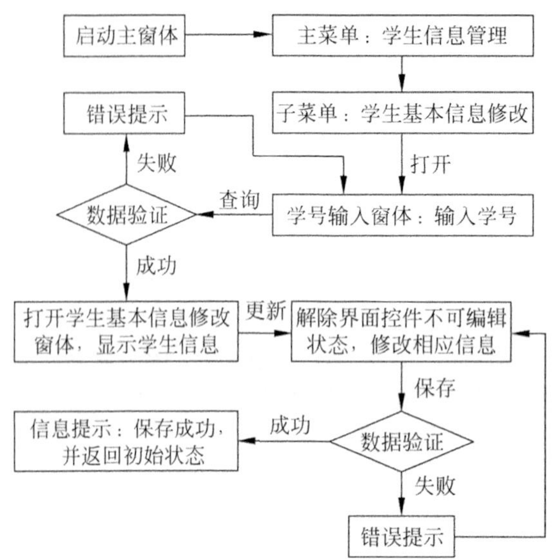

图 17.17　学生基本信息修改操作流程图

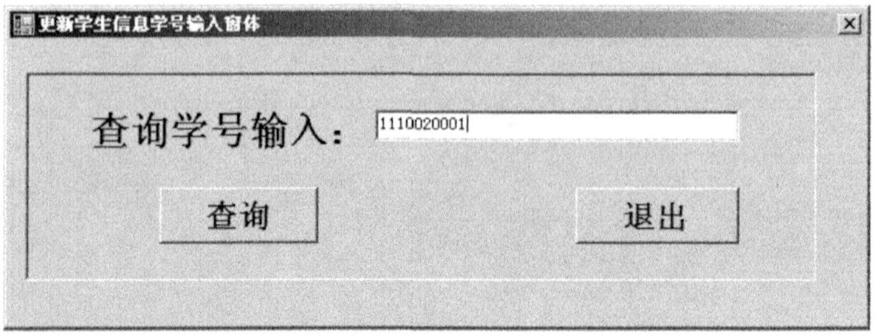

更新学生信息学号输入窗体
查询学号输入：
1110020001
查询
退出

图 17.18　更新学生信息学号输入窗体

学生基本信息更新
学生基本信息更新
院系名称：
计算机学院
照片：
学号：
1110010002
姓名：
安琪
性别：
男
女
个人简介：
优秀学生干部
政治面貌：
党员
团员
其他
出生日期：
1978-10- 8
身份证号：
371325197810081234
更新
保存
重置
退出

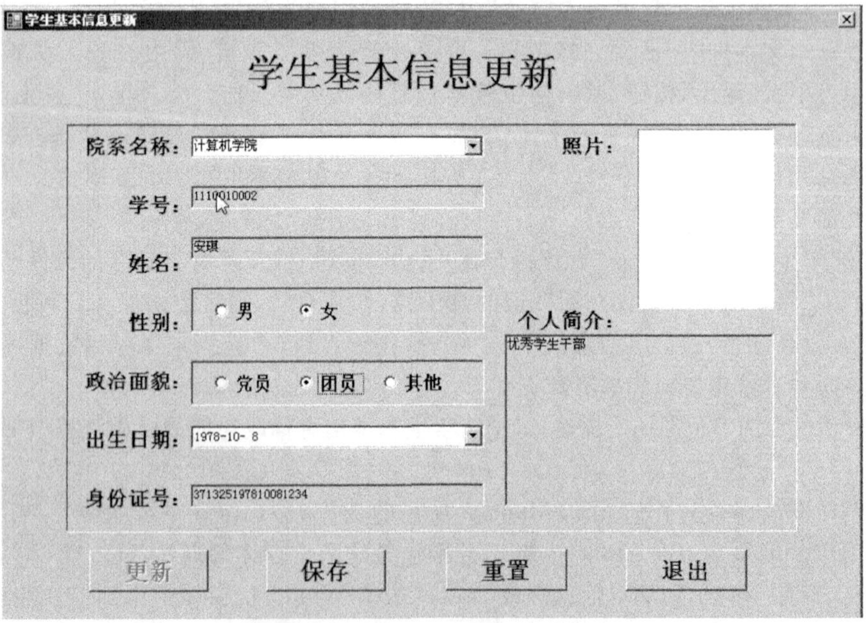

图 17.19　学生基本信息更新窗体

③ 主要功能的代码。

首先是菜单功能调用实现。在系统主界面 MainForm 类中添加 StuIDInput 窗体类的一个实例。

```
stuInfo.StuIDInput stuIDInput = new stuInfo.StuIDInput();
```

在菜单“学生基本信息修改”的 Click 事件中添加以下代码启动“学生基本信息修改”窗体：

```
if (stuIDInput.IsDisposed)
  stuIDInput = new StuInfoManage.stuInfo.StuIDInput();
  stuIDInput.MdiParent = this;
  stuIDInput.Show();
  stuIDInput.Focus();
  //设置学号输入窗体为修改、删除还是学生选课管理
  //1 为修改; 2 为删除; 3 为学生选课
  stuIDInput.UpdateOrDelete = 1;
  //根据登录窗体的状态变量,确定学号输入文本框是否可编辑
  //若登录用户为学生,则自动把学号带到文本框中,并设置文本框状态为只读
  if (loginForm.StuMenuStatus == true)
  {  stuIDInput.StuID = loginForm.StuID;
     stuIDInput.TbStuID = true;
   }
  else
  {  stuIDInput.StuID = "";
     stuIDInput.TbStuID = false;
   }
```

其次是创建学生基本信息实体类(StuBasicInfo)。

为了保存已经获得的学生信息，以便在更新过程中使用，需要创建一个学生基本信息实体类，用该实体类的具体对象来保存学生基本信息的数据。

具体实现方法为：在 StuInfoManage 项目的 stuInfo 文件夹中添加一个类 StuBasicInfo，然后在该类中输入以下代码：

```
//声明学生基本信息私有成员
private string stuID;
private string stuName;
private string stuSex;
private string stuBirth;
private string stuPcard;
private string stuPolitic;
private byte[] stuPhoto;
private string deptName;
private string stuResume;
//定义属性分别用于读取或设置数据,例如设置 StuID 成员如下,其他成员设置基本相同
public string StuID
{
  get
  { return stuID;
  }
```

```
    set
    { stuID = value;
    }
}
```

然后是学号输入窗体(StuIDInput)相应功能实现。

为了判断该窗体是由学生基本信息修改操作、学生基本信息删除操作还是学生选课操作打开,需要在该窗体中添加私有成员及实现属性,用于在主窗体菜单事件中设置该私有成员的值,根据该值进行不同的操作。具体实现代码如下:

```
//1 为修改; 2 为删除; 3 为选课
private int updateordelete;
public int UpdateOrDelete
{
    get
    {   return updateordelete;
    }
    set
    {   updateordelete = value;
   }
}
```

为了能够根据登录窗体的状态变量确定学号输入文本框是否可编辑,若登录用户为学生,则自动把学号带到文本框中,并设置文本框状态为只读,需要添加以下代码用于设置本窗体的文本框的值以及文本框的 ReadOnly 属性。

"查询"按钮实现两个功能:一是根据学号输入窗体输入的学号获取学生基本信息,若输入学生存在,则把学生数据设置到学生实体类对象的相应属性上;若不存在,给予用户错误提示。二是根据窗体 UpdateOrDelete 的值确定打开学生信息更新窗体、学生信息删除窗体还是学生选课管理窗体。具体的实现代码如下:

```
string sqlstr =
"select stuid,stuname,stubirth,stusex,stupolitic,deptid,
   sturesume,stuphoto,stupcard from stu
   where stuid= '" + tbStuID.Text.Trim() + "'";
DataSet ds = new DbConn().ExecuteDataset(sqlstr);
if (ds.Tables[0].Rows.Count > 0)
{
   DataRow dr = ds.Tables[0].Rows[0];
   StuBasicInfo student = new StuBasicInfo();
   student.StuID = dr["stuid"].ToString();
   student.StuName = dr["stuname"].ToString();
   student.StuSex = dr["stusex"].ToString();
   student.StuBirth = dr["stubirth"].ToString();
   student.StuPolitic = dr["stupolitic"].ToString();
   student.StuPcard = dr["stupcard"].ToString();
   student.StuResume = dr["sturesume"].ToString();
   student.StuDept = dr["deptid"].ToString();
   if (dr["stuphoto"].ToString()!= "")
      student.StuPhoto = (byte[])dr["stuphoto"];
```

```
        switch (this.UpdateOrDelete)
        {
           case 1:
             //学生基本信息更新窗体的一个实例
             StuBasicInfoUpdate stuBasicInfoUpdate =
                                  new StuBasicInfoUpdate();
             //把设置好属性值的学生实体类对象赋予修改窗体的属性上
             //用于在修改窗体中显示学生基本信息
             stuBasicInfoUpdate.StuBasic = student;
             stuBasicInfoUpdate.MdiParent = this.MdiParent;
             stuBasicInfoUpdate.Show();
             stuBasicInfoUpdate.Focus();
             break;
           case 2:
             //学生基本信息删除窗体的一个实例
             StuBasicInfoDelete stuBasicDelete =
                                  new StuBasicInfoDelete();
             stuBasicDelete.StuBasic = student;
             stuBasicDelete.MdiParent = this.MdiParent;
             stuBasicDelete.Show();
             stuBasicDelete.Focus();
             break;
           case 3:
             //学生选课窗体的一个实例
             StuSelectCourse stuSelectCourse = new StuSelectCourse();
             stuSelectCourse.StuBasic = student;
             stuSelectCourse.MdiParent = this.MdiParent;
             stuSelectCourse.Show();
             stuSelectCourse.Focus();
             break;
           }
           this.Dispose();
         }
         else
         {
           MessageBox.Show(this, "您查找的学号所代表的学生信息不存在,
             请确认学号是否正确后再次输入!", "信息提示",
             MessageBoxButtons.OK, MessageBoxIcon.Information);
           tbStuID.Clear();
           tbStuID.Focus();
     }
```

再次是学生基本信息修改窗体(StuBasicInfoUpdate)相应功能实现。

由于需要在图像框的单击事件中打开并获取保存学生照片数据,而在单击保存按钮时还需要使用该数据,因此需要声明一个私有数据成员来保存学生照片信息,同时还需要创建该窗体要用的通用数据库类对象 db。学生修改窗体需要从学号输入窗体接收查询成功后的学生基本信息数据,故需要声明用于传递学生基本信息数据的私有成员并设置访问器。

为了在启动学生基本信息修改窗体后,使各个控件处于不可编辑或不可用状态,在某些操作下再打开这些控件的编辑状态,可以给该窗体添加两个私有方法用于设置窗体界面控

件的使用状态。

由于需要将从“学号输入”窗体中传递过来的学生数据显示在“学生基本信息修改”窗体的相应控件中，以便用户浏览原来的数据，需要添加私有成员 ShowStuBasicInfo 并添加如下代码来完成：

```
private void ShowStuBasicInfo()
{
  tbStuID.Text = StuBasic.StuID;
  tbStuName.Text = StuBasic.StuName;
  tbResume.Text = StuBasic.StuResume;
  tbstuPcard.Text = StuBasic.StuPcard;
  if(StuBasic.StuBirth.ToString()!= "")
     dtpStuBirth.Value =
         Convert.ToDateTime(StuBasic.StuBirth);
  cbDepart.SelectedValue = StuBasic.StuDept;
  if (StuBasic.StuSex == "男")
     rbMale.Checked = true;
  else if(StuBasic.StuSex == "女")
     rbMale.Checked = true;
     switch (StuBasic.StuPolitic)
     {
       case "党员":
         rbDang.Checked = true;
         rbTuan.Checked = false;
         rbQita.Checked = false;
         break;
       case "团员":
         rbDang.Checked = false;
         rbTuan.Checked = true;
         rbQita.Checked = false;
         break;
       case "其他":
         rbDang.Checked = false;
         rbTuan.Checked = false;
         rbQita.Checked = true;
         break;
     }
     try
     {   pbPhoto.Image = Image.FromStream(new MemoryStream(
             StuBasic.StuPhoto), true);
     }
    catch(Exception ex)
    {   pbPhoto.Image = null;
        new DbConn().WriteToLog(ex.Message + "\n");
    }
}
```

为了方便用户更新学生所在的院系信息，在信息处于更新状态时采用组合框显示数据库中所有院系的名称，供用户选择院系之用。为了实现该功能，需要对院系名称组合框进行数据初始化。

接着,在窗体的 Load 事件中添加以下语句进行窗体界面控件初始状态设定,使窗体启动后控件处于不可编辑或不可使用状态;绑定院系信息到院系组合框中;设置学生基本信息到相应的控件供用户修改之前查看之用。

窗体中的"重置"功能主要实现以下功能:在未保存新数据前,单击该按钮后,将界面数据控件的数据恢复到从"学号输入"窗体获取的原始数据状态。由于程序中已经使用 StuBasicInfo 的对象实例保存了原有数据,并添加了 ShowStuBasicInfo 的私有方法将数据显示在窗体的相应控件中,因此可以直接调用 ShowStuBasicInfo,从而达到重置的目的。

窗体中"更新"按钮的主要功能是使窗体的控件处于可编辑状态。"更新"按钮不可用,"保存"和"重置"按钮可用,故只需在"更新"按钮的 Click 事件中添加以下代码即可:

```
CompStatusON();
btnUpdate.Enabled = false;
btnSave.Enabled = true;
btnReset.Enabled = true;
```

对于"退出"按钮,在退出的 Click 事件中添加以下代码:

```
Dispose();
```

为了能够修改学生的照片信息,需要单击学生照片"图像框",打开图像文件定位对话框。但用户选择具体的照片文件后,自动保存并在照片图像框显示选择的图像信息。为此,需要在 pbPhoto 图像框的 Click 事件中添加如下代码:

```
private void pbPhoto_Click(object sender, EventArgs e)
{
   OpenFileDialog opdPhoto = new OpenFileDialog();
   opdPhoto.ShowDialog();
   if (opdPhoto.FileName.Trim() != "")
   {
      Stream ImagePhoto = opdPhoto.OpenFile();
      int length = (int)ImagePhoto.Length;
      //保存图像信息到私有成员 PhotoBuffer 中
      PhotoBuffer = new byte[length];
      ImagePhoto.Read(PhotoBuffer, 0, length);
      ImagePhoto.Close();
      Stream ImageShowPhoto = new MemoryStream(PhotoBuffer),
      Image ImageShow = Image.FromStream(ImageShowPhoto);
      //显示已浏览照片信息到图像框
      pbPhoto.Image = ImageShow;
   }
}
```

至此,学生基本信息修改窗体的辅助功能已经完成,最后就是如何把需要修改的学生基本信息更新到数据库的学生信息表。

(6) 学生基本信息删除窗体的实现。主要功能如下:

- 单击"删除"按钮,弹出删除确认对话框,若用户单击"确定"按钮,则删除学生基本信息以及与该学生关联的选课信息,然后退出学生基本信息删除窗体。
- 单击"取消"按钮,则取消删除操作并返回到学生基本信息删除窗体。

• 单击“退出”按钮，则退出窗体。

① 操作流程图。根据功能描述，可绘制学生基本信息删除功能的操作流程图如图 17.20 所示。

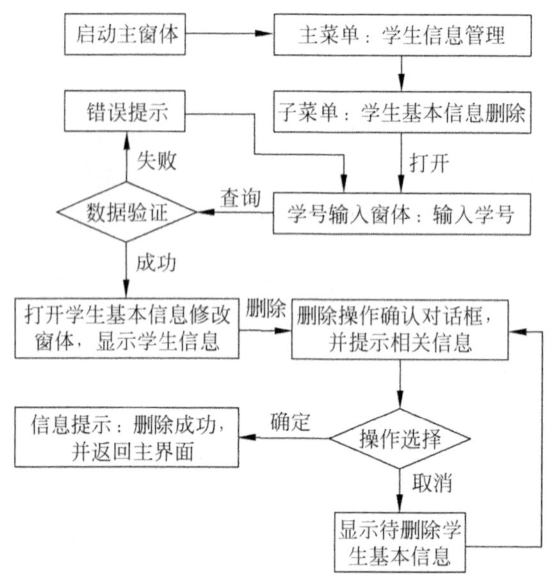

图 17.20　学生基本信息删除操作流程图

② 界面设计。首先在 StuInfoManage 项目的文件夹 stuInfo 中添加 Windows 窗体类 StuBasicInfoDelete，设置窗体的属性 Text 为“学生基本信息删除”在这个 Windows 窗体上添加控件并设置相应的属性，具体设计效果如图 17.21 所示。

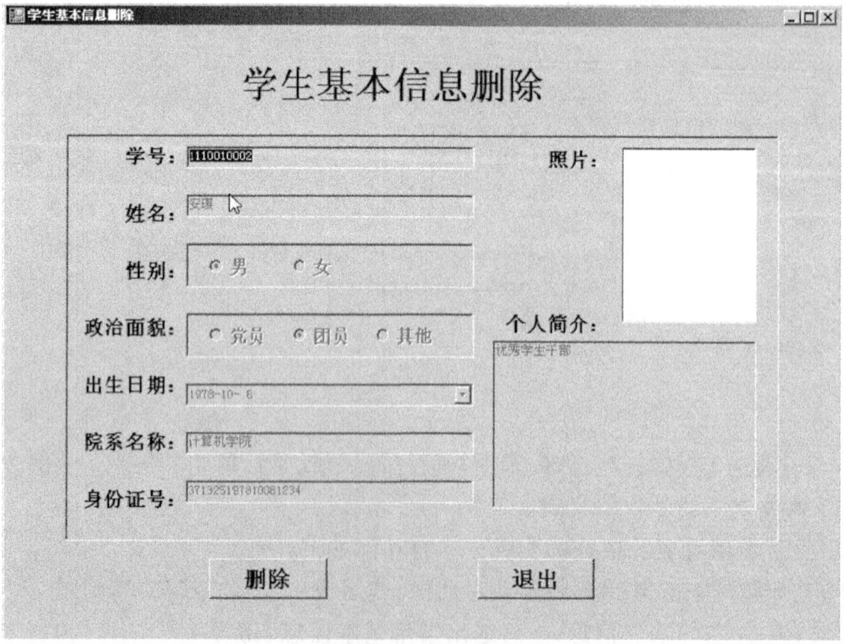

图 17.21　学生基本信息删除窗体

③ 数据库设计。为了在删除学生基本信息后能同步删除学生选课记录，需要在数据库的学生信息表 stu 上定义删除触发器。具体代码如下：

```
CREATE TRIGGER del_stu
  ON stu
  after delete
AS
BEGIN
   delete from sc where stuid = (select stuid from deleted)
END
```

④ 主要功能代码实现。学生基本信息删除窗体(StuBasicInfoDelete)相应功能实现。由于需要进行数据库操作，故创建该窗体要用的通用数据库类对象 db。同时学生删除窗体需要从学号输入窗体接收查询成功后的学生基本信息数据，故需要声明用于传递学生基本信息数据的私有成员并设置访问器。

为了在启动学生基本信息删除窗体后，使各个控件处于不可编辑或不可用状态，需要给该窗体添加私有方法用于设置窗体界面控件的不可用状态。

由于学生基本信息删除窗体需要将从“学号输入”窗体中传递过来的学生数据显示在窗体的相应控件中，以便用户浏览原来的数据，需要添加私有成员 ShowStuBasicInfo 并添加如下代码来完成：

```
private void ShowStuBasicInfo()
{
   tbStuID.Text = StuBasic.StuID;
   tbStuName.Text = StuBasic.StuName;
   tbResume.Text = StuBasic.StuResume;
   tbstuPcard.Text = StuBasic.StuPcard;
   if(StuBasic.StuBirth.ToString()!= "")
     dtpStuBirth.Value
   Convert.ToDateTime(StuBasic.StuBirth);
   cbDepart.SelectedValue = StuBasic.StuDept;
   if (StuBasic.StuSex == "男")
             rbMale.Checked = true;
    else if(StuBasic.StuSex == "女")
      rbMale.Checked = true;
    switch (StuBasic.StuPolitic)
    {
      case "党员":
         rbDang.Checked = true;
         rbTuan.Checked = false;
         rbQita.Checked = false;
         break;
      case "团员":
         rbDang.Checked = false;
         rbTuan.Checked = true;
         rbQita.Checked = false;
         break;
      case "其他":
         rbDang.Checked = false;
         rbTuan.Checked = false;
```

```
            rbQita.Checked = true;
            break;
        }
        pbPhoto.Image = Image.
            FromStream(new MemoryStream(StuBasic.StuPhoto), true);
    }
```

至此，学生基本信息删除窗体的辅助功能已经完成，最后就是如何把需要删除的学生信息从数据库的学生信息表中给予删除。

(7) 学生选课窗体的实现。主要实现以下功能：

- “添加课程”选项卡中可以继续选修其他课程，为了方便用户快速定位选修课程，本程序提供了课程模糊查询功能。如果用户确定选修某门课程，只需单击“添加”按钮即可实现选修课程功能，并在选修某门课程完毕后更改已选课程门数、已选学分数、选修课程列表及退选课程列表。
- 在“退选课程”选项卡，用户只需选择需要退选的课程信息，单击“退选”按钮即可完成课程退选功能，并刷新已选课程门数、已选学分数、选修课程列表及退选课程列表。
- 在“学生基本信息删除”窗体中单击“删除”按钮，弹出删除确认对话框，若用户单击“确定”按钮，则删除学生基本信息以及与该学生关联的选课信息，然后退出学生基本信息删除窗体；若用户单击“取消”按钮，则取消删除操作并返回到学生基本信息删除窗体。
- 单击“退出”按钮，则退出窗体。

① 操作流程图。根据功能描述，可绘制学生选修课程功能的操作流程图如图 17.22 所示。

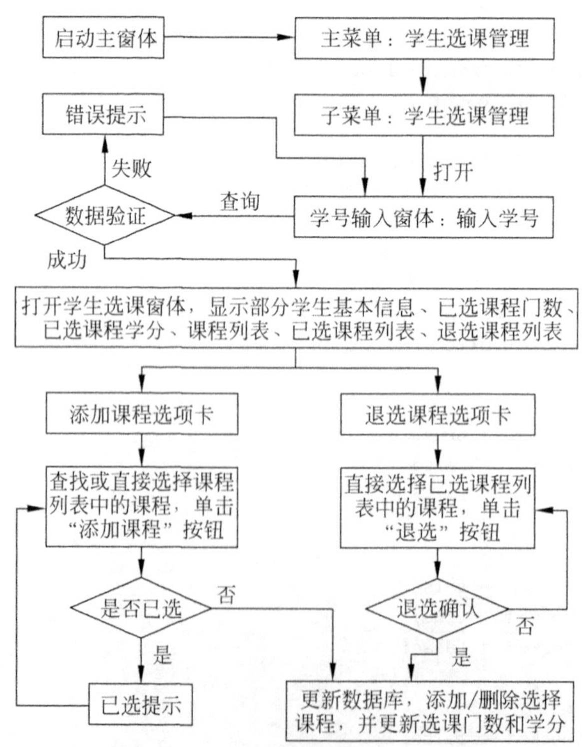

图 17.22 学生选修课程操作流程图

② 界面设计。首先在 StuInfoManage 项目的文件夹 stuInfo 中添加 Windows 窗体类 StuSelectCourse,设置窗体的属性 Text 为“学生选课”,在这个 Windows 窗体上添加控件并设置相应的属性,具体设计效果如图 17.23 所示。

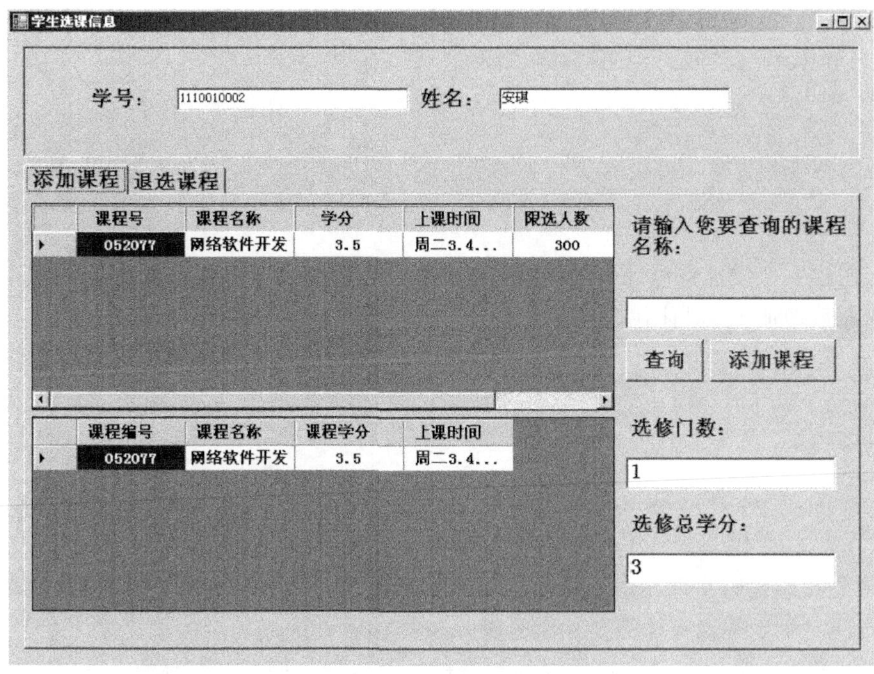

图 17.23　学生选课信息窗体

③ 数据库设计。为了填充学生选课窗体界面的数据信息,本程序通过对存储过程的调用返回相应的控件数据,具体实现是通过选课存储过程 StuSelectCourseProc 返回选修课程总学分以及选修课程门数的统计信息并返回学生选修课程信息。具体代码如下:

```
CREATE PROCEDURE [dbo].[StuSelectCourseProc]
(
  @stuID varchar(12),
  @courseSelectCount tinyint output,
  @creditSelectCount tinyint output
)
AS
begin
  select @courseSelectCount = count( * ),
       @creditSelectCount = sum(credit)
  from course,sc
  where course.courseid = sc.courseid
           and grade is null and stuid = @stuID
  select course.courseid as 课程编号,courseName as 课程名称,
          credit as 课程学分,courseTime as 上课时间 from course,sc
  where course.courseid = sc.courseid
           and grade is null and stuID = @stuID
end
```

为了实现在选课和退选课程时，自动为课程表中已选人数增加 1 或减少 1 操作，可以使用触发器来完成该过程的维护。

首先，创建一个退选课程的触发器，具体功能就是当学生退选某门课程时，自动将课程表已选人数减少 1。具体代码如下：

```
CREATE TRIGGER dbo.StuSelectCourseDelete
ON dbo.sc
FOR DELETE
AS
update course set stupreselect = stupreselect - 1
   where courseid in (select courseid from deleted)
```

接着创建一个增加选修课程的触发器，具体功能就是当学生添加选修课程时，自动将课程表已选人数增加 1。具体代码如下：

```
CREATE TRIGGER dbo.StuSelectCourseInsert
ON dbo.sc
FOR INSERT
AS
update course set stupreselect = stupreselect + 1
   where courseid in (select courseid from inserted)
```

④ 主要功能代码实现。由于需要进行数据库操作，故创建该窗体要用的通用数据库类对象 db。同时学生选课窗体需要从学号输入窗体接收查询成功后的学生基本信息数据，故需要声明用于传递学生基本信息数据的私有成员并设置访问器。具体操作方法是在该窗体类中添加以下代码：

```
DbConn db = new DbConn();
private StuBasicInfo stuBasic;
public StuBasicInfo StuBasic
{
   get
   {  return stuBasic;
   }
   set
   {  stuBasic = value;
   }
}
```

为了在启动学生选课窗体后，使界面上的各控件分别获得相应的值，可以给该窗体添加私有方法 BindSelectCourse，用于实现学生已选修课程信息的获取及显示功能，包括选修课程列表显示以及选课门数和选课总学分的统计等。具体代码如下：

```
private void BindSelectCourse()
{
   SqlParameter[] cmdParam = new SqlParameter[
        ]{new SqlParameter("@stuID",StuBasic.StuID),
    new SqlParameter("@courseSelectCount",SqlDbType.TinyInt),
    new SqlParameter("@creditSelectCount",SqlDbType.TinyInt)
};
```

```
cmdParam[1].Direction = ParameterDirection.Output;
cmdParam[2].Direction = ParameterDirection.Output;
try
{
    //调用存储过程,既能够返回 DataSet,又提供输出参数
    DataSet scDS = db.
        CallProcDS("StuSelectCourseProc", cmdParam);
    dgv_Sc.DataSource = scDS.Tables[0].DefaultView;
    dgv_ScDelete.DataSource = scDS.Tables[0].DefaultView;
    //设置选课门数和已选学分的值为存储过程输入参数的值
    tbScNum.Text = cmdParam[1].Value.ToString();
    tbScNumDelete.Text = cmdParam[1].Value.ToString();
    tbScCredit.Text = cmdParam[2].Value.ToString();
    tbScCreditDelete.Text = cmdParam[2].Value.ToString();
}
catch (Exception ee)
{
     MessageBox.Show(ee.Message);
}
```

同时创建了私有方法 BindToCourse,用于获取和显示课程信息表中可选课程的基本信息,用于给学生选修课程之用。具体代码如下:

```
private void BindToCourse()
{
   string sql = "select courseID as 课程号,
         coursename as 课程名称,credit as 学分,
         coursetime as 上课时间,stulimit as 限选人数,
         stupreselect as 已选人数 from course";
   try
   {  DataSet courseDS = db.ExecuteDataset(sql);
      dgv_course.DataSource = courseDS.Tables[0].DefaultView;
      dgv_course.Refresh();
   }
   catch (Exception ex)
   {  MessageBox.Show(ex.Message);
      db.WriteToLog(ex.Message + "\n");
  }
}
```

最后在"学生选课"窗体的 Load 事件中添加实现学号、姓名等部分学生数据的绑定显示工作,并调用上述两个方法实现界面数据显示。

```
private void StuSelectCourse_Load(object sender, EventArgs e)
{  tbStuID.Text = StuBasic.StuID;
   tbStuName.Text = StuBasic.StuName;
   BindToCourse();
   BindSelectCourse();
}
```

为了方便用户在选课过程中定位选修课程,本程序提供了课程模糊查询功能。具体操

作为在“查询”按钮的 Click 事件中添加以下代码：

```
string sql = "select courseID as 课程号,coursename as 课程名称";
sql  += ",credit as 课程学分,coursetime as 上课时间,stulimit as";
sql  += " 限选人数,stupreselect as 已选人数 from course where";
sql  += " coursename Like '%" + tbCname.Text.Trim() + "%'";
try
{  DataSet courseDS = db.ExecuteDataset(sqlstr);
   dgv_course.DataSource = courseDS.Tables[0].DefaultView;
}
catch (Exception ex)
{  MessageBox.Show(ex.Message);
}
```

至此，学生选课窗体的辅助功能已经完成，最后就是如何真正实现选课和退选课程工作。选课功能由“添加课程”按钮完成。

(8)按课程录入成绩窗体的实现。主要实现以下功能：

- 用户选择需要录入成绩的课程名称，单击“查询”按钮，把该课程的部分基本信息显示到界面上，并把选修该课程的所有学生信息及成绩显示在学生选课成绩控件中。
- 用户在每个学生的成绩列中输入学生考试成绩，程序检查考试成绩是否合格，若合格，则把成绩保存到数据库，否则提示错误。

① 操作流程图。根据功能描述，可绘制按课程录入学生成绩功能的操作流程图如图 17.24 所示。

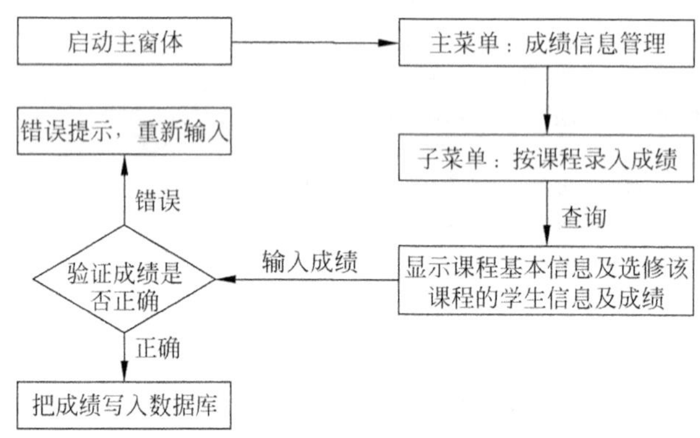

图 17.24 按课程录入学生成绩操作流程图

② 界面设计。首先在 StuInfoManage 项目中添加一个文件夹 gradeInfo，然后在该文件夹中添加一个 Windows 窗体类 CourseGradeInfo，设置该窗体的属性 Text 为“按课程录入成绩”，在该 Windows 窗体上添加控件并设置属性，具体设计效果如图 17.25 所示。

③ 主要功能代码实现。

首先是菜单功能调用实现。在系统主界面 MainForm 类中添加 CourseGradeInfo 窗体类的一个实例。

```
gradeInfo.CourseGradeInfo courseGradeInfo =
        new StuInfoManage.gradeInfo.CourseGradeInfo();
```

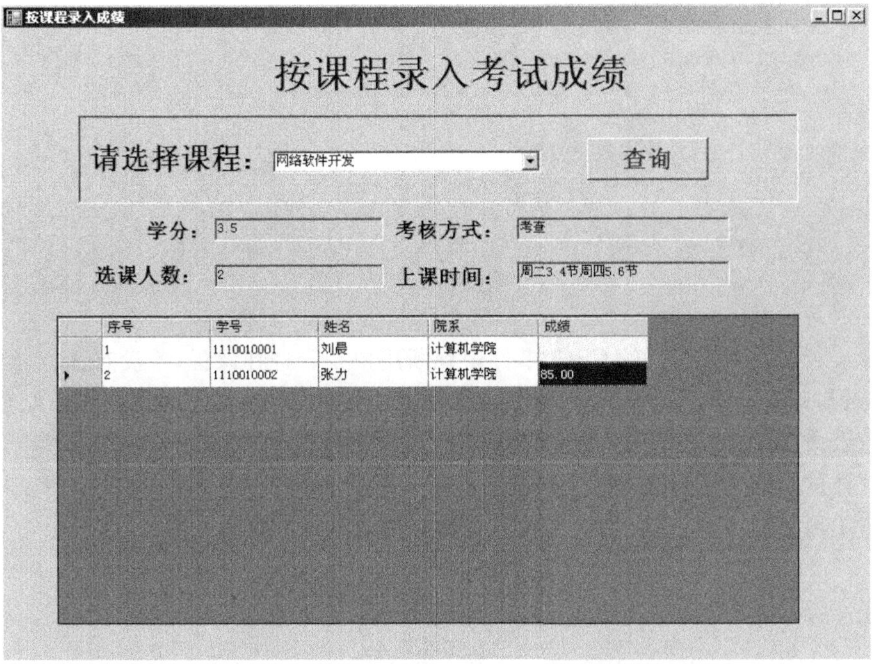

图 17.25 按课程录入成绩窗体

然后在菜单“学生成绩管理”——“按课程录入成绩”的 Click 事件中添加以下代码启动“按课程录入成绩”窗体。

其次是按课程录入成绩窗体相应功能实现。为了在启动窗体后，使各个控件处于不可编辑或不可用状态，可以给该窗体添加一个私有方法用于设置窗体界面控件的使用状态。

为了给用户提供选择课程录入成绩的功能，采用将数据库中所有课程的名称用组合框形式显示，供用户选择课程之用。为了实现该功能，需要对课程名称组合框进行数据初始化。

当用户选择课程，单击“查询”按钮之后，首先应该查询选择该课程的学生信息显示在 DataGridView 控件中，并显示该课程的基本信息。为了完成以上功能，本程序分两步进行操作。

第 1 步：首先定义一个私有成员 BindToGrade 用于绑定选修该课程的学生及成绩信息到 DataGridView 控件。具体代码如下：

```
private void BindToGrade()
{
    string sql = "select '序号' 序号, stu.stuid 学号, stu.stuname";
    sql += "姓名, depart.deptname 院系, grade 成绩
          from stu, depart, sc ";
    sql += " where stu.deptid = depart.deptid andstu.stuid = sc.stuid";
    sql += "and courseid = '" +
           cbCourse.SelectedValue.ToString() + "'";
    dgv_Grade.DataSource =
            db.ExecuteDataset(sql).Tables[0].DefaultView;
    //设置列表控件的部分列只读，且设置成绩列的背景颜色
    dgv_Grade.Columns[0].ReadOnly = true;
```

```
        dgv_Grade.Columns[1].ReadOnly = true;
        dgv_Grade.Columns[2].ReadOnly = true;
        dgv_Grade.Columns[3].ReadOnly = true;
        dgv_Grade.Columns[4].DefaultCellStyle.BackColor =
                Color.OldLace;
        //给列表控件加入选课人数序号列
        for(int i = 0;i < dgv_Grade.Rows.Count;i ++ )
        {
            dgv_Grade.Rows[i].Cells[0].Value = (i + 1).ToString();
        }
    }
```

第 2 步：在“查询”按钮的 Click 事件中判断用户是否选择课程，若没有选择，给出提示；若选择课程，则查询该课程的基本信息显示到界面控件中，并调用 BindToGrade 绑定选修学生信息及成绩。

在窗体的 Load 事件中添加以下语句进行窗体界面控件初始状态设定，使窗体启动后控件处于不可编辑或不可使用状态，并绑定课程信息到课程组合框中。

```
CompStatusOFF();
BindToCourse();
```

至此，按课程录入成绩窗体的辅助功能已经完成，最后就是如何把学生成绩录入到选课信息表中。完成这一功能需要做以下几步工作：

第 1 步：当选择某个学生录入成绩时，首先触发 DataGridView 控件的 CellBeginEdit 事件，在该事件中备份数据库原来的数据。

第 2 步：当录入学生成绩出现非法字符时，将触发 DataGridView 控件的 DataError 事件，在该事件中给用户提示错误，并把学生原来的成绩给予还原。

第 3 步：在 DataGridView 控件的 CellEndEdit 事件中获取用户输入的成绩，并判断成绩是否有效，若有效，则调用 update 语句实现对成绩的更新；否则，给用户提示错误。

(9) 学生基本信息浏览窗体的实现。主要实现以下功能：窗体启动后显示第一个学生的基本信息，如果不存在，再给出错误提示。此后可以根据界面上的“第一条”、“上一条”、“下一条”、“最后一条”导航按钮来浏览所有学生基本信息。

① 操作流程图。根据功能描述，可绘制按学生基本信息浏览功能的操作流程图如图 17.26 所示。

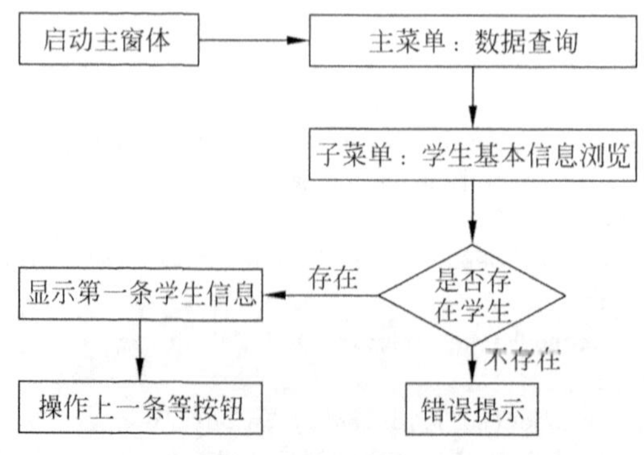

图 17.26 学生基本信息浏览操作流程图

② 界面设计。首先在 StuInfoManage 项目中的文件夹 stuInfo 中添加一个 Windows 窗体类 StuBasicInfoQuery，设置该窗体的属性 Text 为“学生基本信息浏览”，在该 Windows 窗体上添加控件并设置属性，具体设计效果如图 17.27 所示。

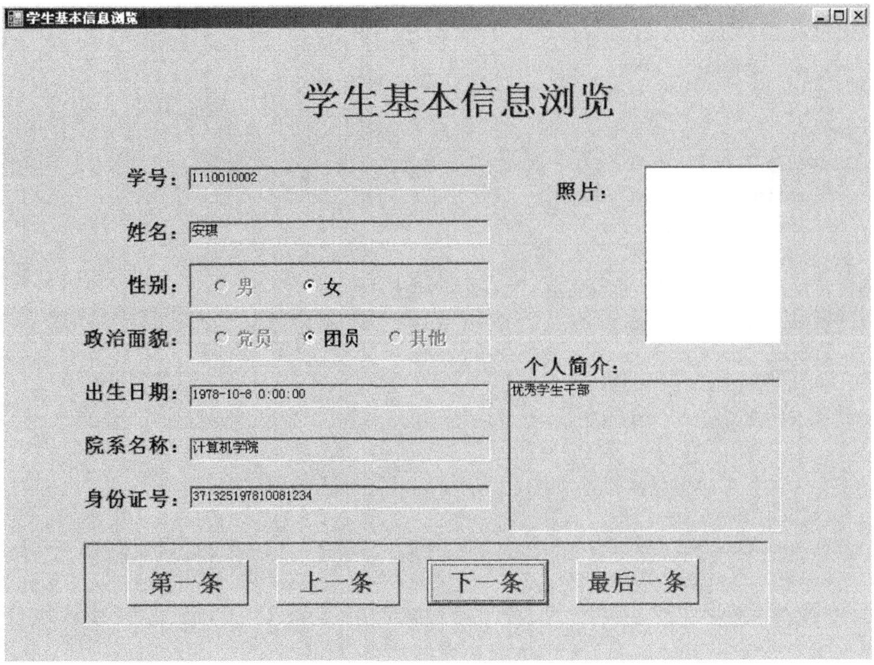

图 17.27　学生基本信息浏览窗体

③ 主要功能代码的实现。

窗体中 4 个导航按钮控件都要从结果集中读取学生信息，并需要确定正在操作的当前学生的具体位置，为此，程序中首先定义两个私有数据成员用于保存该窗体运行过程中的数据集合和当前记录的位置。

```
DataSet ds = new DataSet();  //保存该窗体涉及的数据集
int currentRecord = 0;       //保存当前操作的记录位置
```

然后需要初始化窗体数据查询结果集以及设置界面打开状态。为了完成这一功能，需要做两步工作。

第 1 步：创建一个通用的界面数据绑定私有方法 StuDataBind，该方法根据查询结果集中学生的具体位置，在窗体的相应控件上显示学生详细信息。具体操作代码如下：

```
private void StuDataBind(int position)
{
   DataRow dr = ds.Tables[0].Rows[position];
   tbStuID.Text = dr["stuid"].ToString();
   tbStuName.Text = dr["stuname"].ToString();
   tbStubirth.Text = dr["stubirth"].ToString();
   //根据学生所在院系编号获取院系名称
   tbDeptid.Text = db.getSingleValue("select deptname
         from depart
```

```
        where deptid = '" + dr["deptid"].ToString() + "'");
    tbstuPcard.Text = dr["stupcard"].ToString();
    tbResume.Text = dr["sturesume"].ToString();
    if(dr["stusex"].ToString().Equals("男"))
    {   rbMale.Enabled = true;
        rbFemale.Enabled = false;
        rbMale.Checked = true;
    }
    else
    {   rbMale.Enabled = false;
        rbFemale.Enabled = true;
        rbFemale.Checked = true;
    }
    if(dr["stupolitic"].ToString().Equals("党员"))
    {   rbDang.Enabled = true;
        rbDang.Checked = true;
        rbTuan.Enabled = false;
        rbQita.Enabled = false;
    }
    else if(dr["stupolitic"].ToString().Equals("团员"))
    {   rbTuan.Enabled = true;
        rbTuan.Checked = true;
        rbDang.Enabled = false;
        rbQita.Enabled = false;
    }
    else
    {   rbQita.Enabled = true;
        rbQita.Checked = true;
        rbTuan.Enabled = false;
        rbDang.Enabled = false;
    }
    //图片数据的显示
    try
    {   byte[] PhotoBuffer = (byte[])dr["stuPhoto"];
        Stream Photo = new MemoryStream(PhotoBuffer);
        Image PhotoImage = Image.FromStream(Photo, true);
        pbPhoto.Image = PhotoImage;
        Photo.Close();
    }
    catch(Exception ex)
    {   db.WriteToLog(ex.Message + "\n");
        pbPhoto.Image = null;
    }
}
```

第 2 步：从数据库中读取学生基本信息，如果存在学生，则在启动窗体后显示第一个学生信息；如果不存在，则提示错误。为此，需要在窗体的 Load 事件中添加以下代码：

```
//从数据库中读取学生基本信息数据
string sqlstr = "select * from stu";
ds = db.ExecuteDataset(sqlstr);
```

```
//如果存在学生,显示第一条,否则提示没有数据信息
if (ds.Tables[0].Rows.Count == 0)
{
    MessageBox.Show(this, "不存在您要浏览的信息!",
          "错误信息提示", MessageBoxButtons.OK,
          MessageBoxIcon.Warning);
}
else
{   currentRecord = 1;
    StuDataBind(currentRecord - 1);
}
```

为了在启动窗体后,使各个控件处于不可编辑或不可用状态,可以给该窗体添加一个私有方法用于设置窗体界面控件的使用状态。具体代码如下:

```
private void CompStatusOFF()
{   tbCredit.Enabled = false;
    tbMethod.Enabled = false;
    tbStuNum.Enabled = false;
    tbTime.Enabled = false;
  }
```

最后,分别为"第一条"、"上一条"、"下一条"、"最后一条"按钮添加事件处理程序,实现显示当前位置学生信息的功能即可。

(10)学生基本信息查询窗体的实现。学生基本信息查询窗体主要实现以下功能:用户输入想要查询的学生部分信息,如果不存在,再给出错误提示;若存在,则把查询符合条件的学生信息显示在列表中,并置"导出到 Excel"控件可用,供用户导出符合条件的学生记录。

① 操作流程图。根据功能描述,可绘制按学生基本信息浏览功能的操作流程图如图 17.28 所示。

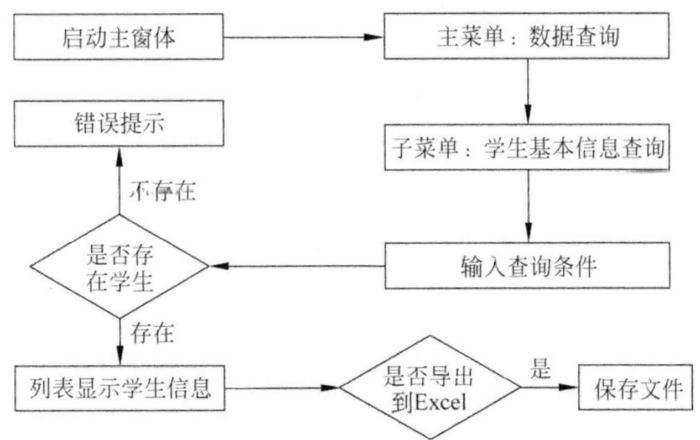

图 17.28　学生基本信息查询操作流程图

② 界面设计。首先在 StuInfoManage 项目中的文件夹 stuInfo 中添加一个 Windows 窗体类 StuInfoQuery,设置该窗体的属性 Text 为"学生基本信息查询",在该 Windows 窗体上添加控件并设置属性,具体设计效果如图 17.29 所示。

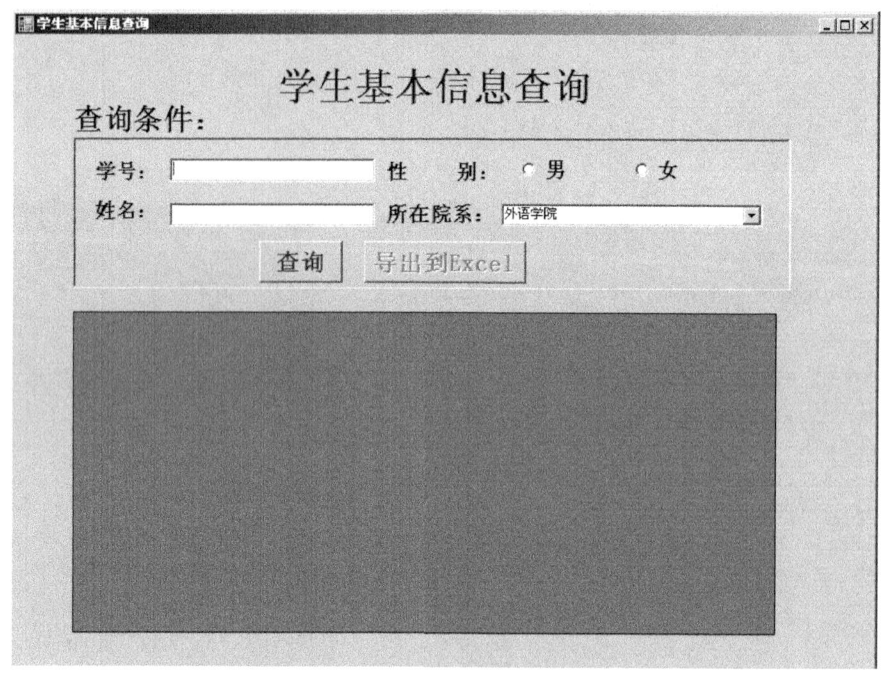

图 17.29　学生基本信息查询窗体

③ 实现主要功能的代码。窗体启动后，首先需要绑定院系数据，方便用户查询每个院系的学生。为了实现该功能，需要对院系名称组合框进行数据初始化，具体方法如下：

```
private void BindToDepart()
{
    string sqlstr = "select deptID,deptName from depart";
    DataSet ds = db.ExecuteDataset(sqlstr);
    DataRow drow = ds.Tables[0].NewRow();
    drow[0] = "0000";
    drow[1] = "请选择院系";
    ds.Tables[0].Rows.InsertAt(drow, 0);
    cbDepart.DataSource = ds.Tables[0];
    cbDepart.DisplayMember = "deptName";
    cbDepart.ValueMember = "deptID";
}
```

同时还要清空窗体中各个控件原有的值，实现这一功能，可以给该窗体添加私有方法 ComponentReset。在窗体的 Load 事件中添加以下语句进行窗体界面控件初始状态设定，使窗体启动后清空控件原有的值，并绑定院系信息到院系组合框中。

```
ComponentReset();
BindToDepart();
```

当用户输入要查询的学生信息，单击“查询”按钮之后，首先应该构造正确的选择学生的 SELECT 语句。为了完成这一功能，可以在程序中定义一个私有成员 getSql，在该成员方法中根据用户是否输入查询条件，构造正确的 SELECT 语句。具体代码如下：

```
private string getSql()
{
    string sql = "select '序号'序号,stuid 学号,stuname 姓名,
        stusex 性别,stubirth 出生日期,stupolitic 政治面貌,
        stupcard 身份证号,deptname 所在院系
        from stu,depart where stu.deptid = depart.deptid";
    if (tbStuID.Text.Trim() != "")
    {   sql += " and stuid = '" + tbStuID.Text.Trim() + "'";
    }
    if (tbStuName.Text.Trim() != "")
    {   sql += " and stuname like '%" + tbStuName.Text.Trim() + "%'";
    }
    if (rbMale.Checked)
    {   sql += " and stusex = '男'";
    }
    if(rbFemale.Checked)
    {   sql += " and stusex = '女'";
    }
     if(cbDepart.SelectedValue.ToString()!= "请选择")
     {   sql += " and stu.deptid = '"
                 + cbDepart.SelectedValue.ToString().Trim() + "'";
     }
     return sql;
}
```

接着,在“查询”按钮的 Click 事件中根据构造好的 SELECT 语句,调用通用类的方法返回 DataSet 对象,根据该对象判断要查询的学生信息是否存在,若不存在,提示错误;否则,把符合条件的学生信息显示到 DataGridView 控件中即可,同时置“导出到 Excel”按钮的状态为可用。

最后,在“导出到 Excel”按钮的 Click 事件中加入导出 Excel 的代码实现导出功能。具体代码如下:

```
//申明保存对话框
SaveFileDialog dlg = new SaveFileDialog();
//默认文件后缀
dlg.DefaultExt = "xls ";
//文件后缀列表
dlg.Filter = "EXCEL 文件(*.XLS)|*.xls ";
//默认路径是系统当前路径
dlg.InitialDirectory = Directory.GetCurrentDirectory();
//打开保存对话框
if (dlg.ShowDialog() == DialogResult.Cancel) return;
//返回文件路径
string fileNameString = dlg.FileName;
//验证 strFileName 是否为空或值无效
if (fileNameString.Trim() == " ")
 { return; }
//定义表格内数据的行数和列数
int rowscount = dgv_stu.Rows.Count;
int colscount = dgv_stu.Columns.Count;
```

```
//行数必须大于 0
  if (rowscount <= 0)
  {  MessageBox.Show("没有数据可供保存 ", "提示 ",
          MessageBoxButtons.OK, MessageBoxIcon.Information);
     return;
  }
  //列数必须大于 0
  if (colscount <= 0)
   { MessageBox.Show("没有数据可供保存 ", "提示 ",
          MessageBoxButtons.OK, MessageBoxIcon.Information);
     return;
   }
   //行数不可以大于 65 536
   if (rowscount > 65 536)
   {  MessageBox.Show("数据记录数太多(最多不能超过 65536 条),
           不能保存 ", "提示 ", MessageBoxButtons.OK,
           MessageBoxIcon.Information);
     return;
   }
    //列数不可以大于 255
    if (colscount > 255)
   {  MessageBox.Show("数据记录行数太多,不能保存 ", "提示 ",
           MessageBoxButtons.OK, MessageBoxIcon.Information);
     return;
    }
    //验证以 fileNameString 命名的文件是否存在,如果存在则删除它
    FileInfo file = new FileInfo(fileNameString);
    if (file.Exists)
     {
       try
       {  file.Delete();
       }
       catch (Exception error)
       {  MessageBox.Show(error.Message, "删除失败 ",
             MessageBoxButtons.OK, MessageBoxIcon.Warning);
         return;
       }
    }
    Excel.Application objExcel = null;
    Excel.Workbook objWorkbook = null;
    Excel.Worksheet objsheet = null;
    try
    {  //申明对象
       objExcel = new Microsoft.
            Office.Interop.Excel.Application();
       objWorkbook = objExcel.Workbooks.Add(Missing.Value);
            objsheet = (Excel.Worksheet)objWorkbook.ActiveSheet;
            //设置 Excel 不可见
            objExcel.Visible = false;
            //向 Excel 中写入表格的表头
            int displayColumnsCount = 1;
```

```
            for (int i = 0; i <= dgv_stu.ColumnCount - 1; i++)
            {
              if (dgv_stu.Columns[i].Visible == true)
              {
                objExcel.Cells[1, displayColumnsCount] =
                    dgv_stu.Columns[i].HeaderText.Trim();
                displayColumnsCount++;
               }
            }
            //向 Excel 中逐行逐列写入表格中的数据
            for (int row = 0; row <= dgv_stu.RowCount - 1; row++)
            {  //tempProgressBar.PerformStep();
            displayColumnsCount = 1;
            for (int col = 0; col < colscount; col++)
            {
              if (dgv_stu.Columns[col].Visible == true)
              {
                objExcel.Cells[row + 2, displayColumnsCount] =
                    dgv_stu.Rows[row].Cells[col].
                    Value.ToString().Trim();
                displayColumnsCount++;
              }
            }
          }
        }
        //保存文件
        objWorkbook.SaveAs(fileNameString, Missing.Value,
              Missing.Value, Missing.Value, Missing.Value,
        Missing.Value, Excel.XlSaveAsAccessMode.xlShared,
              Missing.Value, Missing.Value, Missing.Value,
        Missing.Value, Missing.Value);
      }
      catch (Exception error)
      {
         MessageBox.Show(error.Message, "警告 ",
             MessageBoxButtons.OK, MessageBoxIcon.Warning);
         return;
      }
      finally
      {  //关闭 Excel 应用
         if (objWorkbook != null) objWorkbook.Close(Missing.Value,
            Missing.Value, Missing.Value);
         if (objExcel.Workbooks != null)
             objExcel.Workbooks.Close();
         if (objExcel != null) objExcel.Quit();
           objsheet = null;
           objWorkbook = null;
           objExcel = null;
}
MessageBox.Show(fileNameString + "\n\n 导出完毕! ", "提示 ",
        MessageBoxButtons.OK, MessageBoxIcon.Information);
```

(11)学生成绩信息查询窗体的功能实现。主要实现以下功能：用户输入想要查询的学生学号，如果不存在，再给出错误提示；若存在，则把学生基本信息显示在窗体控件中，并把该学生选修的课程以及成绩以列表形式显示，置“导出到 Excel”控件可用，供用户导出学生选修课程成绩信息。

① 操作流程图。根据功能描述，可绘制按学生基本信息浏览功能的操作流程图如图 17.30 所示。

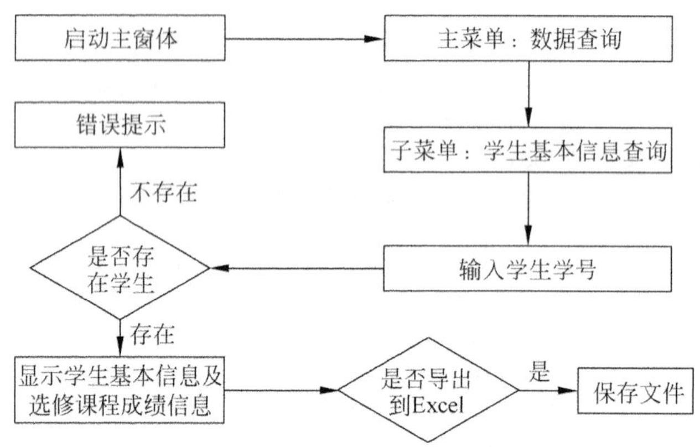

图 17.30　学生基本信息查询操作流程图

② 界面设计。首先在 StuInfoManage 项目中的文件夹 gradeInfo 中添加一个 Windows 窗体类 StuGradeInfoQuery，设置该窗体的属性 Text 为“学生成绩信息查询”，在该 Windows 窗体上添加控件并设置属性，具体设计效果如图 17.31 所示。

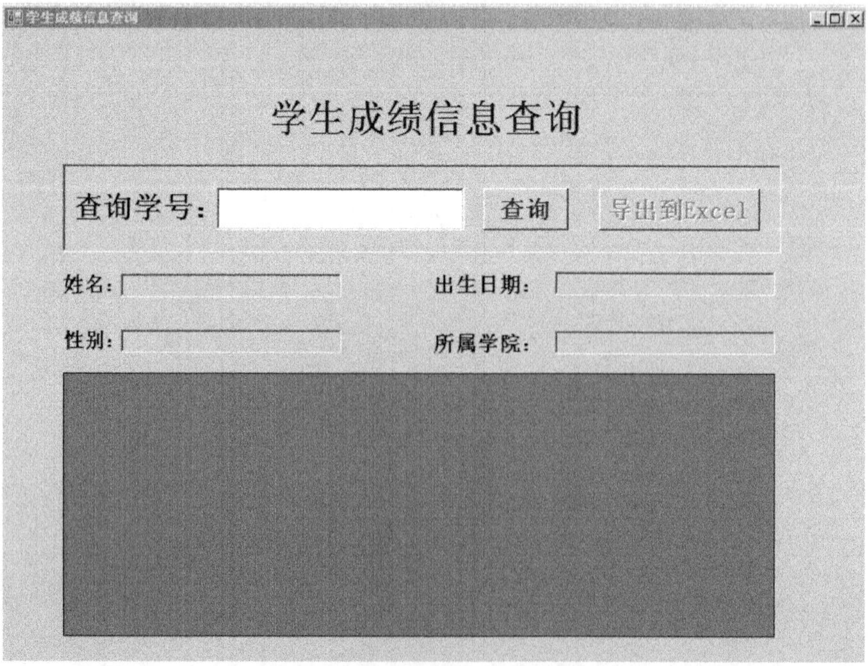

图 17.31　学生成绩信息查询窗体

③ 主要功能代码。

窗体启动后，首先要清空窗体中各个控件原有的值，实现这一功能，可以给该窗体添加私有方法 ComponentReset。具体代码如下：

```
private void ComponentReset()
{
  tbStuID.Text = "";
  tbStuName.Text = "";
  tbStubirth.Text = "";
  tbSsex.Text = "";
  tbDepart.Text = "";
  tbStuID.Focus();
  btnExcel.Enabled = false;
  dgv_Grade.DataSource = "";
}
```

在窗体的 Load 事件中添加以下语句进行窗体界面控件初始状态设定，使窗体启动后清空控件原有的值。

```
ComponentReset();
```

为了根据输入的学号查询该学生所选修的课程及成绩，程序中构造了私有成员 BindToGrade 来完成查询及绑定显示的功能。在该功能代码中，还要验证选课信息是否存在，若存在，则置“导出到 Excel”按钮可用。具体代码如下：

```
private void BindToGrade()
{
  string sql = "select '序号' 序号, course.courseID as 课程编号,courseName as 课程名称,credit
as 课程学分,grade as 成绩";
  sql += " from course,sc where course.courseID = sc.courseID and stuid = '" + tbStuID.Text.
Trim() + "'";
  DataSet ds = db.ExecuteDataset(sql);
  if(ds.Tables[0].Rows.Count > 0)
      btnExcel.Enabled = true;
   if (ds != null)
      dgv_Grade.DataSource = ds.Tables[0].DefaultView;
      dgv_Grade.Columns[0].ReadOnly = true;
      dgv_Grade.Columns[1].ReadOnly = true;
      dgv_Grade.Columns[2].ReadOnly = true;
      dgv_Grade.Columns[3].ReadOnly = true;
      dgv_Grade.Columns[4].DefaultCellStyle.BackColor = Color.OldLace;
      for (int i = 0; i < dgv_Grade.Rows.Count; i++)
      {
         dgv_Grade.Rows[i].Cells[0].Value = (i + 1).ToString();
      }
  }
```

用户单击“查询”按钮之后，首先判读用户是否输入了学号，若没有输入，提示错误；若输入，则查询学生信息表，判断该学号所代表的学生信息是否存在。若不存在，提示错误；若存在，则把学生基本信息显示在窗体的相应控件中，并调用 BindToGrade 方法把该学生选修课程及成绩显示出来。具体代码如下：

```
if (tbStuID.Text.Trim() == "")
{
    MessageBox.Show(this, "请输入要查询的学生学号!!!",
        "错误信息提示",
        MessageBoxButtons.OK, MessageBoxIcon.Warning);
    tbStuID.Focus();
    return;
}
  string sql = "";
  sql = "select * from stu
        where stuid='" + tbStuID.Text.Trim() + "'";
  DataSet ds1 = db.ExecuteDataset(sql);
  if (ds1.Tables[0].Rows.Count > 0)
  {
      DataRow dr = ds1.Tables[0].Rows[0];
      tbStuName.Text = dr["stuname"].ToString().Trim();
      if (!dr["stubirth"].ToString().Equals(""))
      tbStubirth.Text = Convert.ToDateTime(dr["stubirth"].
        ToString().Trim()).ToShortDateString();
  tbSsex.Text = dr["stusex"].ToString().Trim();
  tbDepart.Text = db.getSingleValue("select deptname
        from depart
        where deptid='" + dr["deptid"].ToString().Trim() + "'");
  BindToGrade();
}
else
{
  MessageBox.Show(this, "您要查询的学号不存在,请确认是否正确后重新
        输入!", "错误信息提示", MessageBoxButtons.OK,
        MessageBoxIcon.Warning);
  ComponentReset();
}
```

至此，以学生为主线的设计和代码实现已基本完成。其他功能模块都可在这些模块的基础上加以扩展即可完成，在此不再赘述。

5. 本案例小结

通过该项目，可以从中了解 Visual Studio. NET 2008 数据库系统开发的基本方法和步骤。以此为基础，用户可以根据需求拓展系统功能，开发功能更多、更完善的学生成绩管理系统，例如可以增加教师表以及教师任课表，以实现教师以及课程之间的管理等。

17.3 案例 2：工业环境保护技术论坛

近年来，中国环境保护产业一直呈高速发展态势，表明我国环境保护产业已开始走上健康发展的道路。以环境标志产品、绿色建材、有机食品等为代表的洁净产品已大量进入百姓

的日常生活。而我国目前的环境服务业如环境技术服务、环境咨询、环境污染治理设施运营、环境贸易与金额服务等具有明显的结构性缺陷，制约了环境保护技术的整体发展。

创建属于环境保护技术方面的专业 BBS 论坛，针对工业生产和日常生活中的水污染治理、空气污染治理、固体废物处理、噪声与振动控制、放射性与电磁波、环境检测等几方面的技术和产品进行网络交流，可以充分发挥网络媒体的优势，为环境保护技术方面的专家、学者和工作人员提供一个技术交流的平台，可以提高环保技术在不断发展的社会生活中的影响与作用。

1. 需求分析

(1) 分析需求。工业环保技术 BBS 论坛是一个以技术交流和学习知识为目的，借助网络传输媒体和 Web 共享实现的应用系统平台，主要目标是供访问者发表意见和讨论问题。一般来说，它允许访问者发表主题，针对某个主题发表观点，查看主题列表和详细信息，查看其他用户详细信息及发表主题数。此外，还允许用户注册、登录等。

本案例从 BBS 的使用角度考虑，对系统功能提出以下要求：

① 用户注册。用户通过注册获得一个可登录系统的用户名。

② 用户登录。使用注册过程中得到的用户名及密码登录系统，或者使用系统预设的一个用户名和密码都为 Guest 的账号匿名登录系统。注册用户登录系统后操作不受限制，匿名用户登录系统后只能浏览主题，不能发表主题、回复主题以及查看注册用户信息。

③ 访问计数。统计网站的总访问量和当日访问量。

④ 发表主题。注册用户以主题的形式发表自己的见解和想法，其他注册用户可看到该主题，并对该主题做回复操作。

⑤ 回复主题。针对其他用户发表的某篇主题展开讨论。

⑥ 主题搜索。用户通过主题搜索能够快速找到自己感兴趣的主题信息。

⑦ 用户发表主题计数。对用户发表或回复主题数进行计数，根据该计数可以做一些限制工作。

⑧ 主题阅读次数与回复次数计数。对每篇主题的阅读次数和回复次数进行计数。

⑨ 开放性设计。系统应该有很好的扩展性，在已实现功能的基础上可以扩展其他功能。

(2) 功能分析。根据需求分析，该 BBS 系统包括用户注册、用户登录、访问计数、发表主题、回复主题和主题搜索 6 个主要功能，系统模块结构图如图 17.32 所示。

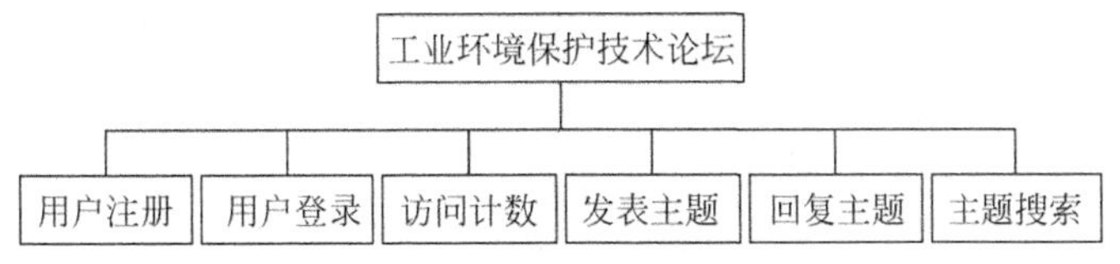

图 17.32　系统模块结构图

① 用户注册。接收用户输入的注册信息，连接数据库，将用户填写的资料写入数据库，用户获得一个可登录系统的用户名和密码。

② 用户登录。用户登录给用户提供了登录页面，在该页面中输入用户名、密码和验证码，

从数据库检索用户是否存在，若不存在，给予错误提示；若存在，允许用户访问论坛内容。

③ 访问计数。访问计数在网站中被广泛使用，不同的网站，其访问计数系统各不相同，从最简单的只记录总访问量到复杂的月平均、周平均以及日平均的访问统计，功能差别较大。本系统只记录网站的总访问量和当日访问量。其他复杂的计数功能，读者可以在此基础上进行扩展。

④ 发表主题。给注册用户提供接口，用于发表自己的见解和想法，同时计数登录用户发表主题数。

⑤ 回复主题。阅读主题时，需要给该主题的阅读次数加 1。注册用户可以针对该主题进行回复，回复主题时，需要给发表主题的回复次数加 1，同时计数登录用户发表主题数。

⑥ 搜索主题。用户通过主题搜索能够快速找到自己感兴趣的主题信息，对相应的主题信息进行查看或回复。

(3) 数据流图。通过以上分析，系统的功能归纳如下：新用户注册、登录，注册用户发表主题、回复主题，查看其他用户信息、搜索主题等。由此可绘制第 0 层 DFD 图如图 17.33 所示。

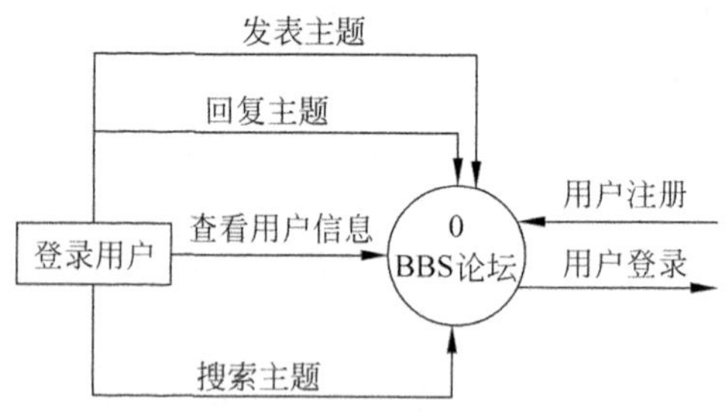

图 17.33　第 0 层 DFD 图

对第 0 层 DFD 图中的一个加工“BBS 论坛”进行展开，可绘制第 1 层 DFD 图如图 17.34 所示。

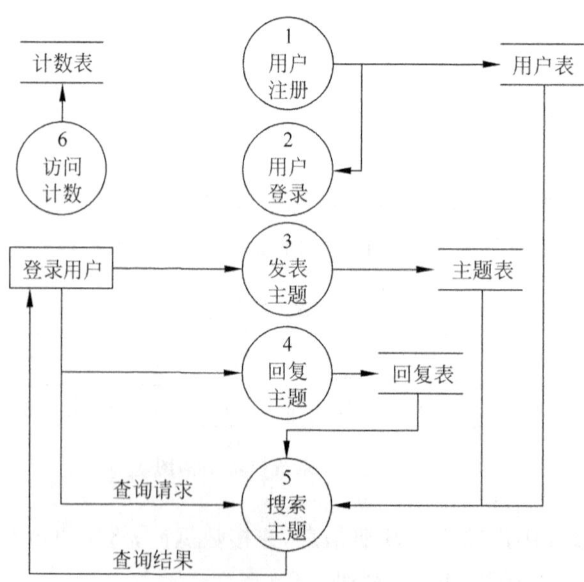

图 17.34　第 1 层 DFD 图——BBS 论坛

对第1层DFD图中的一个加工"用户注册"进行展开，可绘制第2层DFD图如图17.35所示。对"用户登录"进行展开，可绘制第2层DFD图如图17.36所示。

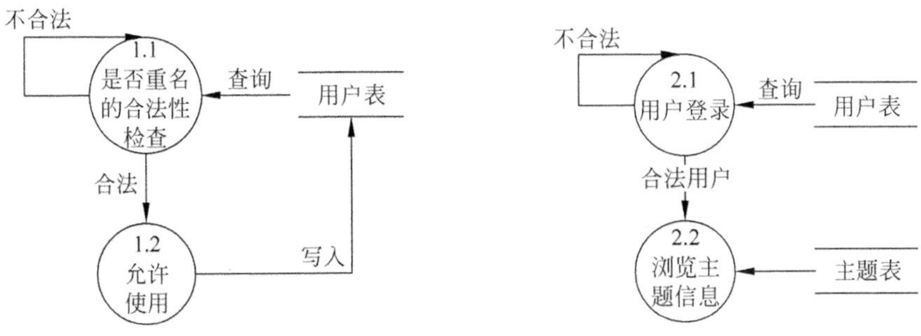

图17.35　第2层DFD图——用户注册　　图17.36　第2层DFD图——用户登录

对"发表主题"进行展开，可绘制第2层DFD图如图17.37所示。对"回复主题"进行展开，可绘制第2层DFD图如图17.38所示。

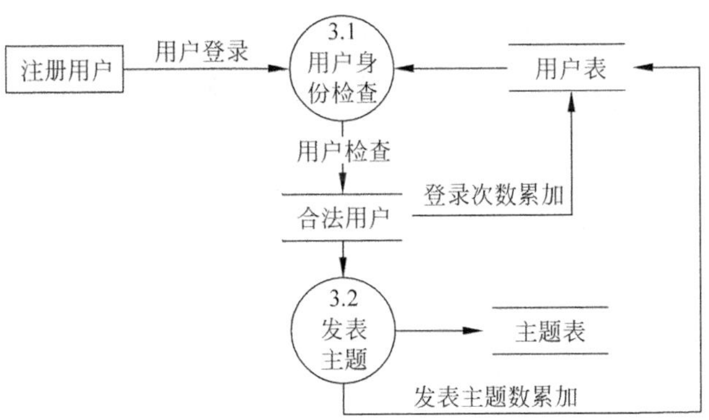

图17.37　第2层DFD图——发表主题

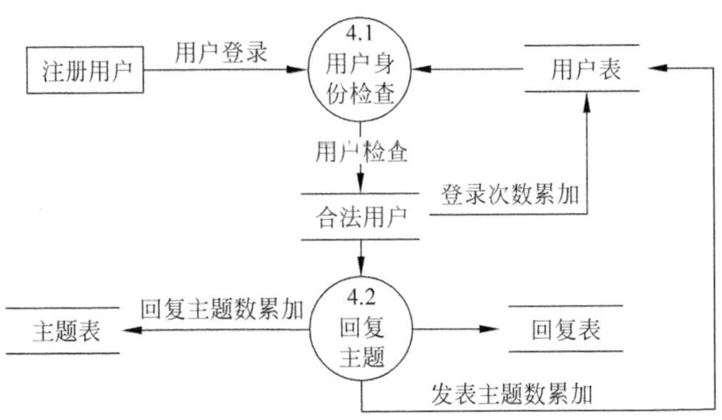

图17.38　第2层DFD图——登记学生成绩

对"搜索主题"进行展开，可绘制第2层DFD图如图17.39所示。对"访问计数"进行展开，可绘制第2层DFD图如图17.40所示。

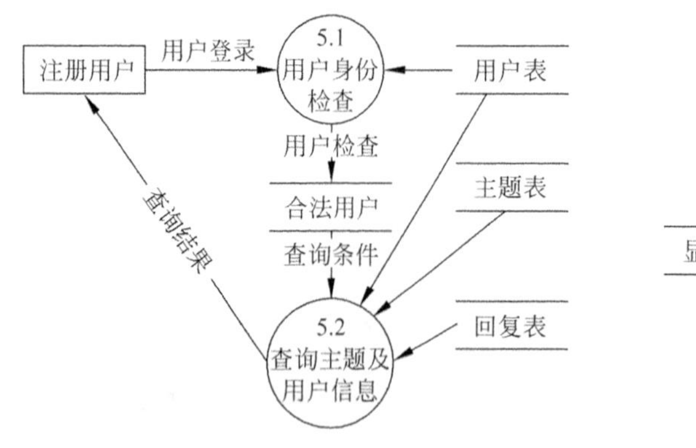

图 17.39 第 2 层 DFD 图——搜索主题

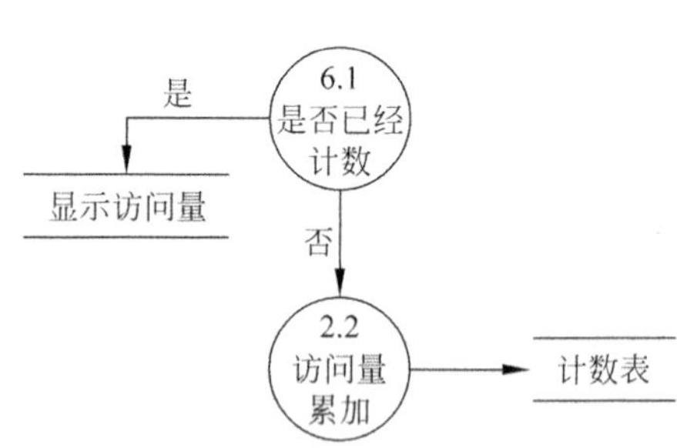

图 17.40 第 2 层 DFD 图——访问计数

(4) 数据字典。数据流图表达了数据和处理的关系,数据字典则是系统中各类数据描述的集合,是进行详细的数据收集和数据分析所获得的主要成果。通过上述数据流图可得到"BBS 论坛"的部分数据字典条目。

① 工业环保技术 BBS 的数据结构可以用表 17.17～表 17.20 来描述。

表 17.17 用户表数据结构

数据结构名	用　户　表
描述	注册用户基本信息
组成	用户名＋用户密码＋真实姓名＋性别＋出生日期＋邮箱＋ QQ 号码 ＋用户描述＋用户照片＋注册时间＋发表主题数＋登录次数
其他说明	在系统功能扩充时可能增加定义项

表 17.18 主题表数据结构

数据结构名	主　题　表
描述	包括讨论主题的相应内容及阅读次数、回复次数
组成	主题编号＋标题＋内容＋发表时间＋发表用户＋阅读次数＋回复次数＋表情图片
其他说明	在系统功能扩充时可能增加定义项

表 17.19 回复表数据结构

数据结构名	回　复　表
描述	包括回复主题的相应内容
定义	回复编号＋主题编号＋回复标题＋回复内容＋回复时间＋回复用户＋表情图片
其他说明	在系统功能扩充时可能增加定义项

表 17.20 计数表数据结构

数据结构名	计　数　表
描述	包括总访问量、当日访问量和时间
定义	日期＋当日访问量＋总访问量
其他说明	在系统功能扩充时可能增加定义项

② 环保技术 BBS 的数据存储可以用表 17.21 来描述。

表 17.21 BBS 论坛数据存储

数据存储名	输入的数据流	输出的数据流	组 成
用户表	用户注册		用户表
主题表	用户发表主题	主题列表、用户回复主题	主题表
回复表	主题列表	阅读主题、用户回复主题	主题表、回复表
计数表	访问计数累加	显示访问计数	计数表

2. UML 系统建模

通过上面的需求分析，可以列出环保技术 BBS 论坛的用例包括用户注册、用户登录、发表主题、回复主题、搜索主题和访问计数，利用 UML 建立软件系统的模型。用例图用来描述系统与参与者之间的相互作用，也可以说是从用户角度出发对如何使用系统的描述。BBS 论坛用例分析如图 17.41 所示。

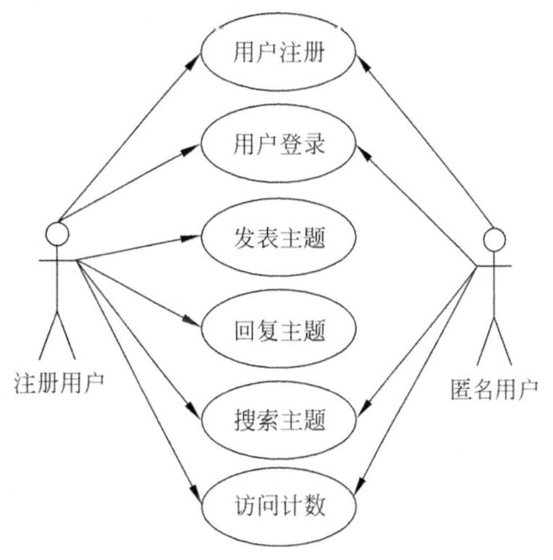

图 17.41 BBS 论坛用例图

从图 17.41 可以看出，论坛的角色为注册用户和匿名用户。为了系统的安全，注册用户和匿名用户在进入系统时要核对用户名和密码，只有用户名和密码都正确才能进入系统进行相应的操作。

3. 数据库设计

通过前面的需求分析，可以构造本论坛的 E-R 图如图 17.42 所示。

由 E-R 图转换为关系模式，可得到以下三个数据库表：用户表、主题表和回复表。另外，由于系统有访问计数功能，为了能够存储访问计数的所有信息，系统还包含一个计数表，

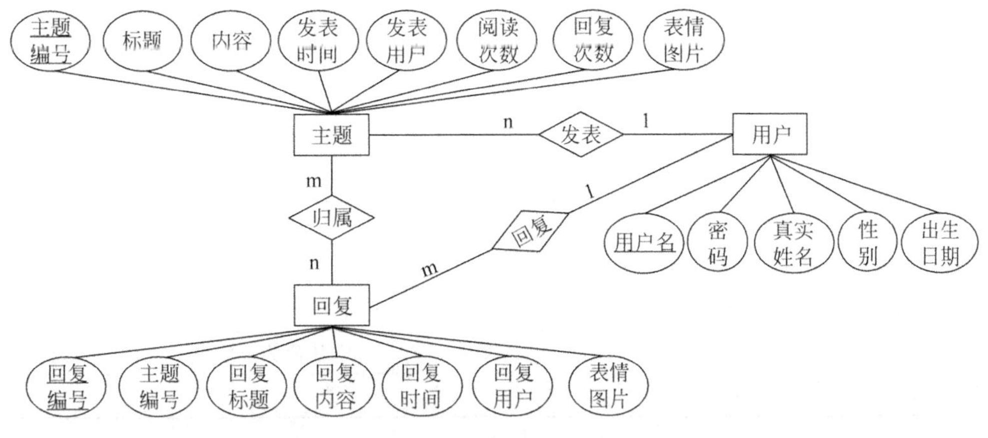

图 17.42 BBS 论坛 E-R 图

用来保存日期、当日访问量和总访问量。表 17.22 描述了数据库表及其用途，而数据库中各表的结构如表 17.23～表 17.26 所示。

表 17.22 数据库表及其用途

数据表名称	数据表用途
用户表	保存用户注册基本信息
主题表	保存用户发表意见和想法的主题信息
回复表	保存其他用户针对主题信息发表的回复信息
访问计数表	保存系统访问计数的当日访问量和总访问量

表 17.23 用户表

字 段 名	数 据 类 型	字 段 说 明	字 段 属 性
username	varchar(20)	登录名	主键
userpwd	varchar(20)	登录密码	不许为空
truename	varchar(20)	真实姓名	
usersex	varchar(2)	性别	性别只能取“男”、“女”
userbirth	date	出生日期	
E-mail	varchar(40)	邮箱	
qqnumber	varchar(20)	QQ 号码	
userdescription	varchar(200)	用户描述	
userphoto	varchar(50)	用户照片	
regtime	datetime	注册时间	
pubcount	int	发表主题数	默认值为 0，每当用户发表主题或回复主题后，都要进行加 1 操作
logintimes	int	登录次数	默认值为 0，每当用户登录成功后，都要进行加 1 操作

表 17.24 主题表

字 段 名	数 据 类 型	字 段 说 明	字 段 属 性
subjectid	varchar(20)	主题编码	主键
username	varchar(20)	发表用户	参照用户表中的“登录名”字段取值
title	varchar(200)	主题标题	
contents	text	主题内容	
pubtime	datetime	发表时间	
replycount	bigint	回复次数	默认值为 0
readcount	bigint	阅读次数	默认值为 0
emimage	varchar(20)	表情图片	

表 17.25　回复表

字段名	数据类型	字段说明	字段属性
replyid	varchar(20)	回复编码	主键
subjectid	varchar(20)	主题编码	参照主题表中的"主题编码"字段取值，代表该回复针对哪个主题
username	varchar(20)	回复用户	参照用户表中的"登录名"字段取值
title	varchar(200)	回复标题	
contents	text	回复内容	
replytime	datetime	回复时间	
emimage	varchar(20)	表情图片	

表 17.26　访问计数表

字段名	数据类型	字段说明	字段属性
lastday	date	当前日期	主键
tdycnt	bigint	当日访问量	默认值为 0
ttlcnt	bigint	总访问量	默认值为 0

本系统后台数据库采用的是 SQL Server 2008，根据系统的功能描述以及系统的详细设计，BBS 论坛中各种数据信息之间的关系如图 17.43 所示。

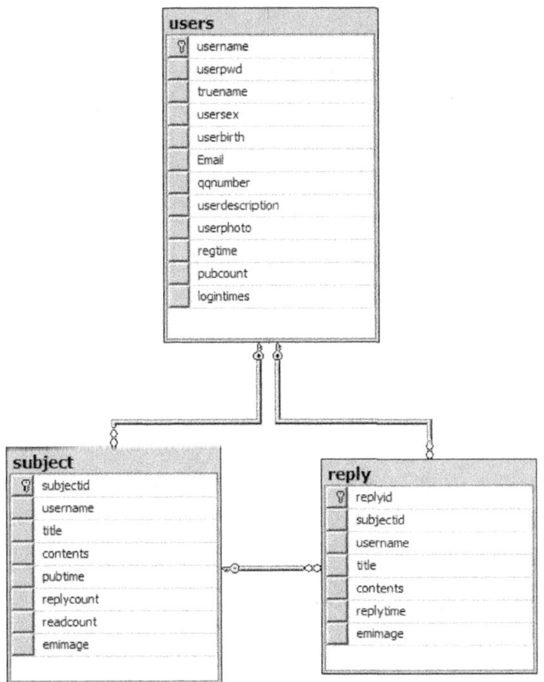

图 17.43　论坛后台数据库关系图

4. 系统实现

(1) 数据库通用类的创建。

考虑到整个网站中多个页面的很多位置都需要涉及数据库的访问操作，所以将数据库操作频繁使用的部分代码抽取出来,组合成数据库通用类 DbConn,从而避免重复编写相同代码的工作。

常见的数据库访问操作主要有返回连接对象 SqlConnection、更新操作(包括插入数据、修改数据和删除数据)、查询操作(执行 SQL 语句返回 DataSet 或者执行 SQL 语句返回单个值,包括单字段值及聚集函数应用的值)等。

本系统的程序还提供了以下函数:为了自动生成数据库主键字段值,采用当前系统时间加 3 位流水号的形式形成主键,并在已有数据基础上累加 1。系统为了解决上述主键问题,添加了两个公有函数 Lsh 和 Lshid;为了记录程序执行过程中出现的错误,系统提供了日志功能,把所有程序执行过程中出现的错误信息记录到指定文件夹的文件中的函数;为了给用户显示友好的错误信息,系统提供了显示错误提示信息的显示函数。

首先创建一个网站项目 BBS,然后在网站项目中进行以下操作:

① 添加一个类,将其中创建的类名 Class1. cs 重命名为 DbConn. cs。

② 在该类中添加如下主要代码:

```
private SqlConnection con;
//功能: 构造函数,在构造函数中完成以下工作: 给私有变量 con 赋数据库连接字符串,并打开数据库连接
public DbConn()
{
  con = new SqlConnection();
  //获取 web.config 文件中的配置参数 connstr
  con.ConnectionString = ConfigurationManager.
      ConnectionStrings["constr"].ToString();
  try
  {   con.Open();
  }
  catch (Exception ex)
  {   //出现错误,则调用写错误文件把相应的错误信息写入指定的文件中
      WriteToLog(ex.Message);
  }
  finally
  {   con.Close();
  }
}
//功能: 返回数据库连接对象,供其他程序使用该连接对象
public SqlConnection getConn()
{
  SqlConnection conn = new SqlConnection();
  conn.ConnectionString = ConfigurationManager.
     ConnectionStrings["constr"].ToString();
  return conn;
}
//功能: 执行一条返回单个值的 SqlCommand 命令
public string getSingleValue(string sql)
{
  SqlCommand cmd = new SqlCommand(sql, con);
  string str = "";
```

```
    if (con.State == ConnectionState.Closed)
        con.Open();
     str = cmd.ExecuteScalar().ToString();
     return str;
}
//功能：执行一条返回 DataSet 的 SqlCommand 命令
public DataSet bindToGrid(string sql)
{
    SqlCommand cmd = new SqlCommand(sql, con);
    SqlDataAdapter da = new SqlDataAdapter(cmd);
    DataSet ds = new DataSet();
    da.Fill(ds);
    return ds;
}
//功能：数据库增删改操作,调用 Command 对象的 ExecuteNonQuery 方法完成
public bool dbedit(string sql)
{
    SqlCommand cmd = new SqlCommand(sql, con);
    int count = 0;
    if (con.State == ConnectionState.Closed)
      con.Open();
    count = cmd.ExecuteNonQuery();
    return true;
}
//功能：在一个事务内执行多条数据库修改语句
public bool dbedit_array(string[] sql)
{
    if (con.State == ConnectionState.Closed)
      con.Open();
    string mingling = "";
    SqlTransaction tran = con.BeginTransaction();
    SqlCommand command = new SqlCommand();
    command.Transaction = tran;
    command.Connection = con;
    command.CommandType = CommandType.Text;
    for (int i = 0; i < sql.Length; i++)
    {   if (sql[i].Trim() != "")
        { mingling += "\n" + sql[i];
          command.CommandText = sql[i];
          command.ExecuteNonQuery();
          }
        }
        tran.Commit();
        return true;
}
//功能：根据当前时间生成 17 位的流水号字符串
public string Lsh()
{   string lsh = DateTime.Now.Year.ToString();
    int m;
    m = DateTime.Now.Month;
    if (m < 10)
```

```
        lsh += "0" + m.ToString();
    else
        lsh += m.ToString();
    m = DateTime.Now.Day;
    if (m < 10)
        lsh += "0" + m.ToString();
    else
        lsh += m.ToString();
    m = DateTime.Now.Hour;
    if (m < 10)
        lsh += "0" + m.ToString();
    else
        lsh += m.ToString();
    m = DateTime.Now.Minute;
    if (m < 10)
        lsh += "0" + m.ToString();
    else
        lsh += m.ToString();
    m = DateTime.Now.Second;
    if (m < 10)
        lsh += "0" + m.ToString();
    else
        lsh += m.ToString();
    m = DateTime.Now.Millisecond;
    if (m < 10)
        lsh += "00" + m.ToString();
    else if (m < 100)
        lsh += "0" + m.ToString();
    else
        lsh += m.ToString();
    return lsh;
}
//功能：20位流水号字符自动增长字符串
public string Lshid(string str)
{   int pos = str.LastIndexOf("0");
    string str1, str2, str3;
    if (pos + 1 == str.Length)
    {   str2 = str.Substring(pos);
        if (Convert.ToString(Convert.ToUInt32(str2) + 1).
                Length > str2.Length)
            str1 = str.Substring(0, pos - 1);
        else
            str1 = str.Substring(0, pos);
    }
    else
    {   str2 = str.Substring(pos + 1);
        if (Convert.ToString(Convert.ToUInt32(str2) + 1).
                Length > str2.Length)
            str1 = str.Substring(0, pos);
        else
            str1 = str.Substring(0, pos + 1);
```

```
    }
    str3 = str1 + Convert.ToString(Convert.ToUInt32(str2) + 1);
    return str3;
}
//功能：记录程序运行过程中的错误信息到指定文件夹下的文件中
public void WriteToLog(string neirong)
{
  //C#追加文件
    StreamWriter sw = File.AppendText(HttpContext.Current.Server.
        MapPath("~/errorlog") + "/ErrorLog" + DateTime.Now.
      ToString("yyyyMMdd") + ".txt");
    sw.WriteLine(DateTime.Now.ToString());
    sw.WriteLine(HttpContext.Current.Request.
        FilePath.ToString());
     sw.WriteLine(neirong);
     sw.WriteLine("");
     sw.Flush();
    sw.Close();
}
//功能：在网站中显示错误信息
public static void ShowErr(string message)
{   message = "1.出错信息：" + message +
      " \\n\\n2.处理意见：具体信息请查看服务器上的【" +
      HttpContext.Current.Server.MapPath("../errorlog/") +
      "路径下的文件 ErrorLog" + DateTime.Now.ToString("yyyyMMdd") +
      ".txt】的最后部分，或将此文件反馈给开发者协助解决.";
      string newmessage = StringUtilCs.DeleteUnVisibleChar(message);
      string js = "<script language='JavaScript'>alert('" +
          newmessage + "');</script>";
      HttpContext.Current.Response.Write(js);
}
```

(2) 访问计数系统。

访问计数系统在网站中被广泛使用，本系统也实现了简单的总访问量和当天访问量的统计工作。实现访问计数的方案有以下几种：

- 使用 Application 和 Session 对象实现。这时的计数数据保存在 Application 变量中，即数据是动态地存储在计算机内存中的。这样，一旦 Web 服务器关闭或重新启动后，所记录的访问数据将丢失，因此此方案不适合实用的网站系统。
- 使用数据文件记录访问数据。使用 StreamReader 对象读取文件中的数据，进行计数；然后使用 StreamWriter 对象把计数过的数据写入文件中。这种方案对于很少的数据量来说是一个较好的选择。
- 使用数据库记录访问数据。把需要计数的数据以数据库表的形式存储在数据库中，然后对数据进行计数工作。

① 计数流程设计。本系统选用数据库记录访问计数。具体的计数流程为：用一个 Session 变量来标识某一用户在和 Web 服务器的当次会话中是否已经累加了访问数，如果没有，连接数据库，判断当前访问计数表中是否存在记录，若不存在，代表该网站第一次使用，所以计数器置 1，最后访问时间置为当前系统日期，执行插入操作把当前的访问计数写

入数据库；若存在，判断当前系统日期是否在数据库中存在。若不存在，说明是当天第一次访问，则读取总访问量加1，当天访问量置1，最后访问时间置为当前系统日期，执行插入操作把当前的访问计数写入数据库；若存在，则读取总访问量加1，当天访问量加1，最后访问时间置为当前系统日期，执行更新操作把访问计数写入数据库。最后把总访问量和当天访问量显示在页面上即可，其流程如图17.44所示。

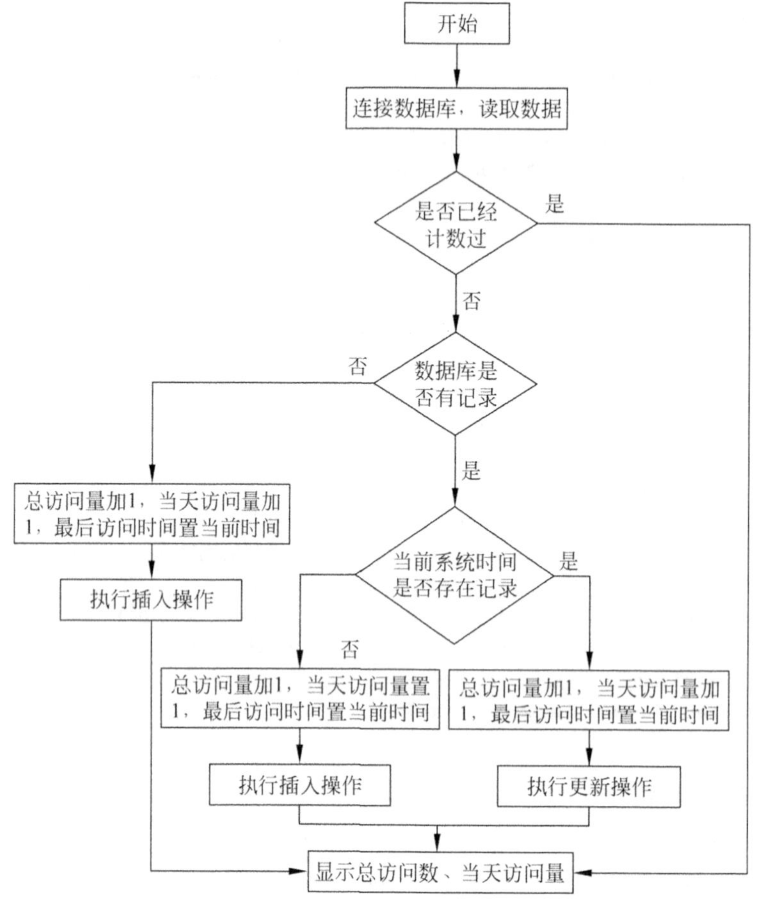

图17.44　访问计数流程

② 代码实现。在BBS项目中添加一个文件夹counter，在该文件夹中添加用户控件webcnt.ascx，并在用户控件页面上添加两个Label控件lbCnt和lbTdy，分别用于显示网站总访问量和当天访问量；然后在该控件的后台代码Page_Load事件中编写如下代码：

```
db = new DbConn();
Int32 ttlcnt = 0, tdycnt = 0;
//获取系统当前日期
string nowdate = System.DateTime.Now.ToShortDateString();
string lastvisitdate = "";
//查找数据库中是否存在当前日期的记录
string sql = "select count( * )
      from counter where lastday = '" + nowdate + "'";
if (db.getSingleValue("select count( * ) from counter") == "0")
```

```
{
    //说明数据库中没有记录
    ttlcnt = 0;
    tdycnt = 0;
    lastvisitdate = nowdate;
 }
else if (db.getSingleValue(sql) == "0")
{
  //说明数据库中没有当天记录,读出总访问量1,把当天的访问人数置为0
  ttlcnt = Convert.ToInt32(db.getSingleValue(
      "select top 1 ttlcnt from counter order by lastday desc"));
  tdycnt = 0;
  lastvisitdate = nowdate;
}
else
{
  //说明数据库中有当天记录,读出总访问量,读出当天的访问人数
  ttlcnt = Convert.ToInt32(db.getSingleValue(
      "select top 1 ttlcnt from counter order by lastday desc"));
  tdycnt = Convert.ToInt32(db.getSingleValue(
      "select top 1 tdycnt from counter order by lastday desc"));
  lastvisitdate = nowdate;
}
//根据 Session 判断用户访问后是否计数过了
//若是计数过了,则只显示计数,否则计数累加
if (Session["counted1"] == null)
{   ttlcnt = ttlcnt + 1;
    if(db.getSingleValue("select count( * ) from counter") == "0")
    {   tdycnt = 1;
        if (db.dbedit("insert into counter(lastday,tdycnt,ttlcnt)
                values ('" + nowdate + "','" + tdycnt.ToString() +
                "','" + ttlcnt.ToString() + "')")) { }
    }
    else if (db.getSingleValue(sql) == "0")
    {
        tdycnt = 1;
      if (db.dbedit("insert into counter(lastday,tdycnt,ttlcnt)
              values ('" + nowdate + "','" + tdycnt.ToString() +
              "','" + ttlcnt.ToString() + "')")) { }
    }
    else
    {
        tdycnt = tdycnt + 1;
        if (db.dbedit("update counter set tdycnt = '" +
            tdycnt.ToString() + "',ttlcnt = '" + ttlcnt.ToString() +
            "' where lastday = '" + nowdate + "'")){}
    }
 //置 Session 的值,使刷新页面时不重复累加
 Session["counted1"] = true;
}
//Label 控件用于显示访问计数量
```

```
lbCnt.Text = "<p><font color = \"#FF6600\"><strong>您是该 BBS 论坛的第" + ttlcnt.
ToString() + "位访问者</strong></font></p>";
lbTdy.Text = "<p><font color = \"#996600\"><strong>本 BBS 论坛今日共有 " + tdycnt.
ToString() + " 位访问者</strong></font></p>";
```

(3) 设计 BBS 论坛首页。该页面要实现两个功能：

- 在首页上显示访问计数信息。该功能只需要把用户控件 webcnt.ascx 的对象放置在首页的合适位置即可实现。
- 获取客户端存储的 Cookie 信息，通过该 Cookie 值判断用户是否已经登录过。若用户已经登录，则显示欢迎信息，并提供“进入论坛”和“注销登录”让用户选择操作；若用户没有登录，则提供登录输入框，要求用户输入用户名、密码和验证码，判断用户输入数据是否正确，若正确，则进入论坛显示论坛信息，否则提示错误。

① 操作流程图。针对前面的功能描述，绘制 BBS 论坛首页的操作流程图如图 17.45 所示。

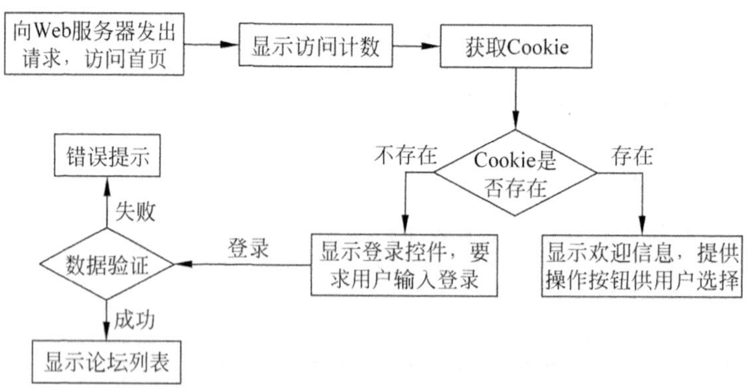

图 17.45 BBS 论坛首页操作流程图

② 页面设计。在 BBS 项目中添加一个 Web 窗体，将窗体名称改为 index.aspx。在该窗体的“设计”状态下布局该窗体。

具体步骤如下：单击“布局”→“插入表”选项，在页面中插入一个 7 行 2 列的表格，调整表格，合并前 3 行的单元格列，第一行输入欢迎信息，第二行插入图片，第三行拖入显示访问计数的用户控件 webcnt.ascx，其他几行加入必要的控件并设置相关属性。整个程序的思路为：首先判断获取到的用户 Cookie 是否存在，若不存在，显示中间几行要求用户输入信息后登录；否则，直接显示最后一行的欢迎信息而隐藏输入框。具体设计界面的效果如图 17.46 所示。

③ 代码实现的说明。

后台代码实现。为了在 aspx 页面文件中使用后台代码类中的变量内容，需要声明一个保护(protected)成员变量 username，后台代码中用于存储获取到的客户端 Cookie 用户名称，在 aspx 页面文件中根据该变量是否为空决定显示登录输入控件还是显示欢迎信息。

“登录”按钮的主要功能为根据用户输入的用户名、密码和验证码，验证用户是否合法，若验证通过，则允许用户进入该 BBS 论坛；否则提示错误。单击“登录”按钮后，首先要根据需要判断用户名、密码和验证码是否非空。如果违反这些条件，直接给出相应提示信息。

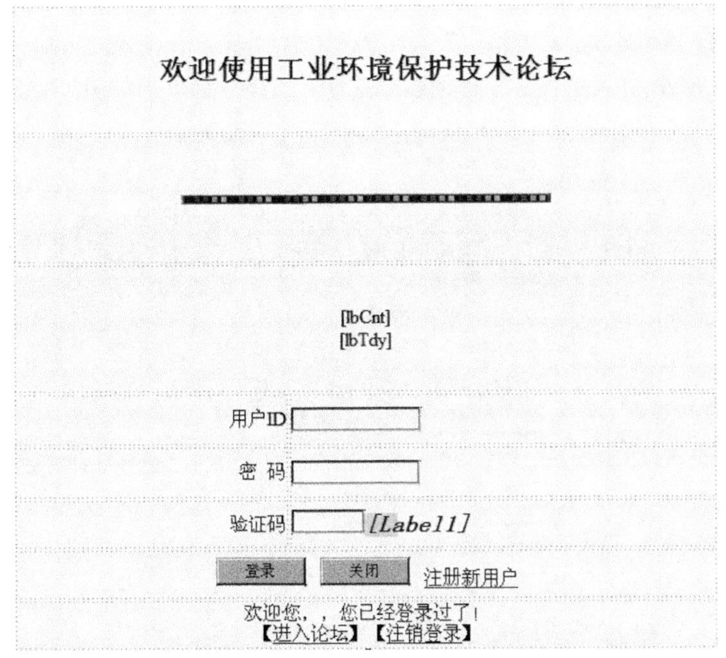

图 17.46 BBS 论坛首页

如果具备这些条件，则查询数据库判断用户的合法性。如果不合法，则根据相应的错误进行提示。如果合法，则需要做 4 步工作：第 1 步，获取数据库中存储的用户登录次数并加 1；第 2 步，设置用户的 Cookie 信息并写到客户端；第 3 步，把加 1 后的用户登录次数更新到数据库；第 4 步，使用户的访问页面跳转到论坛显示主页面。

aspx 页面文件代码实现。使用代码呈现块判断 username 是否为空，若为空，则显示登录输入框要求用户输入后登录，否则显示用户名并给出欢迎信息，并给用户提供“进入论坛”和“注销登录”的超链接，使用户方便进入系统。

(4) 设计用户注册页面。该页面要实现的功能如下：

- 用户输入用户名，系统验证用户名是否存在，若是存在，则提示错误；否则，要求用户输入其他信息，完成用户注册信息的获取工作。
- 实现用户照片上传。通过 FileUpload 控件实现用户客户端浏览个人照片，上传至服务器并显示。
- 用户单击“注册”按钮，首先判断数据的合法性，如果数据合法，则将数据保存到数据库；否则根据错误情况给出相应的错误提示信息。

① 操作流程图。根据功能描述，可绘制用户注册页面的操作流程图如图 17.47 所示。

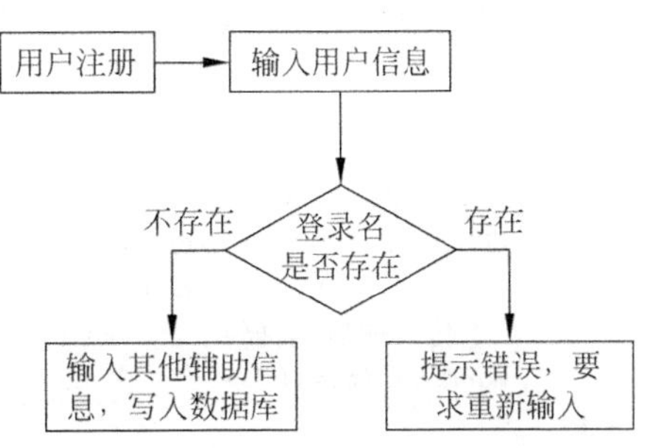

图 17.47 用户注册操作流程图

② 页面设计。在 BBS 项目中添加一个文件夹 users，在该文件夹中添加一个 Web 窗体，将窗体名称改为 register.aspx。在该窗体的“设计”状态下布局该窗体。具体步骤如下：首先添加 3 个

Panel 控件并设置 Visible 属性为 false，第 1 个 Panel 中加入 4 行 1 列的 table 表格，第 2 个 Panel 中加入 5 行 2 列的 table 表格，第 3 个 Panel 中加入 8 行 3 列的 table 表格，在不同的 table 表格中插入控件，并设置各个控件的相应属性。具体设计效果如图 17.48 所示。

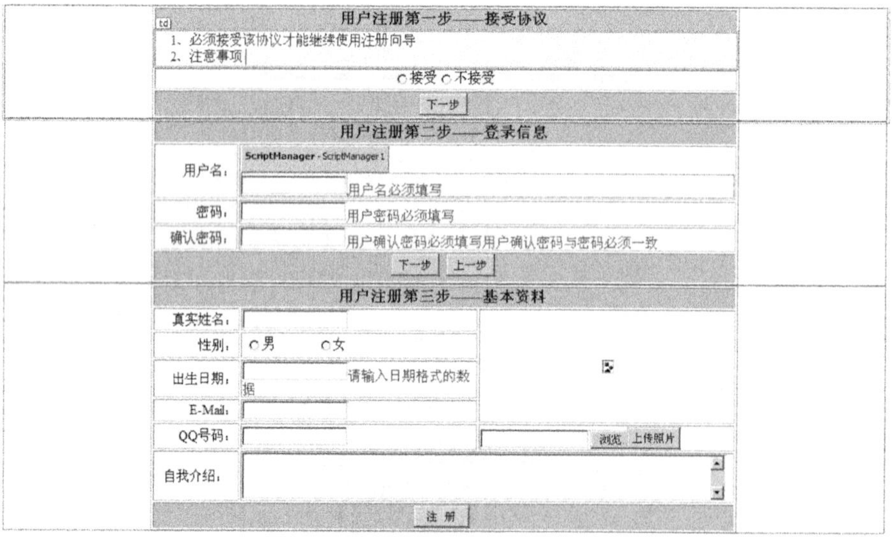

图 17.48　用户注册页面

③ 代码实现说明。为了能够立刻验证用户输入的登录名是否已经被占用，本程序使用了 AJAX 技术。首先在页面上加入 ScriptManger 控件，将用户名文本框放置到该控件内，然后在用户名后加入一个 Button 按钮，并设置按钮的 Width 和 Height 为 0，当用户名文本框失去焦点后，立刻触发 Button 按钮的 Click 事件，在该事件中连接数据库，查询用户输入用户名是否被占用。如果被占用，则立刻提示错误。

页面提供了用户照片上传功能，实现该功能只需用到 FileUpload 控件，该控件的处理程序如下：

```
//获取用户浏览的文件名,然后获取用户上传文件的扩展名,如果合适,实现上传
string filename = DateTime.Today.Year.ToString() + DateTime.Today.Month.ToString() +
DateTime.Today.Day.ToString() + DateTime.Today.Hour.ToString() + DateTime.Today.Minute.
ToString() + DateTime.Today.Second.ToString() + fuPhoto.FileName ;
string extent = fuPhoto.FileName.Substring(fuPhoto.FileName.LastIndexOf(".") + 1).ToLower();
if (!(extent == "gif" || extent == "jpg" || extent == "bmp"))
{   Response.Write("<script>window.alert('必须选择照片
        格式文件实现上传');</script>");
    return;
}
else
{   //实现真正的上传
     fuPhoto.PostedFile.SaveAs(Server.MapPath("..") +
        "\\photo\\" + filename);
     //上传完成后,需要在 imgphoto 图片框上显示出上传的照片
     imgPhoto.ImageUrl = "..\\photo\\" + filename;
}
ViewState["userphoto"] = filename;
```

“注册”按钮的主要功能为验证页面中所有验证控件是否都验证通过，若是通过，则执行插入操作，把用户输入的注册信息写入数据库，并使用户的访问页面跳转到论坛显示主页面。

(5) 设计显示用户信息页面。该页面要实现的功能如下：

页面加载时，首先根据 Cookie 信息决定是否有权限查看其他注册用户的信息，若有，则根据 show. aspx 页面的超链接传递的用户名参数完成显示注册用户的相应资料；若没有，则提示错误。

① 操作流程图。根据上述功能描述，可绘制显示用户信息页面的操作流程图如图 17.49 所示。

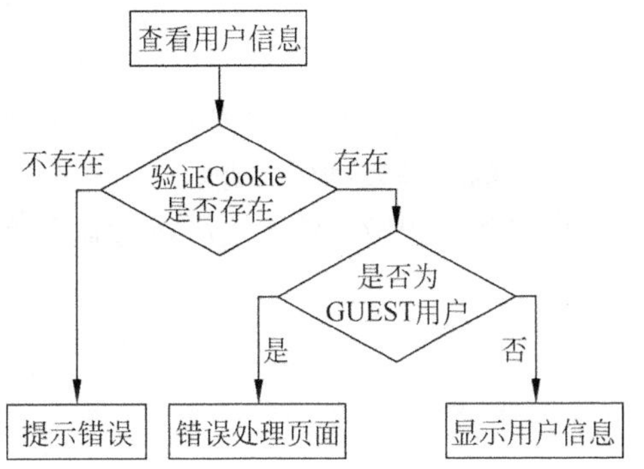

图 17.49 显示用户信息操作流程图

② 页面设计。在 BBS 项目的文件夹 users 中添加一个 Web 窗体，将窗体名称改为 userinfo. aspx。在该窗体的“设计”状态下布局该窗体。

具体步骤如下：添加一个 ListView 控件并命名为 lv_user，再添加一个 Button 按钮，并设置控件的相应属性。具体设计效果如图 17.50 所示。

登录名：	数据绑定
真实姓名：	数据绑定
性别：	数据绑定
出生日期：	数据绑定
Email：	数据绑定
QQ号码：	数据绑定
注册时间：	数据绑定
用户照片：	☒
发表文章数：	数据绑定
登录次数：	数据绑定
用户描述：	数据绑定

关闭

图 17.50 显示用户信息页面

③ 代码实现说明。

后台代码实现。页面加载时，首先判断客户端 Cookie 是否存在，若不存在，提示错误；否则，判断用户是否为 GUEST 用户。若是，显示错误提示信息，提示匿名用户没有查看其他注册用户的权限；若不是，则根据传递的用户名参数查询数据库，获取用户信息绑定到 ListView 控件中。

“关闭”按钮的主要功能是在客户端关闭浏览器，在单击“关闭”按钮后不显示提示是否关闭的信息。

aspx 页面文件代码实现。使用代码显示块显示传递过来的用户名参数信息，并设置 ListView 控件中 ItemTemplate 的内容，具体设置使用绑定表达式＜％＃ Eval("参数名")%>来完成。

(6) 设计主题列表显示页面。该页面要实现两个功能：

- 获取客户端存储的Cookie信息，通过该Cookie值判断用户是否为匿名用户，若是，显示来访时间及“注册”链接；否则，显示用户名、来访时间、来访次数及“注销登录”链接。
- 用于显示论坛主题列表，同时提供“发表主题”及“搜索主题”超链接，方便用户发表新的主题及搜索主题。

① 操作流程图。针对上述功能描述，可绘制主题列表显示页面的操作流程图如图17.51所示。

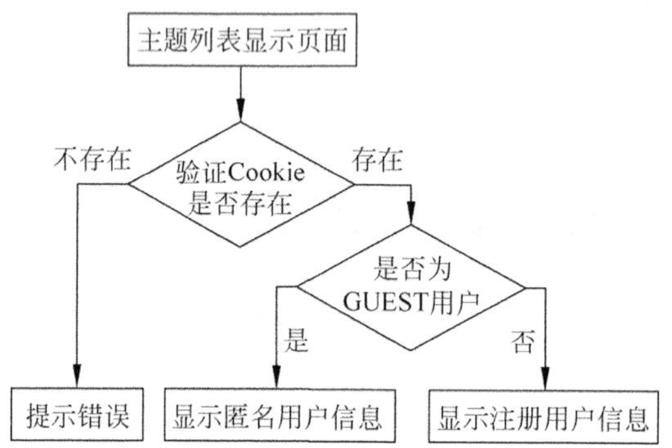

图17.51 主题列表显示页面操作流程图

② 页面设计。在BBS项目中添加一个文件夹BBS，在该文件夹中添加一个Web窗体，将窗体名称改为bbslist.aspx。在该窗体的“设计”状态下布局该窗体。具体步骤如下：单击“布局”→“插入表”选项，在页面中插入一个3行1列的表格，第1行用户显示登录用户的相应信息，第2行给用户提供“发表主题”及“搜索主题”的超链接，第3行拖入GridView控件用于显示主题列表信息。整个程序的思路为：首先判断获取到的用户Cookie是否为GUEST，若是，显示“游客”的欢迎信息；否则，显示“注册用户”的欢迎信息。具体设计效果如图17.52所示。

游客，您好！ 您来访的时间是：， 要使用本站的所有功能，请先【注册】 欢迎您，！ 您来访的时间是：， 您共来访了 次，【注销登录】

『发表主题』『搜索主题』

第数据绑定页 共数据绑定页数据绑定条记录 首页 上一页 下一页 尾页 数 GO

序号	表情	标题	作者	发表时间	回复次数	阅读次数
	数据绑定	数据绑定	数据绑定	数据绑定	数据绑定	数据绑定
	数据绑定	数据绑定	数据绑定	数据绑定	数据绑定	数据绑定
	数据绑定	数据绑定	数据绑定	数据绑定	数据绑定	数据绑定
	数据绑定	数据绑定	数据绑定	数据绑定	数据绑定	数据绑定
	数据绑定	数据绑定	数据绑定	数据绑定	数据绑定	数据绑定
	数据绑定	数据绑定	数据绑定	数据绑定	数据绑定	数据绑定
	数据绑定	数据绑定	数据绑定	数据绑定	数据绑定	数据绑定
	数据绑定	数据绑定	数据绑定	数据绑定	数据绑定	数据绑定
	数据绑定	数据绑定	数据绑定	数据绑定	数据绑定	数据绑定
	数据绑定	数据绑定	数据绑定	数据绑定	数据绑定	数据绑定

图17.52 主题列表显示页面

③ 代码实现说明。

后台代码实现。为了在aspx页面文件中使用后台代码类中的变量内容，需要声明保护(protected)成员变量li_recnum、username、visittime、logintimes，分别存储获取到的主题列表数目及获取到的客户端Cookie用户信息，用于在aspx页面文件中显示主题数目及用户欢迎信息。

aspx页面文件代码实现。使用代码呈现块判断username是否为GUEST，若是，则显示匿名用户欢迎信息，并提供“注册”超链接；否则显示注册用户欢迎信息，并提供“注销登录”超链接。具体代码如下：

```
<%
   if (username == "GUEST")
    {
       %>
      <font color = "#FF0000">游客</font>,您好!您来访的时间是:
           <font color = "#FF0000"><% = visittime %></font> ,
           要使用本站的所有功能,请先【<a href = "../users/register.aspx">
           注册</a>】
    <%
   }
   else
   {
     %>
     欢迎您,<font color = "#FF0000"><% = username %></font> !
     您来访的时间是: <font color = "#FF0000"><% = visittime %></font> ,
     您共来访了 <font color = "#FF0000"><% = logintimes %></font> 次,
     【<a href = "../users/logout.aspx">注销登录</a>】
    <%
   }
%>
```

(7)设计主题内容显示页面。该页面要实现如下功能：

- 显示主题被阅读和回复次数。
- 根据浏览器端传递过来的subjectid参数获取主题详细信息并显示。
- 根据浏览器端传递过来的subjectid参数获取主题回复信息并显示。

① 操作流程图。针对功能描述，可绘制主题内容显示页面的操作流程图如图17.53所示。

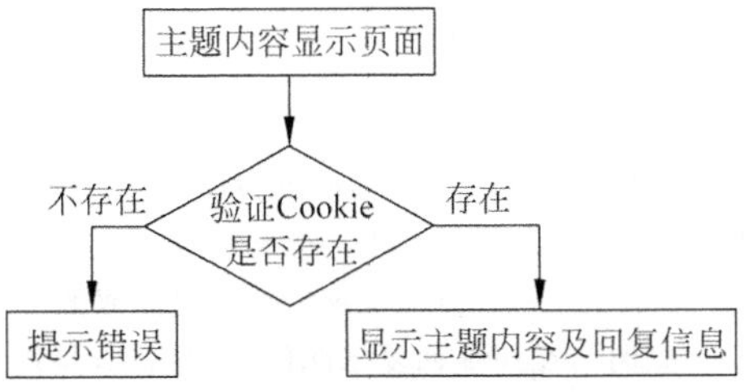

图17.53 主题内容显示页面操作流程图

② 页面设计。在 BBS 项目的文件夹 BBS 中添加一个 Web 窗体，将窗体名称改为 show. aspx。在该窗体的“设计”状态下布局该窗体。具体步骤如下：单击“布局”→“插入表”选项，在页面中插入一个 4 行 1 列的表格，第 1 行为“阅读主题”的标题信息，第 2 行显示主题被阅读次数及回复次数，并给用户提供“回复主题”及“返回列表”的超链接，第 3 行拖入 ListView 控件用于显示主题内容信息，第 4 行拖入 ListView 控件用于显示主题回复内容信息。具体设计效果如图 17. 54 所示。

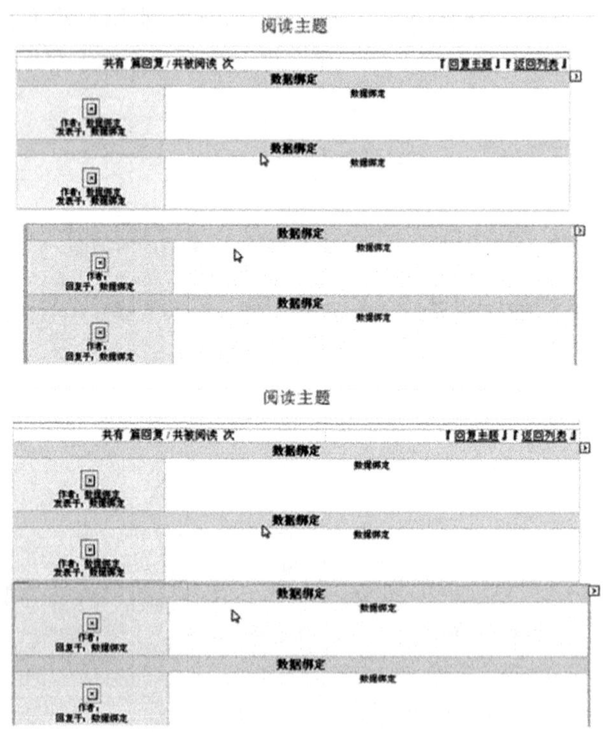

图 17. 54　主题内容显示页面

③ 代码实现说明。

后台代码实现。为了在 aspx 页面文件中使用后台代码类中的变量内容，需要声明保护(protected)成员变量 username、readcount、replycount、title、subjectid，分别用于存储发表主题用户名、阅读次数、回复次数、主题标题、主题编号，用于在 aspx 页面文件中显示主题阅读及回复次数、发表用户信息等。

aspx 页面文件代码实现。使用代码显示块显示主题被阅读和回复次数。

具体代码如下：

```
共有 < font color = " # FF0000">< % = replycount % ></font > 篇回复 /
共被阅读< font color = " # FF0000">< % = readcount % ></font > 次
```

回复标题超链接需要传递两个参数，一个为 subjectid，标识回复的是哪篇主题的内容，一个为 title，用于在回复主题时自动生成回复主题的标题信息．具体代码如下：

```
< a href = "reply.aspx?subjectid = < % = subjectid % > &title = < % = title % >">
回复主题</a >
```

(8) 发表主题页面功能描述。该页面要实现如下功能：

- 判断用户是否登录，若没有登录，提示错误；否则，判断用户是否为匿名用户，若是，提示错误，否则可以发表主题。
- 用户输入信息提交时需要检验用户输入信息的有效性，若有效，则可以提交，并写入数据库；否则提示错误。

① 操作流程图。针对功能描述，可绘制发表主题页面的操作流程图如图 17.55 所示。

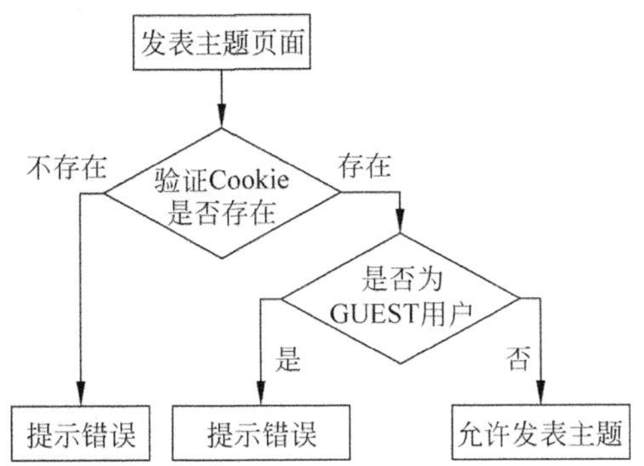

图 17.55 发表主题页面操作流程图

② 页面设计。在 BBS 项目的文件夹 BBS 中添加一个 Web 窗体，将窗体名称改为 newsubject.aspx。在该窗体的"设计"状态下布局该窗体。具体步骤如下：单击"布局"→"插入表"选项，在页面中插入一个 4 行 2 列的表格，拖入相应的控件，并设置控件的属性。具体设计效果如图 17.56 所示。

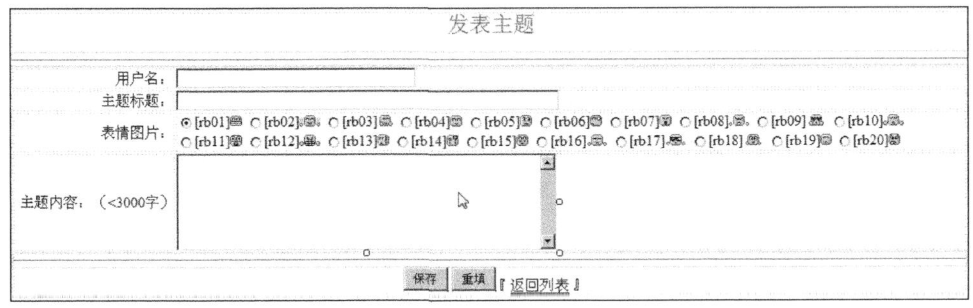

图 17.56 发表主题页面

③ 代码实现说明。

后台代码实现。为了自动记录发表主题的用户名，程序要求用户名文本框只读，该文本框的值自动获取登录用户的用户名。为了在 aspx 页面文件中使用后台代码类中的变量内容，需要声明保护(protected)成员变量 username，用于存储登录用户的用户名。

"保存"按钮的功能为把用户输入的主题信息写入数据库，并同步更新该用户的发表主题数。

aspx 页面文件代码实现。为了不允许用户修改发表主题的用户名信息，程序给用户名文本框加入了 ReadOnly="true"的属性设置，并自动置文本框的值为 Text="<%# username %>"。

(9) 回复主题页面设计。该页面要实现如下功能：

- 判断用户是否登录，若没有登录，提示错误；否则，判断用户是否为匿名用户，若是，提示错误，否则可以回复主题。
- 用户输入信息提交时需要检验用户输入信息的有效性，若有效，则可以提交，并写入数据库；否则提示错误。

① 操作流程图。针对功能描述，可绘制回复主题页面的操作流程图如图 17.57 所示。

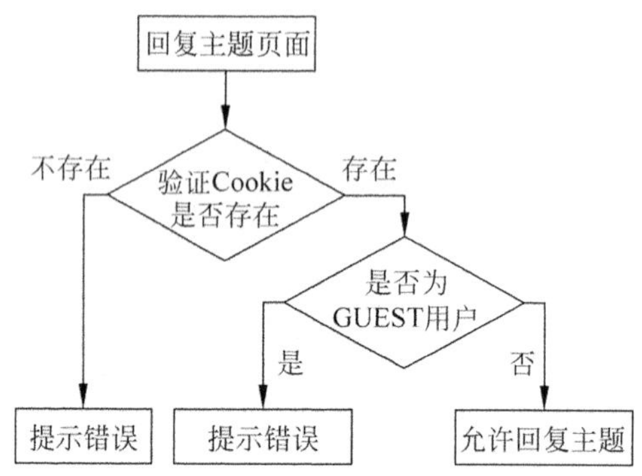

图 17.57　回复主题页面操作流程图

② 页面设计。在 BBS 项目的文件夹 BBS 中添加一个 Web 窗体，将窗体名称改为 reply.aspx。在该窗体的“设计”状态下布局该窗体。具体步骤如下：单击“布局”→“插入表”选项，在页面中插入一个 4 行 2 列的表格，拖入相应的控件，并设置控件的属性。具体设计效果如图 17.58 所示。

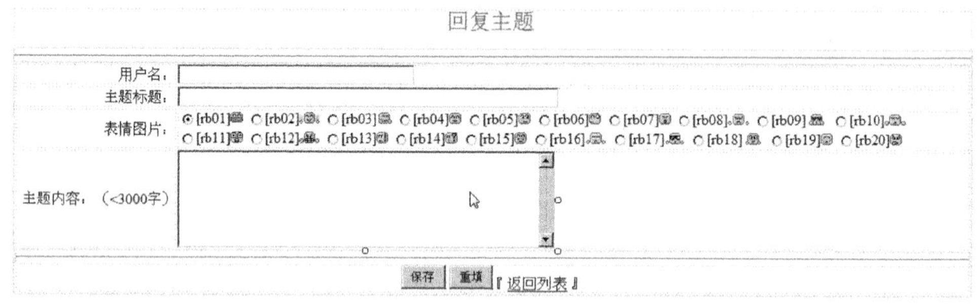

图 17.58　回复主题页面

③ 代码实现说明。

后台代码实现。为了自动记录发表主题的用户名，程序要求用户名文本框只读，该文本框的值自动获取登录用户的用户名。为了在 aspx 页面文件中使用后台代码类中的变量内容，需要声明保护(protected)成员变量 username，用于存储登录用户的用户名。

“保存”按钮的功能为把用户输入的回复主题信息写入数据库，并同步更新主题信息表中的回复次数及发表用户的发表主题数。

aspx 页面文件代码实现。为了不允许用户修改发表主题的用户名信息，程序给用户名文本框加入了 ReadOnly="true"的属性设置，并自动置文本框的值为 Text="<%# username %>"。

(10) 搜索主题页面功能描述。该页面要实现如下功能：

- 判断用户是否登录，若没有登录，提示错误；否则，可以搜索主题。
- 用户输入信息搜索时需要检验用户输入信息的有效性，若有效，则可以搜索，查询数据库，把符合条件的信息显示出来；否则提示错误。

① 操作流程图。针对功能描述，可绘制回复主题页面的操作流程图如图 17.59 所示。

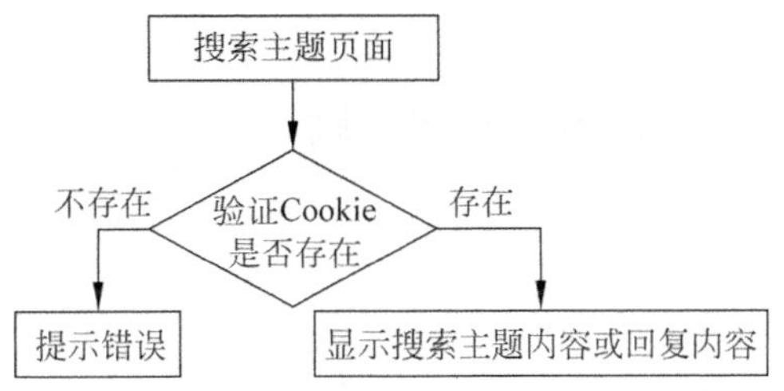

图 17.59　搜索主题页面操作流程图

② 页面设计。在 BBS 项目的文件夹 BBS 中添加一个 Web 窗体，将窗体名称改为 search.aspx。在该窗体的“设计”状态下布局该窗体。具体步骤如下：单击“布局”→“插入表”选项，在页面中插入一个 7 行 2 列的表格，拖入相应的控件，并设置控件的属性。具体设计效果如图 17.60 所示。

搜索主题

关键字：

搜索范围：标题

主题类型：⊙主题主题 ○回复主题

搜索　重填　返回列表

搜索关键字数据绑定 共找到 数据绑定 篇主题 第数据绑定页 共数据绑定页数据绑定条记录 首页 上一页 下一页 尾页 GO

序号	表情	标题	作者	发表时间	回复次数	阅读次数
	数据绑定	数据绑定	数据绑定	数据绑定	数据绑定	数据绑定
	数据绑定	数据绑定	数据绑定	数据绑定	数据绑定	数据绑定
	数据绑定	数据绑定	数据绑定	数据绑定	数据绑定	数据绑定
	数据绑定	数据绑定	数据绑定	数据绑定	数据绑定	数据绑定

搜索关键字数据绑定 共找到 数据绑定 篇主题 第数据绑定页 共数据绑定页数据绑定条记录 首页 上一页 下一页 尾页 GO

序号	表情	标题	作者	发表时间
	数据绑定	数据绑定	数据绑定	数据绑定
	数据绑定	数据绑定	数据绑定	数据绑定
	数据绑定	数据绑定	数据绑定	数据绑定
	数据绑定	数据绑定	数据绑定	数据绑定

图 17.60　搜索主题页面

③ 代码实现。搜索主题的关键在于根据不同的搜索条件生成不同的 SQL 语句，并根据 SQL 语句检索出记录，最后输出搜索的结果。

为了能够自动生成不同的 SQL 语句，程序采用如下思路完成：在搜索范围的下拉列表框中输入 Text 值为“标题”，与之对应的 Value 值为 title；Text 值为“作者”，与之对应的 Value 值为 username；Text 值为“正文内容”，与之对应的 Value 值为 contents。在主题类型的单选按钮组中输入 Text 值为“发表主题”，与之对应的 Value 值为 subject；Text 值为“回复主题”，与之对应的 Value 值为 reply。当用户输入数据验证通过后，单击“搜索”按钮，程序自动构造 SQL 语句，并根据单选按钮组选中的值确定显示符合条件的发表主题列表的搜索内容还是回复主题列表的搜索内容。具体代码如下：

```
protected void btnSearch_Click(object sender, EventArgs e)
{
   if (txtKeyword.Text.Trim() == "")
   {  Response.Write("<script>alert('请填写搜索
         关键字!');</script>");
      return;
   }
   ViewState["sql"] = "select *
        from " + rblType.SelectedValue.Trim() + "
        where " + ddlScope.SelectedValue.Trim() + "
            like '%" + txtKeyword.Text.Trim() + "%'";
   if (rblType.SelectedValue.Trim() == "subject")
    {   gv_bbs.Visible = true;
        gv_bbsreply.Visible = false;
        bindsubject(ViewState["sql"].ToString());
    }
   else
    {   gv_bbs.Visible = false;
        gv_bbsreply.Visible = true;
        bindreply(ViewState["sql"].ToString());
    }
}
```

5. 本案例小结

通过该项目的开发过程，可以从中了解 Visual Studio. NET 2008 B/S 模式数据库系统开发的基本方法和步骤。以此为基础，用户可以根据需求拓展系统功能，开发功能更多，更完善的 BBS 系统和其他网站内容，例如可以扩充主题分类表，添加主题管理、用户管理、重要主题信息置顶和主题统计等功能。

第4部分

Visual C#.NET程序设计模拟试题及参考答案

本部分包括 4 套 C#程序设计的模拟试题和参考答案，涵盖了本课程的主要知识点，可以帮助读者了解和检验自己的学习情况。

C#程序设计模拟试题 1

说明：本试题为笔试方式，考试时间 100 分钟，总计 100 分。

一、选择题(每题 1.5 分，共 30 分)

1. 面向对象语言的基本特性不包括________。

   A. 封装性　　B. 多态性　　C. 委托性　　D. 继承性

2. 从值类型接口转换到引用类型称为________。

   A. 继承　　B. 拆箱　　C. 装箱　　D. 转换

3. 在 C#中，string str = null 与 string str = " " 的区别是________。

   A. null 是没有空间引用的，" " 是空间为 0 的字符串

   B. null 的空间引用为空格，" " 是空间为 0 的字符串

   C. null 是没有空间引用的，" " 是空间为 0

   D. null 的空间引用是不确定的，" " 是空间为 1 的字符串。

4. float f=－127.567F;，int i=(int)f;，i 的值现在是________。

   A. －127　　B. －128　　C. －126　　D. 127

5. 对于运算符 & 和 &&，描述正确的是________。

   A. 二者含义一样，可以通用

   B. & 是位运算符，表示按位与运算，&& 是逻辑运算符

   C. 都可以进行逻辑运算

   D. 都可以进行关系运算

6. 代码 public static const int A=1;中的错误是________。

   A. A 需要定义类型　　B. 格式错误

   C. const 不能用 static 修饰　　D. const 不能用 public 修饰

7. String s = new String("xyz");创建了________个对象。

   A. 1　　B. 2　　C. 3　　D. 语句有错误

8. 在 C#中，Appplication. Exit 和 Form. Close 的区别是________。

   A. Appplication. Exit 只能关闭其中一个窗体

   B. Form. Closee 能够关闭所有窗体

   C. Appplication. Exit 是退出整个应用程序，Form. Close 能够关闭其中一个窗体

   D. 以上都不对

9. 类成员有三种可访问形式，错误的是________。

   A. this.　　B. new Class().　　C. Method　　D. class.

10. 以下关于 C#中方法重载的说法正确的是________。

    A. 如两个方法名字不同，而参数的数量不同，那么它们可以构成方法重载

    B. 如两个方法名字相同，而返回值的数据类型不同，那么它们可以构成方法重载

    C. 如两个方法名字相同，而参数的数据类型不同，那么它们不可以构成方法重载

D. 如两个方法名字相同，而参数的数量不同，那么它们可以构成方法重载

11. 在C#的派生类中对基类的虚函数进行重写，要求在声明中使用________关键字。

A. override　　B. new　　C. static　　D. virtual

12. 在C#中，Hashtable类所在的命名空间是________。

A. System. Threadint　　B. System. IO

C. System. Collections　　D. System

13. 在C#中，可以通过装箱和拆箱实现值类型与引用类型之间相互转换，在下列代码中，有________处实现了拆箱。

```
int age = 7;
object o = age;
o = 9;
age = (int)o;
object oAge = age;
```

A. 0　　B. 1　　C. 2　　D. 3

14. C#中关于委托，下面说法不正确的是________。

A. 委托可以是类的一种成员　　B. 委托必须定义在类中

C. 定义委托使用delegate关键字　　D. 委托是一种数据类型

15. 下列关于C#的异常处理的说法，错误的是________。

A. Try块必须跟catch块组合使用，不能单独使用

B. 一个try块可以跟随多个catch块

C. 使用throw语句可引发系统异常

D. 在try…catch…finally块中，即便开发人员编写强制逻辑代码，也不能跳出finally块的执行

16. 在C#中，一些数据类型为引用类型，当引用类型的值为________时，表明没有引用任何对象。

A. . Empty　　B. null　　C. Nothing　　D. 0

17. 在C#中，接口与抽象基类的区别在于________。

A. 抽象基类可以包含非抽象方法，而接口只能包含抽象方法

B. 抽象基类可以被实例化，而接口不能被实例化

C. 抽象基类不能被实例化，而接口可以被实例化

D. 抽象基类能够被继承，而接口不能被继承

18. 在C#中，文本框控件的________属性用来设置其是否是只读的。

A. ReadOnly　　B. Locked　　C. Lock　　D. Style

19. 在C#中，________访问修饰符修饰的变量只能由当前程序集访问。

A. public　　B. protected　　C. internal　　D. private

20. 在ADO. NET中，SqlConnection类所在的命名空间是________。

A. System　　B. System. Data

C. System. Data. OleDb　　D. System. Data. SqlClient

二、简答题(每题 5 分,共 20 分)

1. 简述 private、protected、public、internal 修饰符的访问权限。
2. 简述 abstract class 和 interface 的区别。
3. 简述类和结构的区别。
4. 说明静态变量和非静态变量的区别。

三、写出程序的输出结果(每题 6 分,共 24 分)

1. 程序 1:

```
using System;
using System.Collections.Generic;
using System.Text;
namespace ConsoleApplication1
{
  class App
   {
       public static void UseParams(int id, params object[] list)
       {
           Console.WriteLine(id);
           for (int i = 0; i < list.Length; i++ )
            {  Console.WriteLine(list[i]);
            }
   }
   static void Main()
   {  UseParams(1, "a", "b", "c");
      UseParams(2, "d", 100, 33.33, new double[] { 1.1, 2.2 });
      Console.ReadLine();
      }
}
```

2. 程序 2:

```
public class A
{
    public virtual void Func1(int i)
    {  Console.WriteLine(i);
    }
    public void Func2(A a)
    {  a.Func1(1); Func1(5);
    }
}
public class B : A
{
    public override void Func1(int i)
    { base.Func1 (i + 1);
    }
    public static void Main()
    {
      B b = new B();
      A a = new A();
```

```
        a.Func2(b);
        b.Func2(a);
    }
}
```

3. 程序 3：

```
using System;
class A
{
  public static int X;
  static A()
    {   X = B.Y + 1;
    }
}
class B
{   public static int Y = A.X + 1;
    static B(){}
    static void Main()
    {   Console.WriteLine("X = {0},Y = {1}",A.X,B.Y);
    }
}
```

4. 程序 4：针对下面的 C# 代码，程序运行时输入字符串“AAAAA”(5 个 A 的前面有 3 个空格)，则程序输出为：

```
sing System;
class Teststring
{
public static void Main()
  {   String strOriginal;
      strOriginal  =  Console.ReadLine();
      bool A  =  strOriginal.Equals("A");
      Console.WriteLine(A.ToString());
      int B  =  strOriginal.Length;
      Console.WriteLine(B.ToString());
      Console.ReadLine();
  }
}
```

四、编程题(每小题 13 分，共 26 分)

1. 编程输出 1～50 之间所有整数的 3 次方。

2. 参照图 1 设计一个 Windows 应用程序：分别向窗体的文本框中输入 3 个字符串，单击“计算”按钮能够输出“结果”信息框。要求写出控件的主要属性和主要代码。

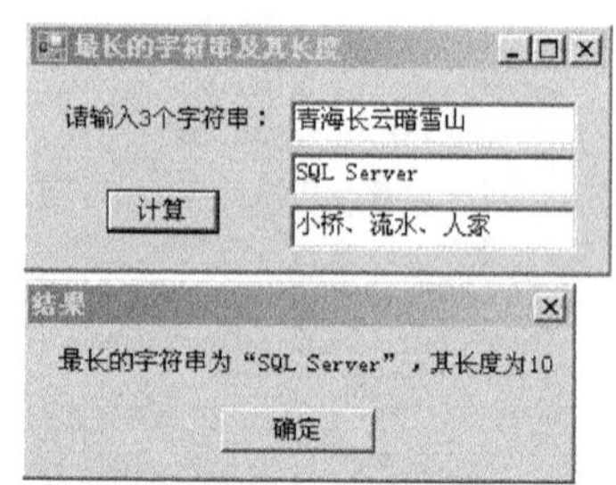

图 1　求最长字符串及其长度

C#程序设计模拟试题1参考答案

一、选择题(每题1.5分,共30分)

1~5. CCAAB　　6~10. CBCDD　　11~15. ACBBB　　16~20. BDACD

二、简答题(每题5分,共20分)

1. 答:private:私有成员,在类的内部才可以访问。protected:保护成员,在该类内部和继承类中可以访问。public:公共成员,完全公开,没有访问限制。

2. 答:① 声明方法的存在而不去实现它的类被叫做抽象类(abstract class),它用于要创建一个体现某些基本行为的类,并为该类声明方法,但不能在该类中实现该类的情况。

不能创建abstract类的实例,然而可以创建一个变量,其类型是一个抽象类,并让它指向具体子类的一个实例。不能有抽象构造函数或抽象静态方法。

Abstract类的子类为它们父类中的所有抽象方法提供实现,否则它们也是抽象类。取而代之,在子类中实现该方法。知道其行为的其他类可以在类中实现这些方法。

② 接口(interface)是抽象类的变体。在接口中,所有方法都是抽象的。多继承性可通过实现这样的接口而获得。接口中的所有方法都是抽象的,没有一个有程序体。接口只可以定义static final成员变量。接口的实现与子类相似,但该实现不能从接口定义中继承行为。当类实现特殊接口时,它定义所有这种接口的方法。

引用可以转换到接口类型或从接口类型转换,instanceof运算符可以用来决定某对象的类是否实现了接口。

3. 答:① 类是引用类型在堆上分配,类的实例进行赋值只是复制了引用,都指向同一段实际对象分配的内存。类有构造和析构函数。类可以继承和被继承。

② 结构是值类型在栈上分配(虽然栈的访问速度比堆要快,但栈的资源有限),结构的赋值将分配产生一个新的对象。结构没有构造函数,但可以添加。结构没有析构函数。

结构不可以继承自另一个结构或被继承,但和类一样可以继承自接口。

4. 答:① 静态变量:静态变量使用static修饰符进行声明,在所属类被装载时创建,通过类进行访问,所属类的所有实例的同一静态变量都是同一个值。

② 非静态变量:不带static修饰符声明的变量称作非静态变量,在类被实例化时创建,通过对象进行访问,同一个类的不同实例的同一非静态变量可以是不同的值。

三、写出程序的输出结果(每题6分,共24分)

1. 输出结果:1　a　b　c　2　d　100　33.33　System.Double[]

2. 输出结果:2　5　1　6

3. 输出结果:x=1,y=2

4. 程序结果:False　8

四、编程题(每小题13分,共26分)

1. 参考代码如下:

```
using System;                                              (2分)
class Z                        //这是一个能容纳50个整数的集合
```

```
{
    private long[] arr = new long[50];     //声明一个私有数组成员
    public long this[int index]            //声明索引器                    (3 分)
    {
      get
      {   if (index < 0 || index >= 50)
              return arr[0];
          else
              return arr[index];
      }
      set
      {
          if(index < 0 || index >= 50)
              arr[0] = value;
          else
              arr[index] = value;
      }
    }
  public long Pow(int x, int y)       //计算 x 的 y 次方                    (2 分)
  {   return (long)Math.Pow(x, y);
  }
}
public class TestIndexer                                                   (6 分)
{
  static void Main()
  {
    Z z = new Z();                        //创建整数集对象
    for (int i = 0; i < 50; i++ ) //计算 1～50 的 3 次方
    {
        z[i] = z.Pow(i+1, 3); //把计算结果通过索引器赋值给数组
    }
    Console.WriteLine("1～50 间的整数的 3 次方值依次如下：");
    for (int i = 0; i < 50; i++ )
    {
        Console.Write("{0}\t", z[i]);
    }
  }
}
```

2. 主要代码参考如下：

属性设计部分 (4 分)

```
using System;                                                              (2 分)
using System.Windows.Forms;
namespace MaxLength                                                        (7 分)
{
    public partial class Form1 : Form
    {
        public Form1()
        {
            InitializeComponent();
```

```
        }
        private void btnOk_Click(object sender, EventArgs e)
        {
            //声明存储字符串长度的 3 个变量 i、j、k
            int i, j, k, max; //max 存储最大长度
            TextBox txt; //txt 指向字符串长度最大的文本框
            i = txtStr1.Text.Length;
            j = txtStr2.Text.Length;
            k = txtStr3.Text.Length;
            max = i; txt = txtStr1;
            if (j > max) { max = j; txt = txtStr2; }
            if (k > max) { max = k; txt = txtStr3; }
            MessageBox.Show("最长的字符串为"" + txt.Text + "",
              其长度为" + max.ToString(), "结果");
        }
    }
}
```

C＃程序设计模拟试题 2

说明：本试题为笔试方式，考试时间 100 分钟，总计 100 分。

一、选择题(每题 1.5 分，共 30 分)

1. 在 C＃中，下列常量定义正确的是________。

   A. Const double PI 3.1415926；　　B. Const double e=2.7

   C. define double PI 3.1415926　　D. define double e=2.7

2. 在 C＃中，从属性的读写特性进行分类，可以划分为以下三种，除了________。

   A. 只读属性　　B. 只写属性　　C. 读写属性　　D. 不可读不可写的属性

3. 对于 C＃的一个类________。

   A. 可以继承多个类　　B. 可以实现多个接口

   C. 在一个程序中只能有一个子类　　D. 只能实现一个接口

4. 有 C＃代码段：

```
public struct Person
{
    string Name;
    int Age;
}
public static void Main()
{
    Hasbtable A;
    Person B;
//其他处理代码
}
```

以下说法正确的是________。

   A. A 为引用类型的变量，B 为值类型的变量

   B. A 为值类型的变量，B 为引用类型的变量

   C. A 和 B 都是值类型的变量

   D. A 和 B 都是引用类型的变量

5. float f=111.507F;，int i=(int)f;，i 的值现在是________。

   A. 111　　B. 112　　C. 110　　D. 111.0

6. 在 C＃中，关于 Array 和 ArrayList 的维数，以下说法正确的是________。

   A. Array 可以有多维，而 ArrayList 只能是一维

   B. Array 只能是一维，而 ArrayList 可以有多维

   C. Array 和 ArrayList 都只能是一维

   D. Array 和 ArrayList 都可以是多维

7. 在C#中,下列代码运行后,变量 Max 的值是________。

```
Int a = 5,b = 10,c = 15,Max = 0;
Max  =  a > b?a:b;
Max  =  c < Max?c:Max;
```

A. 0　　B. 5　　C. 10　　D. 15

8. 以下的C#代码运行结果为________。

```
static void Main(string[] args)
{
  Console.WriteLine("运行结果: {0}",Console.ReadLine());
  Console.ReadLine();
}
```

A. 在控制台窗口显示"运行结果:"

B. 在控制台窗口显示"运行结果:{0}"

C. 在控制台窗口显示"运行结果:,Console. ReadLine"

D. 如果用户在控制台输入" A",那么程序将在控制台显示"运行结果: A"

9. 在C#中定义一个数组,正确的代码为________。

A . int arraya = new int[5];　　B. int[] arraya = new int[5];

C. int arraya = new int[];　　D. int[5] arraya = new int;

10. 程序运行过程中发生的错误叫做________。

A. 版本　　B. 断点　　C. 异常　　D. 属性

11. 在C#语言中,下列关于属性的描述正确的是________。

A. 属性是以 public 关键字修饰的字段,以 public 修饰的字段也可称为属性

B. 属性是访问字段值的一种灵活机制,属性更好地实现了数据的封装和隐藏

C. 要定义只读属性,只需在属性名前加上 readonly 关键字

D. 在C#的类中不能自定义属性

12. 在C#的控件中,Panel、GroupBox 和 TabControl 等分组控件有时候也被称为________。

A. 容器控件　　B. 组合控件　　C. 排列控件　　D. 基类控件

13. 在C#中,以下关于命名空间的描述正确的是________。

A. 命名空间不可以进行嵌套

B. 任一个.cs 文件中只能存在一个命名空间

C. 使用 private 修饰的命名空间,其内部的类也不允许访问

D. 命名空间使得代码更加有条理、结构更清晰

14. C#程序中的错误可以划分为以下三类,除了________。

A. 逻辑错误　　B. 运行时错误　　C. 语法错误　　D. 自定义错误

15. 从数据库读取记录,不可能用到的方法有________。

A. ExecuteNonQuery　　B. ExecuteScalar

C. Fill　　D. ExecuteReader

16. 针对下面的 C# 代码：

```
using System;
delegate void D(int i);
class P
{
    public static void Main()
    {   V(new D(R));      }
    public static void R(int t)
    {   V(21);            }
   public static void V(int i)
   {
    Console.WriteLine(i.ToString());
    Console.ReadLine();
   }
}
```

以下说法正确的是________。

A. 代码中存在错误，delegate voidD(int i);不能定义在名称空间或者类之外

B. 代码中存在错误，代码行 V(new D(R));使用委托错误

C. 程序正常运行，输出为 0

D. 程序正常运行，输出为 21

17. 以下叙述正确的是________。

A. 接口中可以有虚方法　　B. 一个类可以实现多个接口

C. 接口可以被实例化　　D. 接口中可以包含已实现的方法

18. 在 C# 中，下列代码的运行结果是________。

```
Int [ ]num = new int[5]{1,3,2,0,0}
Array,Reverse(num);
Foreach(int I in num)
{   Console.Write(i); }
```

A. 00123　　B. 12300　　C. 00132　　D. 00231

19. 在 C# 中，下列代码的运行结果是________。

```
Int[ ] num = new int[ ]{1,3,5};
ArrayList arr = new ArrayList();
For(int i = 0;i < num.Length;i ++ )
{   arr.Add(num[i]); }
arr.Insert(1,4);
console.Write(arr[2]);
```

A. 1　　B. 3　　C. 4　　D. 5

20. 在 ADO.NET 中，下列代码运行后的输出结果是________。

```
DataTable dt = new DataTable();
dt.Columns.Add ("编号",typeof(System.Int16));
dt.Columns.Add ("成绩",typeof(System.Single));
Console.WriteLine(dt.Columns[1].DataType);
```

A. System.Int16;　　B. System.Single

C. 编号　　D. 成绩

二、简答题(每题 5 分,共 20 分)

1. 简述 const 和 static readonly 的区别。
2. 简述 new 修饰符和 new 操作符的用途。
3. 说明文件与流有哪些区别。
4. 简述重载与覆盖的区别。

三、写出程序的输出结果(每题 6 分,共 24 分)

1. 程序 1:

```
public class TEApp
{
  public static void ThrowException()
  {   throw new Exception();
  }
  public static void Main()
  {
    try
    {   Console.WriteLine("try");
        ThrowException();
    }
     catch(Exception e)
     {   Console.WriteLine("catch");
     }
     finally
     {   Console.WriteLine("finally");
     }
   }
  }
```

2. 程序 2:

```
using System;
class A
{
  public static int X;
  static A()
  {   X = B.Y + 1;
  }
}
class B
{   public static int Y = A.X + 1;
    static B(){}
    static void Main()
    {   Console.WriteLine("X = {0},Y = {1}",A.X,B.Y);
    }
}
```

3. 程序 3:

```
class Class1
{
```

```
    private string str = "Class1.str";
    private int i = 0;
    static void StringConvert(string str)  {
    str = "string being converted.";
  }
  static void StringConvert(Class1 c)
  {
    c.str = "string being converted.";
  }
  static void Add(int i)
  {    i++;
  }
  static void AddWithRef(ref int i)
  {    i++;
  }
  static void Main()
  {
    int i1 = 10;
    int i2 = 20;
    string str = "str";
    Class1 c = new Class1();
    Add(i1);
    AddWithRef(ref i2);
    Add(c.i);
    StringConvert(str);
    StringConvert(c);
    Console.WriteLine(i1);
    Console.WriteLine(i2);
    Console.WriteLine(str);
    Console.WriteLine(c.str);
  }
```

4. 程序 4：

```
using System;
using System.Collections.Generic;
using System.Text;
namespace Example09
{
  class BaseClass
  {  public static double PI = 3.1415;
  }
  class DervieClass : BaseClass
  {  public new static double PI = 3.1415926;
  }
  class Program
  {
    static void Main(string[] args)
    {  Console.WriteLine(BaseClass.PI);
       Console.WriteLine(DervieClass.PI);
```

```
            Console.ReadLine();
        }
    }
}
```

四、编程题(每小题 13 分,共 26 分)

1. 输入任意两个整数,分别求它们的乘积、平均值和平方和。

2. 参照图 2 设计一个 Windows 应用程序:分别向窗体的文本框中输入 2 个数值,单击“求解”按钮能够输出“方程解”信息框。要求写出控件的主要属性和主要代码。

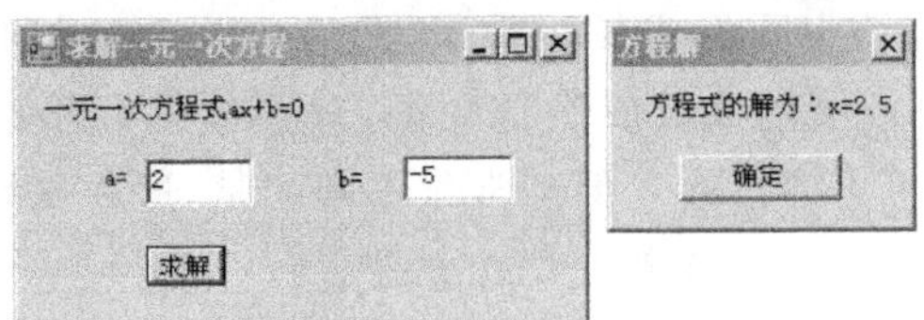

图 2　求解一元一次方程

C♯程序设计模拟试题 2 参考答案

一、选择题(每题 1.5 分,共 30 分)

1～5. BDBAA　　6～10. ACDBC　　11～15. BADDA　16～20. BBCBB

二、简答题(每题 5 分,共 20 分)

1. 答：用 const 修饰符声明的成员叫常量,是在编译期初始化并嵌入到客户端程序。用 static readonly 修饰符声明的成员依然是变量,只不过具有和常量类似的使用方法：通过类进行访问、初始化后不可以修改。但与常量不同的是,这种变量是在运行期初始化。

2. 答：new 修饰符与 new 操作符是两个概念。

① new 修饰符用于声明类或类的成员,表示隐藏了基类中同名的成员。而 new 操作符用于实例化一个类型。

② new 修饰符只能用于继承类,一般用于弥补基类设计的不足。new 修饰符和 override 修饰符不可同时用在一个成员上,因为这两个修饰符在含义上互相排斥。

3. 答：文件(file)是一些具有永久存储性及特定顺序的字节组成的一个有序的、具有名称的集合,它保存在磁盘、光盘和磁带等各种存储设备上。

所谓流(stream),就是连续传输的信息序列。它是一种有序流,因此相对于某一对象,通常把对象接收外界的信息输入称为输入流,相应地,从对象向外界输出的信息称为输出流,合称输入输出流。可以把流看作是一种数据的载体,通过它可以实现数据交换和传输。

对包括文件在内的设备的 I/O 操作是以流的形式实现的,流是进行数据读写操作的基本对象。

4. 答：①方法的覆盖是子类和父类之间的关系,是垂直关系；方法的重载是同一个类中方法之间的关系,是水平关系。

② 覆盖只能由一个方法,或只能由一对方法产生关系；方法的重载是多个方法之间的关系。

③ 覆盖要求参数列表相同；重载要求参数列表不同。

④ 覆盖关系中,调用哪个方法体,是根据对象的类型(对象对应存储空间类型)来决定的；重载关系中,是根据调用时的实参表与形参表来选择方法体的。

三、写出程序的输出结果(每题 6 分,共 24 分)

1. 运行结果：try　　catch　　finally

2. 运行结果：x=1,y=2

3. 运行结果：10　　21　　0　　str　　string being converted.

4. 运行结果：3.1415 3.1415926

四、编程题(每小题 13 分,共 26 分)

1. 主要代码参考如下：

```
using System;                                                    (2 分)
public delegate int Caculate(int x, int y); //声明委托
```

```
public class CaculateOfNumber                        //声明类                    (4 分)
{
  public Caculate handler;                           //这是一个委托型的字段
  public int Product(int x, int y)
  {  return x * y;
  }
  public int Average(int x, int y)
  {  return (x + y) / 2;
  }
}
public class TestDelegate                                                        (7 分)
{
  static void Main()
  {  int a = 5, b = 6;
  CaculateOfNumber cn = new CaculateOfNumber();      //创建一对象
  cn.handler = new Caculate(cn.Product);             //初始化委托型字段
  //通过委托来调用方法
  Console.WriteLine("{0}与{1}的乘积为{2}",
          a,b,cn.handler(a,b));
  cn.handler = new Caculate(cn.Average);
  Console.WriteLine("{0}与{1}的平均值为{2}", a, b,
          cn.handler(a,b));
  //使用匿名方法来初始化委托型字段
  cn.handler = delegate(int x, int y)
          {  return (int) (x * x + y * y); };
  Console.WriteLine("{0}和{1}平方和值为{2}", a, b,
          cn.handler(a,b));
  }
}
```

2. 主要代码参考如下：

属性设计部分 (4 分)

```
using System;                                (2 分)
using System.Windows.Forms;
namespace SimpleEquation                     (7 分)
{
public partial class Form1 : Form
{
   public Form1()
   {  InitializeComponent();
   }
   private void btnResult_Click(object sender, EventArgs e)
   {  double a, b,x;
      a = double.Parse(txtA.Text);
      b = double.Parse(txtB.Text);
      if (a != 0)
```

```
        {  x = -b / a;
           MessageBox.Show("方程式的解为: x = " +
              x.ToString(), "方程解");
        }
        else
        MessageBox.Show("输入的 a 值错误,a 不能等于 0!", "错误");
        }
    }
}
```

C#程序设计模拟试题3

说明：本试题为笔试方式，考试时间100分钟，总计100分。

一、选择题(每题2分，共20分)

1. 面向对象的语言具有继承性、多态性和________性。

   A. 封装　　B. 拆箱　　C. 封闭　　D. 逻辑

2. 以下叙述正确的是________。

   A. 接口中可以有虚方法　　B. 一个类可以实现多个接口

   C. 接口可以被实例化　　D. 接口中可以包含已实现的方法

3. 当整数a赋值给一个object对象时，整数a将会被________。

   A. 拆箱　　B. 丢失　　C. 装箱　　D. 出错

4. float f=－123.567F;,int i=(int)f;,i的值现在是________。

   A. 123f　　B. 123.56　　C. －123f　　D. －123

5. 委托声明的关键字是________。

   A. delegate　　B. delete　　C. public　　D. interface

6. 在.NET中，所有可序列化的类都被标记为________。

   A. (serializable)　　B. [serializable]　　C. serializable　　D. serialize

7. C#中的索引器类型应该是________类型。

   A. 整型　　B. 字符型　　C. 任意　　D. 数组

8. 在C#中，using关键字的作用是________。

   A. 定义命名空间　　B. 新建实例　　C. 调用类　　D. 引入命名空间

9. 在C#中，利用sealed修饰的类________。

   A. 密封，不能继承　　B. 密封，可以继承　　C. 表示基类　　D. 表示抽象类

10. 在C#中，string str = null;与string str = " ";的关系是________。

    A. 等价　　B. 不等价

    C. 都定义空字符串　　D. 前者出错

二、阅读程序，指出画线部分的含义或功能(每题2分，共20分)

1.
```
① using System.Threading;
②namespace ConAAAA
{
  ③ class FirstThread
   {
    public void Task()
      {  Console.WriteLine("This is a Task");     }
     static void Main(string[] args)
     { ④FirstThread ft = new FirstThread();
       Thread t1 = new Thread(new ThreadStart(ft.Task));
       t1.Start();
```

```
        ⑤Console.Read();      }
    }
  }
```

2.
```
⑥class Program
    { ⑦static void Main()
      { ⑧ man manfirst = new man();
        manfirst.Hello();
        ⑨ man second = new man();
        string str = "this is second abstract type realize";
        ⑩second.Hello(str);
    }
```

三、写出下列程序的运行结果(每题 10 分,共 30 分)

1. 程序 1:

```
namespace TestAAA
{ class TestArray
  { static void Main(string[] args)
    { int[] x,y;
    x = new int[5] { 1,3,2,6,7};
    y = new int[5];
    Array.Copy(x, y, 5);
   Console.WriteLine("从数组 x 复制到数组 y,数组 y 各元素值如下:");
    for (int i = 0; i < y.Length; i ++ )
    {  Console.Write("{0}\t", y[i]); }
    Array.Sort(x);
    Console.WriteLine("\n 经过排序后,数组 x 各元素值如下:");
    for (int i = 0; i < x.Length; i ++ )
    { Console.Write("{0}\t", x[i] + 2); }
    }
  }
}
```

2. 程序 2:

```
namespace SystemAAA
{   class TestForeach
    {   static void Main()
        { int i, j, k;
          for (i = 0; i < 5; i ++ )
            {   for (j = 6 - i; j >= 0; j -- )
                  { Console.Write(" "); }
                for (k = 0; k < 2 * i + 1; k ++ )
                  {   Console.Write("&"); }
                      Console.Write("\n");
          }
        }
    }
}
```

3. 程序 3：

```
namespace SystemAAA
{ class Z
  {  private long[] arr = new long[5];
     public long this[int index]
     {  get
        { if (index < 0 || index >= 5)
            return arr[0];
        else
            return arr[index]; }
        set
        { if(index < 0 || index >= 5)
             arr[0] = value;
         else
             arr[index] = value; }
        }
      public long Pow(int x, int y)
      { return (long)Math.Pow(x, y); }
    }
    public class TestIndexer
    { static void Main()
      {  Z z = new Z();
         for (int i = 0; i < 5; i++)
         { z[i] = z.Pow(i+1, 3);
         }
            Console.WriteLine("输出结果如下：");
            for (int i = 0; i < 5; i++)
            { Console.Write("{0}\t", z[i]);
            }
      }
    }
}
```

四、编程题(每题 15 分，共 30 分)

1. 编程计算图 3 所示圆面积的窗体，其中有两个标签控件 label1 和 label2，两个文本框控件 textBox1 和 textBox2，一个命令按钮控件 button1。textBox1 用于输入圆半径，textBox2 用于输出圆面积。计算功能由命令按钮实现。要求写出设计步骤、主要控件属性和主要代码。

2. 编程求表达式 1－1/2＋1/3－1/4＋1/5－1/6＋…－1/20 的值。

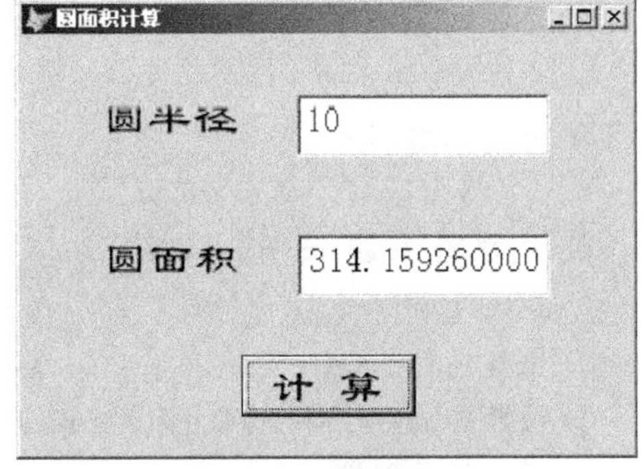

图 3 圆面积计算

C#程序设计模拟试题3参考答案

一、选择题(每题2分,共20分)

1～5. ABCDA　　　　　6～10. BCDAB

二、阅读程序,指出画线部分的含义或功能(每题2分,共20分)

1. ① 引用一个命名空间 System.Threading
   ② 定义一个命名空间 ConAAAA
   ③ 定义一个类 FirstThread
   ④ 定义一个对象 ft
   ⑤ 输入任意字符结束程序
2. ⑥ 定义一个类 Program
   ⑦ 定义程序的主函数 Main()方法
   ⑧ 定义派生类 man 的对象 manfirst
   ⑨ 定义派生类 man 的对象 second
   ⑩ 定义方法 Hello(str)输出字符串 str 的值

三、写出下列程序的运行结果(每题10分,共30分)

1. 从数组 x 复制到数组 y,数组 y 各元素值如下:

1　3　2　6　7

经过排序后,数组 x 各元素值如下:

3　4　5　8　9

2.
```
        &
      & & &
    & & & & &
  & & & & & & &
& & & & & & & & &
```

3. 输出结果如下:

1　8　27　64　125

四、编程题(每题15分,共30分)

1. 主要步骤:

① 创建窗体。　(3分)

② 按照布局在窗体中添加控件 label1、label2、textBox1、textBox2 和 button1。　(3分)

③ 设置控件属性。　(3分)

④ 输入代码:　(6分)

```
public partial class Form1 : Form
   { public Form1()
     { InitializeComponent(); }
```

```
        private void button1_Click(object sender, EventArgs e)
        {
       {  Single a = Convert.ToSingle(textBox1.Text);
       textBox2.Text = Convert.ToString(3.1415926 * a * a);     }
       }
}
```

2. 主要代码如下：

```
using System;                                                    (1 分)
using System.Windows.Forms;                                      (2 分)
namespace Wiaaa                                                  (6 分)
{
  public partial class TestFor : Form
   {
      private void TestFor_Load(object sender, EventArgs e)      (6 分)
      {
         int i = 1;
         int k = -1;
         float s = 0.0F, t = 1.0F;
         for (i = 1; i <= 20; i++ )
         {
            t = 1.0F / (float )i;
            s = s + t * k ;
            k = - k ;
         }
         MessageBox.Show("s = " + s);
      }
   }
}
```

C#程序设计模拟试题 4

说明：本试题为笔试方式，考试时间 100 分钟，总计 100 分。

一、选择题(每题 2 分，共 20 分)

1. C#语言程序执行时从________的第一行开始。

   A. Main()　　B. class　　C. namespace　　D. using

2. 以下叙述正确的是________。

   A. 接口中不能包含已实现的方法　　B. 一个类只能实现一个接口

   C. 接口可以被实例化　　D. 接口中可以有虚方法

3. 当整数 a 赋值给一个 object 对象时，整数 a 将会被________。

   A. 拆箱　　B. 装箱　　C. 丢失　　D. 出错

4. loat f=－127.321F;,int i=(int)f;,i 的值现在是________。

   A. 127F　　B. －127　　C. －127F　　D. 123.56

5. 接口声明的关键字是________。

   A. delegate　　B. delete　　C. interface　　D. public

6. 在.NET 中，所有可序列化的类都被标记为________。

   A. (serializable)　　B. serializable　　C. [serializable]　　D. serialize

7. C#中的索引器类型应该是________类型。

   A. 整型　　B. 字符型　　C. 数组　　D. 任意类型

8. 在 C#中，new 关键字的作用是________。

   A. 新建对象实例　　B. 定义命名空间　　C. 调用类　　D. 引入命名空间

9. 在 C#基类中，利用 virtual 标识的成员可以在派生类中利用________覆盖。

   A. override　　B. sealed　　C. void　　D. delegate

10. 在 C#中；string stra = null；与 string stra = " ";的关系是________。

    A. 不等价　　B. 等价

    C. 都定义空字符串　　D. 都定义空格

二、阅读程序，指出画线部分的含义或功能(每题 2 分，共 20 分)

程序代码如下：

```
① namespace abstr
  {② public abstract class Person
    { public Person()
        {  Console.WriteLine("abstract 类的实例程序"); }
        ③ public abstract void Hello();
        ④ public abstract void Hello(string str);
    }
    ⑤public class man : Person
    { public man()
            { Console.WriteLine("abstract 类的子类"); }
```

```
        public ⑥override void Hello()
        { Console.WriteLine("这个类继承了抽象类的所有属性和方法"); }
        public override void Hello(string str)
        {   Console.WriteLine("实现了带参数的抽象类方法"); }

    }
  class Program
  { ⑦static void Main()
    { ⑧ man manfirst = new man();
      manfirst.Hello();
      ⑨ man second = new man();
      string str = "this is second abstract type realize";
      ⑩second.Hello(str);
    }
  }
```

三、写出下列程序的运行结果(每题 10 分,共 30 分)

1. 程序 1:

```
namespace TestAAA
{
    class TestArray
    {   static void Main(string[] args)
        { int[] x,y;
        x = new int[6] { 11,9,17,2,7,112};
        y = new int[6];
        Array.Copy(x, y, 6);
        Console.WriteLine("数组 y 各元素值如下: ");
        for (int i = 0; i < y.Length; i++)
        { Console.Write("{0}\t", y[i]);
        }
        Array.Sort(x);
        Console.WriteLine("\n 数组 x 各元素值如下: ");
        for (int i = 0; i < x.Length; i++)
        { Console.Write("{0}\t", x[i] - 1); }
        }
    }
}
```

2. 程序 2:

```
namespace SystemAAA
{
   class TestForeach
   {   static void Main()
       {   int i, j, k;
           for (i = 0; i < 5; i++)
           { for (j = 6 - i; j >= 0; j--)
             { Console.Write("# ");
             }
             for (k = 0; k < 2 * i + 1; k++)
```

```
            {  Console.Write(" * ");
            }
            Console.Write("\n");
        }
    }
  }
}
```

3. 程序 3：

```
using System;
using System.IO;
namespace FileInfoAAA
{
  class Program
  {
   static void Main(string[] args)
   {
     FileInfo f = new FileInfo("readme.txt");
     StreamWriter w = f.CreateText();
     w.Write(" no lost in little ");
     w.Close();
     StreamReader r = f.OpenText();
     string str;
     while ((str = r.ReadLine()) != null)
     {  Console.WriteLine(str);
     }
     w.Close();
    }
  }
}
```

四、编程题(每题 15 分,共 30 分)

1. 编程制作图 4 所示登录窗体,用于登录的用户名和密码。

其中窗体有两个标签控件 label1(用户名)和 label2(密码),两个文本框控件 textBox1 和 textBox2,两个命令按钮控件 button1(确定)和 button2(取消)。textBox1 用于输入用户名,textBox2 用于输入密码。

为"确定"按钮和"取消"按钮的 Click 事件添加代码。单击"确定"按钮,当用户名 stut 和密码 abcdef 输入正确时,调用 MessagBox 显示"欢迎您的光临",否则出现错误提示信息；单击"取消"按钮,清除密码和用户名。要求写出设计步骤、主要控件属性和主要代码。

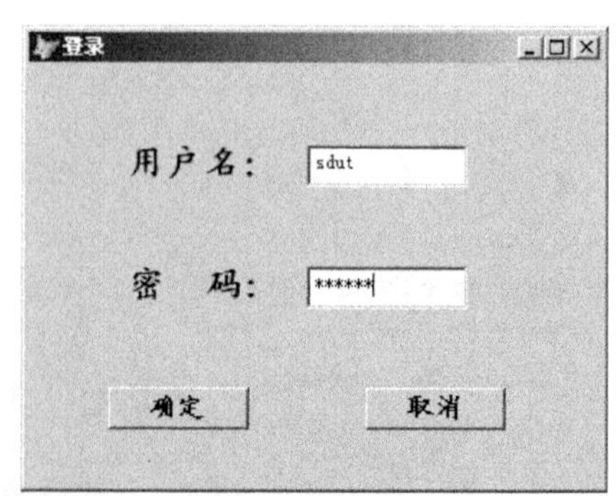

图 4　登录窗体

2. 编程求表达式 1－1/3＋1/5－1/7＋1/9－1/11＋…－1/27 的值。

C♯程序设计模拟试题 4 参考答案

一、选择题(每题 2 分,共 20 分)

1～5. AABBC　　　　6～10. CDAAA

二、阅读程序,指出画线部分的含义或功能(每题 2 分,共 20 分)

① 定义一个命名空间 abstr

② 定义一个抽象类 Person

③ 定义一个不带参数的抽象方法 Hello()

④ 定义一个带参数的抽象方法 Hello(string str)

⑤ 定义一个抽象类 Person 的派生类 man

⑥ 用于重载抽象方法 Hello()

⑦ 定义程序的主函数 Main()方法

⑧ 定义派生类 man 的对象 manfirst

⑨ 定义派生类 man 的对象 second

⑩ 定义方法 Hello(str)输出字符串 str 的值

三、写出下列程序的运行结果(每题 10 分,共 30 分)

1. 数组 y 各元素值如下：

```
11   9  17  2  7  112
```

数组 x 各元素值如下：

```
1    6  8  10  16  111
```

2.

```
# # # # # # # *
# # # # # # * * *
# # # # # * * * * *
# # # # * * * * * * *
# # # * * * * * * * * *
```

3. 输出结果如下：

```
no lost in little
```

四、编程题(每题 15 分,共 30 分)

1. 主要代码如下：

创建窗体设置控件属性,注意 pass wordchar 属性应设置为“＊”。　　(5 分)

输入如下代码：

```
private void button1_Click(object sender, EventArgs e) (7 分)
{   string userName = txtName.Text;
      string password = txtPwd.Text;
    if (userName == "admin" && password == "1234")
    {
```

```
        MessageBox.Show("欢迎您的!","登录成功",
        MessageBoxButtons.OK,
        MessageBoxIcon.Information);
    }
    else
    {   MessageBox.Show("用户名或密码错误!", "登录失败",
        MessageBoxButtons.OK,
        MessageBoxIcon.Exclamation);
    }
}
private void button2_Click(object sender, EventArgs e) (3 分)
{
    txtName.Text = "";
    txtPwd.Text = "";
    txtName.Focus();
}
```

2. 主要代码如下：

```
using System;                                       (1 分)
using System.Windows.Forms;
namespace Wiaaa                                     (2 分)
{
  public partial class TestFor : Form               (4 分)
  {
    private void TestFor_Load(object sender, EventArgs e)
    {   int i=1;
        int k=1;
        float s=1.0F,t=1.0F;                        (3 分)
        for (i = 3; i<= 27; i++,i++)                (5 分)
        {   k = - k ;
            t=1/(float)i
            s = s + t*k ;
        }
        MessageBox.Show("s=" + s);
    }
  }
}
```

参 考 文 献

[1] 欧阳炜昊. 程序员突击——Visual C# 2008 原理与系统开发. 北京：清华大学出版社，2009.
[2] 丛书委员会. Visual Basic NET 程序设计与应用实例. 北京：中国电力出版社，2008.
[3] 姜桂洪，张龙波. SQL Server 2005 数据库应用与开发. 北京：清华大学出版社，2010.
[4] 施平安. Visual C# 2008 核心编程. 北京：清华大学出版社，2009.
[5] 罗福强. Visual C#. NET 程序设计教程. 北京：人民邮电出版社，2009.
[6] 张庆华. 零基础学 Visual C# 2005. 北京：机械工业出版社，2008.
[7] 王永皎. Visual C#2005+SQL Server 2005 数据库开发与实例. 北京：清华大学出版社，2008.
[8] Adrian Kingsley Hughes. C# 2005 编程进阶与参考手册. 北京：清华大学出版社，2007.
[9] 苏军. 网站开发综合技术 28 天速成. 西安：西安交通大学出版社，2006.
[10] Jeffrey Putz. 最优化 ASP. NET——面向对象开发实践. 北京：电子工业出版社，2006.

21 世纪高等学校数字媒体专业规划教材

ISBN	书　名	定价(元)
9787302224877	数字动画编导制作	29.50
9787302222651	数字图像处理技术	35.00
9787302218562	动态网页设计与制作	35.00
9787302222644	J2ME 手机游戏开发技术与实践	36.00
9787302217343	Flash 多媒体课件制作教程	29.50
9787302208037	Photoshop CS4 中文版上机必做练习	99.00
9787302210399	数字音视频资源的设计与制作	25.00
9787302201076	Flash 动画设计与制作	29.50
9787302174530	网页设计与制作	29.50
9787302185406	网页设计与制作实践教程	35.00
9787302180319	非线性编辑原理与技术	25.00
9787302168119	数字媒体技术导论	32.00
9787302155188	多媒体技术与应用	25.00
9787302235118	虚拟现实技术	35.00
9787302234111	多媒体 CAI 课件制作技术及应用	35.00
9787302238133	影视技术导论	29.00
9787302224921	网络视频技术	35.00
9787302232865	计算机动画制作与技术	39.50

以上教材样书可以免费赠送给授课教师，如果需要，请发电子邮件与我们联系。

教学资源支持

敬爱的教师：

感谢您一直以来对清华版计算机教材的支持和爱护。为了配合本课程的教学需要，本教材配有配套的电子教案(素材)，有需求的教师可以与我们联系，我们将向使用本教材进行教学的教师免费赠送电子教案(素材)，希望有助于教学活动的开展。

相关信息请拨打电话 010-62776969 或发送电子邮件至 weijj@tup.tsinghua.edu.cn 咨询，也可以到清华大学出版社主页(http://www.tup.com.cn 或 http://www.tup.tsinghua.edu.cn)上查询和下载。

如果您在使用本教材的过程中遇到了什么问题，或者有相关教材出版计划，也请您发邮件或来信告诉我们，以便我们更好地为您服务。

地址：北京市海淀区双清路学研大厦 A 座 708　　计算机与信息分社魏江江　收
邮编：100084　　电子邮件：weijj@tup.tsinghua.edu.cn
电话：010-62770175-4604　　邮购电话：010-62786544

《网页设计与制作(第2版)》目录

ISBN 978-7-302-25413-3　　梁　芳　主编

图书简介:

Dreamweaver CS3、Fireworks CS3 和 Flash CS3 是 Macromedia 公司为网页制作人员研制的新一代网页设计软件,被称为网页制作"三剑客"。它们在专业网页制作、网页图形处理、矢量动画以及 Web 编程等领域中占有十分重要的地位。

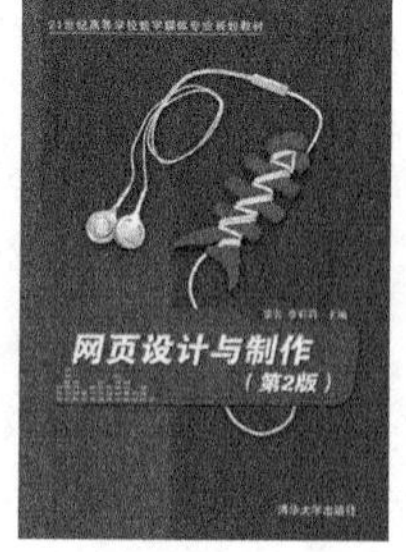

本书共 11 章,从基础网络知识出发,从网站规划开始,重点介绍了使用"网页三剑客"制作网页的方法。内容包括了网页设计基础、HTML 语言基础、使用 Dreamweaver CS3 管理站点和制作网页、使用 Fireworks CS3 处理网页图像、使用 Flash CS3 制作动画和动态交互式网页,以及网站制作的综合应用。

本书遵循循序渐进的原则,通过实例结合基础知识讲解的方法介绍了网页设计与制作的基础知识和基本操作技能,在每章的后面都提供了配套的习题。

为了方便教学和读者上机操作练习,作者还编写了《网页设计与制作实践教程》一书,作为与本书配套的实验教材。另外,还有与本书配套的电子课件,供教师教学参考。

本书可作为高等院校本、专科网页设计课程的教材,也可作为高职高专院校相关课程的教材或培训教材。

目　录: